机制设计与发展创新

——破解中国农业保险困局

黄英君　著

创于1897　商务印书馆　The Commercial Press

2011 年·北京

图书在版编目(CIP)数据

机制设计与发展创新——破解中国农业保险困局/
黄英君著. —北京:商务印书馆,2011
ISBN 978-7-100-08388-1

Ⅰ.①机… Ⅱ.①黄… Ⅲ.①农业保险—研究—
中国 Ⅳ.①F842.66

中国版本图书馆 CIP 数据核字(2011)第 096070 号

机制设计与发展创新
——破解中国农业保险困局
黄英君 著

商 务 印 书 馆 出 版
(北京王府井大街 36 号 邮政编码 100710)
商 务 印 书 馆 发 行
北京民族印务有限责任公司印刷
ISBN 978 - 7 - 100 - 08388 - 1

2011 年 8 月第 1 版 开本 850×1168 1/32
2011 年 8 月北京第 1 次印刷 印张 10¾

定价: 27.00 元

目　　录

序

改革开放三十多年来,我国在完善社会主义市场经济体制上取得了巨大的成就。近年来我国政府实施了有效的宏观政策,使经济增长的效率明显改善,国民经济朝着良性方向发展。国内保险业恢复30年,特别是十六大以来发展迅速。市场主体由2002年的42家发展到目前的146家,保费收入由2002年3053亿元发展到2010年的14528亿元,总资产由2002年的6494亿元发展到目前的5.05万亿元,呈现出原保险、再保险、保险中介、保险资产管理相互协调,中外资保险公司共同发展的市场格局,我国已经成为全球最重要的新兴保险大国。同时,我国保险业也经受了巨大考验和挑战。全球金融危机爆发以来,众多国际知名金融机构陷入困境。在全球保险业总体陷入低迷、业务增长缓慢的情况下,中国保险业保持了持续较快发展的良好势头,风险得到有效防范和化解,近五年保险业务保持了年均24.2%的发展速度。但这仍然会对快速发展的中国保险业提出严峻挑战,如何做好保险业的风险管理,应对各种危机,并在危机中寻求发展的机遇,成为国际保险业关注的焦点,也是我国保险业今后应该注重的重要方面。

刚刚过去的2010年,面对经济形势变化和宏观政策调整,保险业反应及时,总体上保持了较好的发展势头。作为我国金融三大支柱之一,我国保险业树立和落实科学发展观,以改革开放为动力,以结构调整为主线,以市场体系建设为基础,坚持防范化解风险,取得了明显的成效。首先,保险业务平稳健康发展,保险深度与保险密度都有很大提高,风险管理机制不断完善。其次,行业发展基础得到确立,市场化程度日益提高,国有保险公司的改制日见成效,对外开放的步伐进一步加快,国际化程度不断加深。第三,业务增长方式逐步转变,市场结构渐趋合理,全行业的经营观念亦随之发生了深刻的变化,更加注重内涵价值的提升和企业的长远发展。第四,金融一体化取得长足发展,使得保险业服务于经济和社会的作用进一步发挥。第五,保险业监管重新定位,监管观念得到提升,更加注重积极主动的事前监管、注重防范和管理风险。

党中央、国务院高度重视农村工作,社会主义新农村建设要求创新农村风险管理模式,利用 WTO"绿箱"政策允许的农业保险保障农民收入的稳定,反哺农业和农村,促进城乡统筹发展。农业保险是世界各国普遍实行的一种农业保障方式,是农业风险保障体系中的重要内容,其目的在于降低市场经济条件下农业经营中所遇到的自然风险和市场风险,喊少农业生产者的后顾之忧,最终使农业能够健康持续发展。从这一点上说,农业保险是农村经济稳定发展的"稳定器"和"助推器"。

从世界各国的农业保险实践经验来看,已有四十多个国家推行农业保险,就不同国家而言,它们开办农业保险各具特色,但我们依然不难总结出世界农业保险模式的一些基本特征。共有特征主要体现在:国家重视,政府支持,地方配合;各国农业保险主要以收支平衡为主要经营目标;大都建立了一定程度的风险分摊机制。但整体看来,世界各国农业保险由于各自国情的巨大差异,引致农业保险的制度模式不尽相同,各有千秋。主要表现在农业保险发展模式的差异,农业保险发展目标不尽相同,农业保险的标的范围和保障水平存在差异,农业保险行为主体保费分担比例存在差异,农业再保险运作方式的差异等几个方面。从国外农业保险发展实践可知,国外的农业保险发展并不是一步到位的,而是根据各自不同的发展阶段、不同的国情选择了不同的发展模式。而这些模式的根本区别在于政府介入的程度有所不同。尽管目前美国和日本是政府介入农业保险最深的国家,但在早期,它们的农业保险发展基本也处于市场自由决定的状态,美国更是经历了市场主导、政府主导和今天的政府与市场共同主导三个阶段,并且农业保险险种的设置也经历了一个由窄到宽的过程。由于中国与发达国家的国情及所处的经济发展阶段和水平不同,中国不能完全照抄照搬国外的发展模式,而必须立足国情,不断探索适合自己的农业保险发展模式,为避免走弯路,认真吸取他们的经验教训是十分必要的。

笔者认为,现阶段我国农业保险取得了快速发展,农业保险试点取得了一定成效,在农业生产和农村经济生活中发挥了显著作用。此外,连续七年中央一号涉农文件的陆续出台体现出我国对"三农"问题的高度重视,也为农业保险的快速发展创造了良好的外部条件。但是在较长一段时期内,由于我国经济发展水平、政府财力有限,又缺乏相应法律法规的制度保证,政府支农的力度与效度始终受限。种种原因使得我国农业保险经营不断受阻,亏损严重,发展依然滞后,低水平的恶性循环的被动局面短期内仍然难以改观。

由于农业生产自身的弱质性和弱势性,以及生产过程的特殊性,农业保险的开展显得尤为重要和迫切。同时,农业保险的发展有利于提高农业保护,成为构建社会主义和谐社会的有效补充,增强我国农业的国际竞争能力。一直以来,农业保险经营的"三高三低"特性(高成本、高损失、高赔付和低保额、低收费、低保障)决定了国家必须对其进行政策支持,大力扶持和促进农业保险发展。农业保险的健康、持续发展需要构建适合我国国情的农业保险体系,研究农业保险是当前一个迫切的课题,农业保险现实中的机制设计与发展创新问题成为解决当前我国农业保险发展"瓶颈"的重要课题。

肯定成绩的同时,我们也要看到,我国保险业的发展还处于发展的初级阶段,总体水平还很低。农业保险发展更是如此,其发展规模与农业在国民经济中应当发挥的作用相比,仍然存在相当程度的差距;真正能满足农户多样化、多层次保险需求的产品还比较少,产品单一、覆盖面窄,缺乏有效创新,保险保障范围极为有限;在为社会生产提供全方位的服务,为经济运行的各个经济环节提供全方位服务方面还有很大的差距,因此,必须寻求跨越式的发展,很有必要进行农业保险发展机制问题的研究。

此外,随着我国农业保险试点的进一步推进,农业保险发展的深层次问题也逐渐暴露,部分保险公司对农业保险经营规律认识不够,风险控制能力薄弱,造成部分险种赔付率较高,农业保险理赔工作受到极大挑战,相应的服务承诺也大打折扣,没有形成长期发展的良性机制;农业保险业务管理漏洞日趋显现,法制建设有待健全,农业保险发展模式和机制创新不够,农险业务经营机制、市场体系、保险监管有待进一步完善等,这些问题都在不同程度影响和制约了我国农业保险市场的健康有序发展。实践科学发展观,构建和谐社会,建设社会主义新农村,以及城乡统筹的稳步推进,有赖于农业保险社会管理功能的进一步发挥。因此,如何按照党中央、国务院的重要部署,将我国农业保险发展到相应高度,使其为经济发展和构建和谐社会作出应有的贡献,是我国保险业新形势下的一项重要课题,也是当前我国保险理论界和业界面临的重要任务。

　　笔者认为,研究农业保险机制设计与发展创新是具有理论意义的。在国内外,农业风险的复杂性造成的问题在理论上和实践上依然存在,而且近几年非但没有降低反而有加剧的趋势。农业巨灾风险管理的问题在近几年全球性巨灾风险损失日益扩大的影响下,显得更为突出。事实上,农业保险的经营风险在影响因素和破坏程度等方面发生了重大的变化。现有的农业保险体系无法囊括农业巨灾风险的问题,这也是我们今后研究拓展的方向。本书目前所能探讨和解决的,也只是不包括农业巨灾风险的农业保险机制设计理论问题。因此,对我国新一轮农业保险试点取得的经验和教训应当从理论上进行检讨和反思。本书以风险和保险理论、经济机制设计理论和福利经济学等为理论基石,同时结合笔者 2009 年在中国金融出版社出版的《中国农业保险发展的机制研究:经验借鉴与框架设计》论及的国内外农业保险的经验借鉴,四川省、重庆市、云南省等地的实地调研,以及我国农业保险的发展机制的框架设计等主要内容,在此基础上更为深入地对我国农业保险机制设计进行研究,同时基于发展经济学和新制度经济学对我国农业保险发展创新进行研究,并对我国农业保险的立法问题进行了规范论证。本书从理论层面,对我国农业保险进行了深入论证,并获得了许多有益于我国农业保险发展实践的研究结论和政策建议。

中国农业保险机制设计与发展创新研究在实践的意义上更加明显。通过研究我国农业保险制度变迁,可以深入研究我国农业保险机制设计与发展创新问题,探索农业保险运行机制的设计、发展战略与立法规范,这对于完善我国农业保险制度具有重要意义。

首先,基于新制度经济学对我国农业保险制度的发展变迁进行了研究和论证。本书通过对我国农业保险发展历史过程的梳理,运用新制度经济学的经典理论,从历史的角度、从国家层面来研究和探讨我国农业保险制度发展变迁和演化的基本思路和特征,从而形成对我国农业保险制度变迁的清晰认识和准确把握,探索我国农业保险发展及其制度创新的特定路径依赖和路径选择,并在此基础上提出我国农业保险制度创新的未来方向,为以后各章对我国农业保险进行机制设计奠定制度分析基础。

其次,本书的理论框架是,基于农业保险运行机理对我国农业保险发展的运行机制进行框架设计,指出我国农业保险市场必然走向政府、农户和保险公司三方行为主体互动的共融型,应将农业保险市场与金融(资本)市场相融合。基于农业保险运行机理,本书以经济机制设计理论为依托,探讨了农业保险发展的机制设计,认为该框架应涵盖风险管理机制、市场运行机制、政府诱导机制、激励约束机制和再保险机制等。本书勾勒了我国农业保险发展运行机理与机制设计的理论框架,主要为以后各章对农业保险运行机制的研究提供主导方向和研究思路,为构建我国现实背景下的农业保险发展机制提供理论支持和政策导向。

再次,本书对农业保险的市场运行机制、政府诱导机制、激励约束机制和再保险机制等进行了深入研究。具体论述了:其一,农业保险市场运行机制成为一个十分复杂且广受争议的重要问题。但在市场经济条件下,农业保险市场运行机制的研究无可回避,必须充分发挥农业保险的市场有效性,充分发挥农业保险的价格机制、竞争机制、供求机制、激励机制和风险机制等的功能和作用。其二,由于农业保险的准公共物品属性,政府参与成为必要和必须,农业保险政府诱导机制则成为农业保险发展最为关键的运行机制,是农业保险机制设计的核心,但依然应该对其发展的现实障碍予以规避。在政府诱导作用机理下,必须充分发挥农业保险的政府主导作用,同时注意发挥市场的有效性。其三,农业保险激励约束机制的设计成为农业保险机制设计的重要内容。然而,农业保险发展中不容忽视而又往往被忽视的原因是对农业保险机制的激励问题重视不够。本书从政府、保险公司、农户等三个层面对农业保险的组织激励、供给激励、需求激励、减灾激励等进行分析;同时指出农业保险约束机制涵盖供给约束、政策需求约束、管理约束等若干方面。其四，由于农业保险具有风险大和不确定性等特征，经营农业保险的保险公司容易亏损，迫切需要再保险构筑分散保险公司风险的有效机制。农业保险的再保险机制成为农业保险可持续发展的最后一道风险保障屏障，其作用毋庸置疑。

　　第四，我国农业保险发展创新与战略思考。本书内容以发展经济学为理论基础，基于对国内外农业保险的经验研究，对中国农业保险发展创新进行理论论证。我国农业保险的发展创新可以理解为我国农业保险制度变迁的未来方向——发展创新或制度创新。综合考虑政府与市场的关系，从价格、风险、利益等层面进行考察，基于机制框架下的制度创新对我国农业保险发展创新的基础进行研究和分析。同时，我们基于这一分析框架又对我国新型农业保险产品设计与经营创新进行研究，从农业保险发展实践角度提出我国农业保险的发展战略。

　　最后，对我国农业保险的立法规范进行研究，并提出我国农业保险的立法建议。毋庸置疑，从很多方面来看，我国农业保险立法都有其必要性。更进一步讲，目前的问题已不是必要与否，而演变成如何立法的问题。本书首先对我国农业保险进行了法律定位，认为农业保险依然属于准公共物品，进一步确立了农业保险的政策性定位。同时，本书具体就农业保险的立法目的和立法原则、界定及其经营范围、经营主体的组织形式、经营模式的选择、政策扶持、再保险安排、监管等方面对我国农业保险立法规范提出相关建议。

　　本书主要思路和研究内容如下：农业保险的发展被国内外

保险业视为发展的尖端难题,这主要源于农业风险的特殊性和农业保险经营与管理技术的复杂性。为此,农业保险必须进行跨学科综合研究。本书以风险和保险理论、经济机制设计理论和新制度经济学等为理论基石,综合运用保险经济学、经济机制设计理论、福利经济学、信息经济学和博弈论、制度经济学、行为经济学和经济法学等相关理论,从分析农业风险的特点及其可保性开始,归纳农业保险机制设计及其运行机理等关键问题,以我国农业保险制度变迁的经济学分析与农业保险运行机制为重点,以农业保险立法规范为补充,全方位、多角度论述了农业保险发展变迁的特点及其发展思路和在我国农业保险实践中的具体运行机制。本书回顾了中国农业保险自20世纪30年代至目前新一轮农业保险试点的发展历程,并以各地试点的经验数据进行实证研究,具体分析了我国农业保险发展滞后的一般原因和特殊成因,提出了农业保险运行机制设计的框架思路,具体论证了农业保险的市场运行机制、政府诱导机制、激励约束机制和再保险机制等,最后得出了我国今后很长一段时期内应以实施农业保险政府诱导机制为主,市场运行机制、激励约束机制和再保险机制等为有效补充的农业保险运行机制,同时提出了我国农业保险机制设计和立法规范的政策建议。整体而言,本书对我国农业保险机制设计进行了全面、系统的研究,发展创新了我国农业保险。

　　本书的研究结论主要有:由于现代农业风险的不确定性和复杂性使现代农业风险管理日趋复杂;为有效规避和减少市场失灵及农业风险的弱可保性,应构建新型风险管理体系,使农业保险成为现代农业风险管理机制的核心;根据我国农业和农村经济的实际情况实施农业保险制度创新;积极推进农业保险试点,实施农业保险区域化战略;基于农业保险运行机理,构建以政府诱导机制为核心的,包含农业保险发展的风险管理机制、市场运行机制、政府诱导机制、激励约束机制和再保险机制等的农业保险机制;农业保险法律机制缺失是造成目前我国农业保险发展滞后的立法诱因。

本书提出的政策建议包括:确立农业保险在现代农业风险管理中的核心地位,制度化推进农业保险的可持续发展;积极推进农业保险运行机制设计,正确选择适合我国国情的农业保险机制;逐步完善我国农业保险相关法律法规,合理规制农业保险发展;农业保险经营主体应实行多元化的组织形式,调动各方参与的积极性;强化农业保险的政策支持力度,并实施有效的监督管理。本书是在笔者主持的国家社科基金青年项目"中国农业保险机制设计与发展创新研究"(批准号:07CJY064)结项报告的基础上,以西南财经大学2009年度优秀博士学位论文"中国农业保险发展的机制设计研究"为主体,经过相应的修改、完善而形成的,具有独立的完整版权。

由于农业保险的发展模式尚处于探索阶段,农业保险机制设计与发展创新亦将随之不断发展、完善,希望同仁们能够进一步深入研究农业保险发展规律,争取推出更多的优秀成果,也希望广大读者提出宝贵的意见和建议,共同促进农业保险研究工作的深入开展。同时,笔者希望本书的出版能够为农业保险的学术研究提供理论参考,能够对农业保险发展实践提供决策依据,尤其是对青年学者从事保险理论和实务的研究和探索起到激励作用,同时促进我国保险理论的创新与我国保险事业的健康发展。

　　因作者水平所限,书中错误、疏漏之处在所难免,敬请读者批评指正!

黄英君

2010 年 12 月于重庆大学民主湖畔

第1章 导 言

1.1 选题背景、研究目的及问题的提出

农业丰则基础强,农民富则国家盛,农村稳则社会安。农业是国民经济的基础产业,农产品生产直接关系到国计民生。我国是一个农业大国,发展农业保险以规避农业风险,是市场经济条件下保护我国农民利益和实现农业持续发展的重要制度保障。农业风险具有多样性、分散性、季节性等特点,相对其他行业而言,农业的风险不论是从风险数量、发生的密度和管理难度上,都超过其他行业,风险很难有效控制。农业是典型的高风险行业,我国又是世界上少数几个农业灾害最为严重的国家,农业保险应该成为我国现代农业风险管理系统的重要工具。对农业保险进行系统的机制设计将提高我国农业风险的管理水平与能力,稳定农业在国民经济中的基础地位,促进农业的可持续发展。作为一种市场化的风险转移和应对机制,农业保险在分散农业风险、补偿农业损失、提高农业综合生产能力和促进农民增收方面发挥着重要作用。农业保险是稳定农业生产经营、提高农业综合生产能力的重要手段,通过农业保险将农业生产经营

中的风险以较小的代价转移给保险公司,可以对农业和农户进行有效的风险管理和经济补偿,保障农业生产稳定持续增长;农业保险是保障农村建设小康社会的有效措施,可以大大提高农民风险应对能力,增强其投资发展的信心,拓宽其融资渠道,间接保障农民增收;农业保险也是农业综合支持保护体系的重要组成部分,其参与农业生产、防灾、销售等各个环节的风险管理和市场化运作,可以提升农业抵御自然灾害和提高处置灾害或疫情的能力;农业保险是加快农业产业化经营的重要途径,大力发展农业保险,建立政策性和商业性相结合的农业保险制度,运用经济手段支持农业保险,完善农业保护体系,是加快我国农业产业化进程、提高国际竞争实力的重要途径。长期以来,我国农业经营管理一直忽视风险管理的研究和运用,造成我国农业经营方式、经营观念和经营方法上的相对滞后。

党中央、国务院一直高度重视"三农"问题,自 2004 年始,连续七年的中央一号文件均为"涉农"文件,也多次提出要加强农业保险发展。其中,中发[2006]1 号文件提出"十一五"时期要"加快推进农村金融改革,稳步推进农业政策性保险试点工作,加快发展多种形式、多种渠道的农业保险"。2006 年 6 月 26 日《国务院关于保险业改革发展的若干意见》(以下简称《国十条》)第三条更是明确提出要"积极稳妥推进试点,发展多形式、多渠道的农业保险",探索农业保险发展模式,创新农业保险机制。中发[2007]1 号文件进一步为农业保险指明了方向,提出要"建立农业风险防范机制。积极发展农业保险,按照政府引导、政策支持、市场运作、农民自愿的原则,建立完善农业保险体系。扩大农业政策性保险试点范围,各级财政对农户参加农业保险给予保费补贴,完善农业巨灾风险转移分摊机制,探索建立中央、地方财政支持的农业再保险体系。鼓励龙头企业、中介组织帮助农户参加农业保险"。在中央政府的高度重视下,2007 年年初召开的全国保险工作会议再次把"发展'三农'保险,切实为社会主义新农村建设服务"确定为 2007 年保险业的发展重点。中国保险监督管理委员会主席吴定富与会指出,近年来发展"三农"保险的呼声日益高涨,然而保险业的发展却远远未能满足广大农村市场的保险需求。中发[2008]1 号文件肯定了 2007 年农业保险试点取得的成绩,要求"认真总结各地开展政策性农业保险试点的经验和做法,稳步扩大试点范围,科学确定补贴品种"。同时提出要"支持发展主要粮食作物的政策性保险";"建立健全生猪、奶牛等政策性保险制度";"支持发展农产品出口信贷和信用保险",为进一步规范农业保险发展提供了方向。2008 年由于自然环境的变化,农业保险发展一度受到很大挑战,但在各级政府的支持下依然获得了较快发展,试点工作获得了较好成效。2008 年,中央财政支持的政策性农业保险试点由 6 省区扩展到 16 省区和新疆生产建设兵团,截至 11 月底,农业保险实现保费收入 105.4 亿元,同比增长 112%。其中种植业保险共承保农作物及林木 5.1 亿亩,参保农户 6 700 万户次,能繁母猪保险共承保 4 300 万头,参保农户 1 200 万户次。种植业和养殖业保险赔款 42.2 亿元,受益农户 1 032 万户次。积极开展农村小额人身保险试点。截至 12 月上旬,9 个试点省市农村小额人身保险实现保费收入 3 111 万元,为 183 万农民提供了保险保障。

农业保险的发展与壮大,给具有弱质性和弱势性的农业提供了重要的风险保障。为此,中发[2009]1 号文件再次将农业保险提到较高位置,提出要"加快发展政策性农业保险,扩大试点范围、增加险种,加大中央财政对中西部地区保费补贴力度,加快建立农业再保险体系和财政支持的巨灾风险分散机制,鼓励在农村发展互助合作保险和商业保险业务。探索建立农村信贷与农业保险相结合的银保互动机制"。中发[2010]1 号文件重点对农业保险进行了规范指导:积极扩大农业保险保费补贴的品种和区域覆盖范围,加大中央财政对中西部地区保费补贴力度。鼓励各地对特色农业、农房等保险进行保费补贴。发展农村小额保险。同时,健全农业再保险体系,建立财政支持的巨灾风险分散机制。总体看来,连续七年的中央一号文件从机制、模式、发展创新以及具体的险种等方面,对我国农业保险提出了要求,也是很大的期望。同时,也显示出本书对我国农业保险机制设计和发展创新研究的重要性。

世界各国大都重视保护本国农业,WTO 框架下的农产品贸易协议将农业保险列为"绿箱政策"(Green Box Policy)①,并

---

①　所谓"绿箱政策",是用来描述在乌拉圭回合农业协议下不需要作出减让承诺的国内支持政策的术语,是指政府通过服务计划,提供没有或仅有最微小的贸易扭曲作用的农业支持补贴。绿箱政策是 WTO 成员国对农业实施支持与保护的重要措施。"绿箱政策"措施主要包括:农业一般服务,为保障粮食安全储备而提供的补贴,国内粮食补贴,单亲家庭的收入补贴,收入保险和收入安全网计划中的政府补贴,自然灾害救济补助,农业生产者退休或转产补助,通过资源停用计划提供的结构调整援助,农业生产结构调整性、投资性补贴,环境保护下的补贴,区域发展援助计划下的补贴。

为各国广泛采用,农业保险的发展有利于我国农业保护与国际接轨。

由于农业自身的弱质性和生产过程的特殊性,农业保险的开展显得很有必要,主要表现为:农业保险具有区域性;农业保险具有季节性;农业保险具有周期性;农业保险标的具有分散性和多样性;农业具有高风险性;农业保险需要(中央、地方)政府扶持。一直以来,我国农业保险经营的"三高"特性(高成本、高损失、高赔付)决定了国家必须对其采取一定的政策优惠,大力扶持和促进农业保险健康发展。近年来,农业保险越来越引起政府部门和农业经济学、保险理论界的重视。连续七年的中央一号文件都不同程度提出,要尽快建立我国政策性农业保险制度并进行试点工作。我国农业保险自 1982 年恢复保险以来,以中国人民保险公司(简称中国人保)、中华联合财产保险公司(原新疆建设兵团保险公司,简称中华联合)为代表的商业保险公司一直在试办,至今已经有近三十年的历史,但是对于农业保险在理论上的研究还处于较低的层次,实践中也鲜有成功的经验。较为典型的理论研究认为我国农业保险处于"供需双冷"的尴尬局面,但泛泛而谈者居多,未能进行深入研究,缺乏经济学理论的支撑。

研究农业保险是当前建设社会主义新农村的一个迫切课题;必须立足我国国情,构建农业保险运行机制(体系或制度),农业保险发展的机制设计问题等成为解决当前我国农业保险发展"瓶颈"的重要课题。

1.2 国内外农业保险理论研究与实践 进展述评

农业保险的发展对保障农业生产的顺利进行、推动农业可持续发展具有重要意义。从 20 世纪 80 年代以来,我国保险学界、业界对农业保险理论和实证研究有了新的进展。我们可以从农业保险的内涵、属性及其功能,农业保险发展的制约因素以及存在的问题,农业保险的模式选择,农业保险发展的实证分析及模型构建四个基本层面,对我国农业保险的理论和实践进展进行回顾和展望,并进行简要评价。

1.2.1 国外农业保险研究的简要回顾

欧洲和美国等国家自 20 世纪 30 年代起进行了农业保险的试验,对农业保险的理论研究也逐渐开始。同时美国等国家已经将农业保险作为一种支持农业的重要工具,但是仍然有很多理论问题没有解决。由于很多国家实行的是自愿投保,比如美国,即使国家给予很高的保费补贴,其农业保险参与率仍然不能达到预期的目的。赖特和休伊特(Wright and Hewitt,1994)发现,历史上尝试使用私人来承担农业保险多重险的尝试无一幸存。对于农业一切险和多重险的保险,基本上都由政府来直接或间接经营。1970 年以后,在运用经济理论解释为什么会出现私人多重险和一切险保险市场的失灵问题时,理论界主要从三个方面进行了讨论:

首先,由于农业风险具有系统性风险[①]的性质,其覆盖面较大,灾害深度较为严重,因此,保险很难克服这方面的困难。[②]在保险中,系统性风险(或巨灾风险)是指使所有被保险人之间的表现产生相关性的因素,即这种风险使所有的被保险人同时遭受损失,并且损失是巨大的。农业系统性风险主要表现为区域性同类气候,如大面积的地震、干旱、飓风、洪水等以及由此引发的次生灾害等。韦弗和金(Weaver and Kim,2001)根据金融方面的研究,用拆分的农作物产量表示系统性产量风险:

$$\tilde{y_i} \equiv \mu_i + \beta_i(\tilde{y} - \mu) + \tilde{\varepsilon_i} \qquad \text{(式 1-1)}$$

式中,$\tilde{y_i}$ 是单个投保人的实际产量;μ_i 是单个投保人产量的平均值,表示人们可获得的无风险产量;$\tilde{y}$ 是区域产量;μ 是区域平均产量;μ 和 $\tilde{y}$ 之间的差代表该地区的系统性风险;$\tilde{\varepsilon}$ 是影响单个产量的非系统性风险;β_i 是单个产量对系统性风险的敏感系数。式 1-1 表示,单个产量的非系统性风险可能是相互独立的,但系统性风险使单个产量间产生相关性。实际上,这种高度相关性[③]使利用单个产量的组合降低风险变得无效,因而

---

① 系统性风险最早出现于金融学文献中,是指不能通过资产组合而分散的风险。相对而言,非系统性风险则可以通过建立投资资产组合而分散。

② 关于农业风险的系统性使其具有广泛的伴生性等农业风险特点的归纳和总结见黄英君:《中国农业保险发展机制研究:经验借鉴与框架设计》,中国金融出版社 2009 年版。

③ 农业风险的高度相关性也是农业风险的特殊性,风险的高度相关性使风险单位之间一般难以相互调节,共渡难关,同时,由于众多农业风险单位在同一风险事件中产生经济损失,使农业风险极易演变为巨灾风险并造成巨灾损失,给农业和国民经济带来巨大影响。

提高了承保这种非分散性风险的保险公司的成本。

米兰达和格劳伯(Miranda and Glauber,1997)利用统计模拟模型计算出美国最大 10 家农业保险人的玉米、小麦和大豆保险赔款支出的变异系数,得出结论:农业保险人面临的系统性风险非常大,其保单组合的风险是经营一般业务保险人的 10 倍左右。他们还计算出了一般保险人的赔付支出的变异系数百分数:火灾保险为 6%、机动车保险为 5%、农业雹灾保险为 15%等。这些保险人的加权平均变异系数百分数为 8.6%,而农业保险人的这一比率则为 84%。因此农业保险人保单组合的风险是一般保险人的 10 倍左右。农业系统性风险破坏了农业保险人在投保人之间、农作物之间或者地区间分散风险的能力,阻止它们发挥保险中介的基本职能,即通过单个风险的汇聚而分散风险。农业保险人对系统性风险需要保持充分的储备金,用以弥补巨额损失,这使农业保险的成本过高,最终可能导致农业保险人难以承受而退出市场。这也是私人保险(商业保险)在农业保险发展中无一例外失败的根本原因。

其次,是道德风险和逆向选择问题。讨论较多的主要是由于保险人和被保险人之间在信息不对称条件下所引起的逆向选择和道德风险问题(Knight and Coble,1997)。农业保险因涉及农业生产的各阶段,保险标的大多是具有生命的动植物,因此,保险人进行风险判断、核保、定损和理赔的难度较大,需要具备专门知识,否则极易出现严重的逆向选择和道德风险。阿布桑等(Absan,1982)、纳尔逊和洛曼(Nelson and Loehman,1987)以及钱伯斯(Chambers,1989)的研究表明,由于信息不完全,市场在提供农业保险时容易出现失败。为了避免投保人的道德风险和逆向选择问题,保险公司应该尽可能精确地划分风险单位,进行费率分区,细分费率档次,这样对商业性保险公司来说成本相当高;阿布桑等(1982)认为政府提供农业保险并予以补贴可以解决这些问题;纳尔逊和洛曼(1987)的结论则表明政府在信息收集和保险合同(主要是保险条款)的设计上增加投入,比给予补贴所带来的社会效益更大。逆向选择和道德风险表现在农业保险的参与率问题上,国外有很多的实证和计量经济学方面的成果,同时也存在很多争论。史密斯和古德温(Smith and Goodwin,1996)研究发现,已投保的堪萨斯州生产小麦的农场对化肥和农药的投入比那些没有投保的农场每英亩少 4.23 美元。卡尔文和奎金(Calvin and Quiggin,1999)发现,农民参与联邦农业保险项目的原因中,风险规避仅仅是一个很小的因素,而主要是为了得到政府的补贴。1989 年,美国农业部作了一项全国性的问卷调查,对没有参加联邦农作物保险的农民,分析了他们之所以不参加保险的原因,并进行排序(Wright and Hewitt,1994)。调查发现,前五位原因分别是保障太低、保费太高、更愿意自己承担风险、农场是分散化经营的、拥有其他农作物保险,前五位原因占到总量百分比的 84.9%。可见,国外对于农业保险市场的需求问题主要是从逆向选择这个角度进行分析的。沙克和阿特伍德(Shaik and Atwood,2000)的研究表明,农业保险的参与率提高,即增加保险费在总生产成本中的份额会对农业设备、家畜和中间投入品(包括农药和化肥的使用)产生不太显著的负向影响。这种负向影响说明,随着农业保险增加,投保人投入品的数量将会减少,说明存在道德风险。此外,塞拉和古德温等人(Serra and Goodwin et al., 2003)在对农业保险需求的实证研究中发现,对于美国农民,随着其初始财富到达一定程度以后,其风险规避减弱,因而购买农业保险的动机降低。

再次,政府补贴对农业保险购买的影响。格劳伯和科林(Glauber and Collin,2001)证明,政府的"特别灾害计划"影响了农民参加农作物保险的积极性,农民参加农作物保险的动力主要不是为了规避风险,而是因为参加保险可以得到政府可观的补贴所产生的预期利益。对墨西哥农业保险补贴问题的研究同样证明,当保费补贴低于保费2/3时,对生产者就缺乏足够的吸引力(Luz Maria Bassoco et al.,1986)。通过比较农作物保险和其他可供选择的风险管理手段对农民收益影响的研究发现,多样化经营(diversification of practices)、抗风险投入(risk-reducing inputs)以及远期合约(forward pricing),特别是灾害补偿(crop disaster payments)等风险管理措施对农民收入具有稳定作用,因而在一定程度上替代了农作物保险(Skees et al.,1998;Filed,Misra and Ramirez,2001),但农业保险仍有助于降低农户的收入风险,在众多方法中排名靠前(Hart and Babcock,2001)。此外,从国外农业保险实践来看,农业保险完全由私人供给有其致命的缺陷,即供求的非均衡性,因而鲜有成功范例,或者缺乏可持续性,难以获得根本上的成功(Monte L. Vandeveer,2001),这也同样印证了农业保险的可持续发展需要政府补贴支持。

此外,国外的研究特色还在于针对具体作物、具体地区的农业保险情况展开讨论。比如,对美国中西部种植玉米及大豆农户进行作物保险研究(Quiggin, Karagiannis and Stanton, 1993),爱荷华州的玉米保险研究(Babcock and Hennessy, 1996),加利福尼亚的蔬菜保险研究(Kuminoff, 2000),得克萨斯州的棉花保险研究(Filed, Misra and Ramirez, 2001),佐治亚和南卡罗来纳州的桃树保险研究(Miller, Kahl and Rath-well, 2000)等,这为农业保险的展业提供了很重要的研究资料。在财富达到一定水平时,对于被保险人来讲,由于其自保能力越来越强,因而更趋向于自保,风险规避程度逐渐减弱。由于美国农场主与中国农民在收入存量上存在明显的差异,对于美国农场主而言,他们实质上是具有粮食生产企业的性质,同时农场主的收入非常高,这与发展中国家以小农经济为主体的农业保险的需求不足问题有着明显的区别。

1.2.2 我国农业保险理论与实践进展述评

我国对农业保险的理论研究起始于 1935 年,以王世颖(1935)、黄公安(1937)为代表的农业经济学者对当时国外农业保险的运作制度进行了研究,并结合当时中国的具体情况,对中国农业保险的实施意义及模式等方面进行了较为深入的研究,开创了农业保险理论研究的先河。然而,农业保险在 20 世纪 80 年代以前的研究由于各种原因而进展缓慢,直到 1982 年恢复试办农业保险以来,以郭晓航(1984)、李军(1996)、刘京生(2000)、庹国柱(2002)为代表的经济学者又开始对农业保险进行系统的研究和分析。可以说,经济理论界对农业保险进行了深入研究并取得了阶段性成果。

(一)农业保险的内涵及其功能分析

(1)农业保险的概念诠释

近十多年来,随着我国"三农问题"的日渐凸显和解决"三农问题"的迫切需要,在 2006 年 6 月出台的《国务院关于保险业发展改革若干意见》的指引下,我国农业保险试点取得了很好的成效,各种组织形式的农险经营主体逐步凸显。农业保险也逐渐被理论界和实践界认同为解决"三农问题"的一种有效的农业风险补偿机制或手段,从而成为国内外学者们研究的一个热点领域,并形成了关于农业保险内涵的多种解释,但至今尚未达成一致的理解和认识。在黄达、刘宏儒、张肖主编的《中国金融百科全书》(1990)一书中,农业保险被定义为:对种植业、养殖业、饲养业、捕捞业在生产、哺育、成长过程中因自然灾害或意外事故所致的经济损失提供经济保障的一种保险。在王兰等编著的《农业金融名词词语汇释》(1991)一书中,农业保险被定义为:在农村地区实行以参加保险者交付的保险费建立的保险基金,用以补偿参加者因自然灾害、意外事故或个人丧失劳动力及死亡所造成的经济损失的一种经济补偿。刘金章、王晓炜主编的《现代保险辞典》(2004)一书中,如此阐释农业保险:"财产保险的一个大类,属于政策性保险。保险人对从事农业生产的单位或个人,在进行种植农作物或养殖家畜的生产过程中遭到自然灾害和意外事故所造成的损失,负责经济赔偿的保险形式。农业保险具有地域性、季节性和连续性的特点。"郭晓航(1992)、王延辉等(1996)、刘京生(2002)认为农业保险是关于种植业和养殖业保险。谢家智(2004)把农业保险界定为动植物的生命保险,或者说动植物生命保险是农业保险的核心。庹国柱(1995,1996,2002)、郑功成(1997)、李军(2001)等则把农业保险的内涵进行了全面延伸,认为除了种植业和养殖业保险外,广义的农业保险还包括从事广义农业生产的劳动力及其家属的人身保险和农场上的其他物质财产的保险。由于对农业保险的定义各异,还引申出我国农业保险是大农险还是小农险的争议:主张大农险者认为农业保险应涉及农业的整个过程,这样既有利于充分利用保险资源,又有利于保险机构实现规模经营;主张小农险者认为农业保险应仅限于种植业和养殖业,如放宽农业保险的范围,以其他险种的赢利来弥补农村种植、养殖业险种的损失会造成不利影响。因为农业保险享受国家的优惠政策,如再与商业保险公司争夺赢利较大的其他农村险种显然有失公平,也会限制商业保险的发展。

纵观国内外各种文献,虽然目前理论界对农业保险的内涵尚未达成一致的意见,但有一点是相同的,那就是:学者们大多基于自己研究的需要来给农业保险进行内涵界定。概念的界定既是研究的逻辑起点,又是确定研究视角、使研究得以成功的关键要素。概念的诠释应是对事物本质的高度概括,而不只是停留在现象上的一种描述。但从目前的种种定义来看,基本上是对现象的理解,即农业保险是"保险"的重复性解释,而未从本质上去揭示"农业保险"的合理内涵,这正是今后该领域应着重解决的关键问题。

(2)农业保险的功能分析

谢家智等(2006)研究认为,农业保险具有的功能表现是人们对农业保险需求产生的基石,功能意义上的农业保险内涵应从以下几个方面加以理解:首先,农业保险是一种规避和分摊农业风险的机制;其次,农业保险是农业与保险的交叉系统;最后,农业保险具有促进农业发展和稳定农民收入的功能。同时,又从制度意义上对农业保险进行了界定。张宇婷(2006)对农业保险的功能定位进行了总结,认为目前对于农业保险的功能定位主要有三种观点:第一种观点认为农业保险是国家进行农业风险管理的主要手段;第二种观点认为农业保险是一种收入再分配方式;第三种观点认为农业保险是一种社会管理方式。可以说,农业保险的功能定位直接影响着农业保险的发展方向和发展方式。

综而观之,目前主要有四种不同的观点:其一,认为农业保险的功能应定位于农业风险管理。保险最本质和最基本的功能就是分散风险。农业保险的发展离不开政府和其他产业的扶持,但如把农业保险作为接受资助和扶持农业的手段,就会扭曲农业保险的功能,从而不利于农业保险的健康发展。更重要的是,我国作为一个发展中的农业大国,政府目前还没有能力像美国那样拿出巨额资金来资助农业保险的发展。因此,我国农业保险的功能应定位于风险管理,坚持市场导向的发展原则。其二,农业保险的功能应定位于收入转移。国外成功的经验表明,农业保险离不开政府的支持,政府必须对农业保险给予补贴和各种优惠政策。国内农业保险商业性经营的实践是失败的。因此,农业保险应是财政向农业部门转移支付的重要工具,坚持政府导向的发展原则。其三,农业保险的功能应定位于农业风险管理和收入转移。农业保险作为财政向农业部门转移支付的工具,完全采取政府导向会引起效率低下和加重财政负担;而农业保险作为农业风险管理的工具,完全采取市场导向又与农业保险的特殊性不符。到目前为止,还没有一个国家真正实现农业保险的商业化经营。因此,农业保险应兼具农业风险管理和收入转移的功能。最后,农业保险的功能应定位于社会管理。农业保险参与农业生产、防灾、销售等各环节的风险管理和灾后的经济补偿管理,集中体现了保险业的社会管理功能。

(二)我国农业保险发展的模式选择与机制建设

有关农业保险的模式问题,学者们也进行了很多探讨,主要以庹国柱、王国军(2002)提出的两大类五种可供选择的模式为典型代表。另外,中国保险监督委员会(2004)提出五种组织形式:由地方政府签订协议,由商业保险公司代办;在经营农业险种较好的地区设立专业性农业保险公司;设立农业相互保险公司;在地方财力允许的情况下尝试设立由地方财政兜底的政策性农业保险公司;引进具有先进技术和管理经验的外资或合资保险公司。笔者也曾对这五种模式的可操作性进行了论述(黄英君,2005)。

(1)国外农业保险发展模式选择概览

庹国柱和李军(1996)、龙文军(2002)、黄英君(2005)等对此进行了总结。世界上约有四十多个国家推行农业保险。由于农业风险的相对集中性、风险损失的相对严重性、风险承担者的分散性、风险的明显区域性等特点，以及农业保险的准公共物品的特性，许多国家采用了政府与市场相结合的方法，即国家通过设计合理的运行机制、提供必要的政策扶持（主要是经济、法律上的支持），使国家（各级政府）、企业（保险公司）和农民个人三者之间的利益在开展农业保险的过程中相互协调：国家通过支持保险公司开办农业保险，实现发展农业以稳定和促进国民经济发展的社会目标；保险公司通过开办农业保险，实现获得经济效益的企业目标；投保农民个人则是农业保险的直接受益者，以少量的保险支出获得比较稳定的生产收入，把农业风险转嫁出去。

根据世界各国发展农业保险的历史、特点、操作方式、地域特征以及法律制度、社会、经济、大众意识、传统观念以及受灾特点，形成了以美国、加拿大、苏联、日本、法国、德国、斯里兰卡、菲律宾等国农险制度为典型代表的制度模式。一般地，从保险体制和组织机构来看，农业发展保险模式主要可以归纳为以下几种：一是以政府为主导的政策性农业保险模式；二是以政府为主导的社会保障型模式；三是西欧的政策优惠模式；四是日本的民间非营利团体经营、政府补贴和再保险扶持模式；五是国家重点选择性扶持模式（庹国柱、王国军，2002）。

（2）我国农业保险发展模式的选择

在我国农业保险发展实践中，保险公司和政府为了寻求符合农业保险特殊性且能使农业保险摆脱亏损困境的组织经营形式和制度，先后在各地进行了多种尝试。根据庹国柱和李军（2003）所做的调查和概括，出现过或现存的组织经营模式大约有以下几种：① 商业保险公司的准商业性经营。具体来说，就是由中国人保（PICC）各所属营业机构直接向农户或农业企业出售农业保险单，政府的支持政策主要是允许这部分业务免交营业税。② 地方政府与商业保险公司联合共保进行带有一定营利性的经营。③ 由地方政府或其部门所进行的政策性经营。这种模式是由不同的部门和地方政府试验的，有多种外在组织形式。④ 农村保险相互会社的非营利性经营。⑤ 农村保险合作社带有营利性的经营。喻国华（2005）在对近三年来我国农业保险发展模式问题的相关研究进行述评的基础上，结合我国农业保险发展的现状，从我国农业发展模式所包含的具体模式选择、技术创新、制度供给等方面进行了初步探讨。目前理论界对我国农业保险发展模式的整体框架持有以下几种主要观点：

一是"政府论"模式。即由政府出资设立政策性农业保险机构。该模式的运行机制是：通过国家农业保险立法确定建立农业保险专项基金并实行法定保险的经营方针。建立事业性质的中国农业保险专业公司，经营政策性农业保险和再保险，国家给政策性农业保险和再保险以必要的优惠政策，各省、地、县设立中国农业保险专业公司的分支机构。同时也允许农村合作组织经营某些政策性农业保险，但必须按一定比例向农险公司再保（陈思迅、陈信，1999）。

二是"商业论"模式，即以商业性保险为主、政策性保险为辅的多家办保险的模式。所谓"商业性保险为主"，是指保险公司选择一定的农业险种，按照商业性原则进行经营；所谓"政策性保险为辅"，是指除了商业性农业保险外，允许少数经济发达地区的保险公司在地方政府支持下开办政策性保险。

三是"相互和合作农业保险论"模式。该模式主张建立相互保险和合作保险组织为主体,其他保险组织形式作为补充的多层次农业保险组织体系,以调动各方面的积极性(刘京生,2000;王兰芳,1998;李勇杰,2004)。

四是"过渡论"模式。谢家智等(2003)认为,根据农业保险的特点和我国的国情,我国应该推进政府诱导型农业保险发展模式,政府诱导型农业保险发展模式既非商业化农业保险的发展,也非政策性和商业性的简单混合,是指政府从农业保险经营主体中逐渐退出,让位于商业保险,同时改变政府对政策性农业保险直接补贴的形式和手段,以建立对商业保险诱导机制为主,最终引导农业保险走上市场化的发展模式。王和、皮立波(2004)认为,我国农业保险应实施"三阶段性"的推进战略:农业保险的发展初期可采用商业代理的方式,接着逐步过渡到国家政策扶持阶段,最终实现商业化经营。

五是"层次论"模式。作为第一层次的基础农业的保险策略应是政府介入的政策性保险,由政府财政补贴为主,农民缴纳少量保费为辅,成立灾害补偿基金,可采用强制参加原则。第二个层次上的农业是产值较高的养殖种植业,这一层次上的保险经营可属于市场行为,经营主体应归于商业保险公司,对农户采用自愿投保原则,政府给予商业保险公司一定的政策性优惠(陈舒,2004)。

六是"区域论"模式。谢家智(2003)从我国区域经济发展的实际,结合农业风险区域化的特征,阐述了区域化是我国农业保险发展的内在要求,并进一步深入研究了我国农业保险的区域化发展对策。庹国柱和丁少群(1994)、刘长标(2002)对农作物保险区划以及费率计算有过研究,指出农业保险的费率厘定不同于一般的财产保险,运用指标图重叠法划分保险区域,结合正态函数对各保险区域的费率进行厘定。邢鹏(2003)在其博士论文中也对区域农作物保险存在的主要问题以及影响因素进行了分析。谢家智(2004)从经济发展的区域化、灾害损失的区域化以及农业生产布局的区域化几方面进行了论述,指出区域化发展是农业保险的内在要求。

综合农业保险发展模式的现有理论研究成果,基于我国国情,不能追求单一模式,而应扬长避短,建立多形式、多层次、有重点的农业保险供给体系。

(3)现有文献对农业保险机制建设研究的简要回顾

从以上文献回顾中,我们不难看出,对于农业保险经营模式的研究已经相当成熟。但通过检索,目前国内外学者对农业保险机制设计问题进行研究并不多见。国内仅有周赛阳等(1998)对市场化进程中的农业保险机制设计进行尝试性研究,并融入了经济机制设计理论的一些思想观点,但未能进行深入研究,至今也未曾发现后续研究。至于国外文献,可能由于笔者视野所限,至今尚未发现基于机制设计理论对农业保险进行研究的文献。但国外对农业保险的研究大多是基于微观层面的研究,从这点上看,国外农业保险研究涉及了农业保险运行机制的微观层面,只是缺乏相应的系统阐述,这也在一定程度上体现了国内外在农业保险研究领域的差异。因此,整体看来,国内外对农业保险机制设计的研究是较为鲜见的,文献研究不足为本书研究带来一定的困难,但同时也为本书进行开拓性研究提供了机会。

1.2.3 评论性总结

承前述,国内对农业保险的理论研究起始于 1935 年。然而,农业保险在 20 世纪 80 年代以前的研究由于各种原因而进展缓慢。相较国外,无论从理论还是实践都远落后于国外。直到 1982 年,中国人民保险公司重新开办农业保险业务后,学界对各种农业保险理论问题进行了深入研究,以郭晓航(1982)、庹国柱(2002)、李军(1996)、刘京生(1999)为代表的学者开始对农业保险进行系统的研究和分析。国内学者对农业保险的讨论主要集中于农业风险以及理赔的复杂性(龙文霞、姜俊臣等,2003;王国敏,2004;黄英君,2005),农业发展水平低下以及保险费率高昂与农民收入低下的矛盾(丁少群、庹国柱,1994;刘宽,1999),农业保险具有准公共产品性质(李军,1996;冯文丽,2004;张跃华,2005;黄英君,2007),农业保险的外部性以及农业保险过程中的道德风险和逆向选择问题(庹国柱、王国军,2002;龙文军,2004),农业保险的二重性(刘京生,1999),以及由此导致的政策性保险(郭晓航,1986;庹国柱和王国军,2002;皮立波、李军,2003;史建民、孟昭智,2003;胡亦琴,2003)。总之,大多数研究文献仍是将农业保险界定在政策性保险范畴。

此外,我们还可以从以上对农业保险历史文献的回顾中看到,对于农业保险理论研究比较多,①而对农业保险机制建设研究的现存文献大多是较为宽泛地谈及农业保险机制建设的必要性和意义,且与农业保险(发展)模式混为一谈,缺乏较为系统的理论研究和实践调查,对于我国农业保险机制设计问题进行规范的实证分析的研究目前还较为少见,所提出的机制建设问题随意性较大,大都不具可操作性。尤其是,在目前农业保险试点的实践基础上进行分析研究的更为少见。本书的研究将在对现有历史文献研究的基础上,对农业保险发展机制进行框架设计,从机制设计的角度对农业保险的发展及运行加以论证,并基于成都地区的实地调查进行经验研究,结合现实运作中存在的困难提出改革设想。因此,本书研究内容的顺利完成将具有一定的理论意义和实践价值。

1.3 研究界定、假设和目标

一般而言,农业保险有广义和狭义之分。广义的农业保险,是指涵盖农村、农民和农业的"三农"保险。狭义的农业保险,则是指种植业保险和养殖业保险,即种养两业保险。本书的研究将农业保险定位为种养两业保险,为狭义农业保险。本书研究的核心在于农业保险的运行机制,因而本书研究并不仅限于一般意义上的政策性农业保险,而是具有更广政策范围意义上的

---

① 经济机制建设的研究也比较多。然而,目前基于机制设计理论对农业保险发展进行系统研究的文献尚不多见。

农业保险,涵盖农业保险的多种供给形式,是根据我国国情以及农业保险发展实践将农业保险的实践运行进一步扩大,引进更多的市场供给主体,但核心主导依然是政府。本书尝试把农业保险机制设计放在农村经济及农业产业化的背景下来讨论,充分把握政府在农业保险机制运行中的主导作用,以及机制设计与建设社会主义新农村之间的内在逻辑联系。

本书研究所依赖的几个基本假设是:首先,农业保险的当事人①都是(有限)理性经济人。无论是政府、保险人(包括再保险人),还是投保人(农户),他们都是具有独立经济利益的经济单位,在面临风险选择和投资决策时,都能够作出相对理性的判断,三者均为农业保险重要的直接行为主体,缺一不可。其次,农业保险三方行为主体都具有风险厌恶的特征。风险是造成经济利益损失的不确定性。作为可保风险的纯粹风险,经济单位一般具有风险厌恶的特征,在此假设下,风险单位都具有寻求转嫁风险的动机,即风险单位在成本合理的情况下,愿意付出一定的成本将风险转移出去,从而确保自己的财产价值(或收益)保持在确定性状态。

本书研究的总体目标为:以科学发展观为指导,采用适宜的理论和方法,探索我国当前市场经济条件下农业保险机制的运行机理,为我国建设社会主义新农村背景下进行农业保险机制

---

①　本书中多称其为农业保险的行为主体,即是指政府、保险公司和农户三方行为主体,不再对农业保险的其他相关行为主体进行研究。农业保险当事人是从农业保险合同角度提出的概念,与农业保险行为主体的提法并不冲突,对此本书不再加以区分。

设计提供理论依据和经验支持。

为实现本书研究的总体目标,需要达到的具体目标有:首先,在深入研究农业保险理论基础上,研究农业风险的复杂性和农业保险自身的特殊性,探索农业风险的可保性;其次,运用新制度经济学的经典理论,从历史的角度展开对我国农业保险制度变迁的全方位研究,从国家层面来研究和探讨我国农业保险制度发展变迁和演化的基本思路和特征;再次,探索农业保险运行机理,基于此分别论证农业保险运行机制、农业保险的风险管理机制、市场运行机制、政府诱导机制、激励约束机制和再保险机制,构建适宜我国农业保险发展的运行机制;其四,基于发展经济学对我国农业保险发展创新进行理论论证,同时对我国新型农业保险产品设计与经营创新进行研究;其五,对我国农业保险发展的立法规范予以研究,推进农业保险立法进程是我国农业保险机制可持续运行的根本保证;最后,基于理论和实证研究,得出研究结论,提出我国农业保险发展的战略和政策。

为此,本书研究拟解决的关键技术难点有:第一,回顾和借鉴国内外已有理论和相关研究,确定木书研究的逻辑起点;第二,确立研究范式,界定农业保险的基本范畴和研究基点;第三,探索农业保险运行机理,确定我国农业保险运行机制的框架内容;第四,具体分析我国农业保险运行机制的内涵、机理及其内容构建;第五,探索我国农业保险发展创新的路径选择;第六,基于本书的理论和实证研究,提出相应的促进我国农业保险可持续发展的政策建议。

1.4　研究工具与方法

(一)理论工具

在本书的研究中,主要以风险与保险理论、经济机制设计理论、新制度经济学等为理论依托,从各个角度全面分析了农业保险的准公共物品属性,农业保险制度供求与变迁,以及农业保险的运行机理与机制设计等基本理论问题,力求为本书的理论研究和实证分析提供较为完整的理论工具。在本书论述具体的农业保险运行机制时,相关章节贯穿了上述分析的结论,是以这些理论工具为依托的,并以各机制涉及的理论作为各自论证的又一支撑。

(二)研究方法

规范研究和实证研究是现代西方主流经济学的两种基本研究方法,也是本书研究的两个根本方法。实证研究是用来解决经济世界中的"实然"问题(是什么),它得出的命题比较客观,是能够证实或证伪的;而规范研究主要解决经济世界里的"应然"问题(应该做什么),研究时掺入了研究者的主观判断和价值观念。规范研究应以一定的实证(经验)研究为基础,必须有充分的经验证据作支撑;而实证研究也不能完全脱离规范研究,它最终要服务于规范研究。概括来讲,实证研究只是一种手段和方式,而规范研究才是根本。本书将理论分析与经验研究作为两大落脚点,二者互为支撑,相辅相成。总的来说,本书研究过程中力求将规范研究和实证研究两种方法紧密结合起来,使我们的研究和论证自始至终有理有据,为我国农业保险发展实践服务。当然,除了规范研究和实证研究两种基本研究方法,还会根据内容应用其他相应的研究方法。具体而言,本书运用的研究方法主要有以下几种:

(1)实证分析和规范分析相结合的研究方法。本书对农业保险机制设计的研究过程中会涉及制度安排、政策取向,以及发展创新的路径选择等问题,这些就其本身而言都属于价值判断范畴,因此,规范分析始终是本书研究的基本方法。但是对已经有的政策规范,还必须对所研究的问题进行实证分析,从而找出政策的缺陷,更好地完善农业保险运行机制。本书对所调查的大量农户资料进行分析,使其结果将更具说服力。规范分析与实证分析在本研究中得到有机结合。

(2)定性分析与定量分析相结合的研究方法。在本书研究中,定量分析与定性分析都有不可替代的作用,例如对农业保险发展现状的估计需要作定量分析,对我国农业保险制度的发展变迁则需要进行定性判断,对农业保险发展变迁的实证分析则需要运用定量分析和定性分析相结合的方法。

(3)文献研究与实地调研相结合的方法。有关农业保险方面的文献资料已经比较多,对已有的文献资料进行收集、整理和消化,是本书研究的重要方法。其次,笔者基于相关课题研究的支撑,还投入大量精力对四川省、重庆市、云南省等地开办农业保险的区域进行了实地调研,获取一手资料,以保证研究的可靠性、真实性与可行性。

(4)历史分析与逻辑分析相结合的方法。在论述所涉内容时,本书以我国农业保险发展的历史沿革为基点,以经济机制设计理论为支撑,把历史分析与逻辑分析结合起来,采取先一般、后特殊、再综合的方法,全面、系统地研究农业保险机制设计问题,从风险管理、政府职能、道德风险与逆向选择、市场供求等多个方面对农业保险发展机制的建立健全进行系统研究,理清内在的逻辑联系,并借鉴国外农业保险运行机理与机制设计的理论和实践,对我国农业保险运行机制的构建加以分析,并试图提出解决问题的合理措施和设想,对我国农业保险的发展创新提出政策建议。

(5)静态分析和动态分析相结合的方法。从宏观、中观和微观角度,从政府、保险公司、农户等农业保险行为主体出发,综合相关理论,提出系统的农业保险机制设计的理论体系,构建其理论框架和应用框架,并结合我国农业保险试点的实际运作情况,理论联系实际,力图探索一条适合我国农业保险发展的运行机制。

另外,本书还运用了其他的分析方法,例如比较分析法、模型分析法、归纳与演绎方法、局部分析与整体分析方法等。

本书首先收集了国内外相关文献资料,包括学术专著、学术论文以及有关机构的研究资料和工作总结。然后,利用规范分析与实证分析相结合,以现代保险理论和经济机制设计理论为基础,结合计量经济手段和模型,利用金融学、经济理论(主要包括农业经济学、福利经济学、制度经济学、发展经济学、计量经济学等)、法学和管理学等相关学科的基本原理和基本方法,并有机结合起来。并以成都市、云南省等地的调研为例,结合四川省、重庆市、广东省等地农业保险试点,法国安盟保险成都分公司、中华联合保险公司重庆分公司及其他农业保险公司等相关单位的具体案例进行分析论证。本书强调理论与实际的结合,发挥理论指导实践的整体方向,使理论最终服务于实践。

1.5 本书的研究思路和逻辑结构

(一)研究思路

农业保险的发展被国内外保险业视为发展的尖端难题,这主要源于农业风险的特殊性和农业保险经营管理技术的复杂性。为此,农业保险必须进行跨学科综合研究。在本书的研究中,我们将综合运用风险和保险理论、经济机制设计理论、新制度经济学、发展经济学和保险法学等相关理论,从农业风险的特点和机制设计固有的特点出发,归纳农业保险机制设计及其运行机理等关键问题,同时注意借鉴国外开展农业保险的先进经验和教训,以及我国各地农业保险试点(诸如,新疆、上海、四川、重庆、黑龙江、安徽等)的经验教训,对各种观点进行梳理分析。并以我国农业保险二十多年发展的经验数据进行实证研究,探讨我国农业保险发展的机制设计问题,力图构建适合我国国情的农业保险运行机制,探讨我国农业保险发展创新的路径选择。

(二)本书的逻辑结构

本书的逻辑结构如图 1-1 所示。第 1 章为导言。第 2 章、第 3 章、第 4 章为研究铺垫。其中,第 2 章为本书理论基础的综述部分,对相关理论的述评奠定了本书的根基。第 3 章对我国

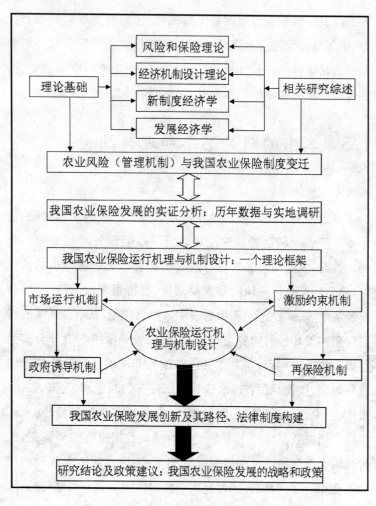

图 1 - 1   本书的逻辑架构

农业保险制度的发展变迁进行了详细论证,总结了我国农业保险制度变迁的基本特征和思路。第 4 章对我国农业保险发展变迁进行了实证分析,同时,基于农业保险需求模型对我国农业保险发展进行了理论论证。第 5 章为本书的理论框架,对农业保险发展的运行机理和机制设计进行了框架设计,为后面几章主体部分的论证进行指导性研究。第 6 章到第 11 章为本书的主体部分,分别以我国农业保险的机制设计、发展创新和立法规范的制度构建为研究对象,论证了它们与农业保险运行机制的逻辑联系,并适时进行了扩展性研究。第 12 章为本书的总结和归纳,提出我国农业保险发展的战略和政策。

1.6 本书的创新与不足

(一)创新之处

本书主要有以下创新:

第一,以经济机制设计理论为基础,构建我国农业保险运行机制的理论分析框架。2007 年度诺贝尔经济学奖授予了研究机制设计的三位经济学巨擘,经济机制设计理论成为当前研究的热点领域和前沿理论。基于前人对于经济机制设计理论的研究,本书首次规范应用经济机制设计相关理论来构建分析我国农业保险机制设计的理论框架,以期将富有农业保险特性的机制设计研究纳入这个完整的研究框架,并得到相应的经济学解释。该框架的构建是一次具有创新性质的尝试。

第二,对农业保险制度变迁的基本思路和制度创新的路径选择得出了新的研究结论。本书基于新制度经济学理论,同时利用计量经济学的分析工具,分析了我国农业保险制度的发展变迁,同时以成都市 4 区(市)县 9 乡镇以及云南省相关地市的实地调研为例进行案例分析。基于以上分析,本书对我国农业保险制度变迁作出了"强制性制度变迁方式"的定性论断。该论断本身对于我们认识农业保险的性质、认识各行为主体在农业保险中的角色和地位有一定作用。农业保险可以实行自愿投保,但政府应以一定的经济利益诱导农民对关系国计民生的重要农作物和畜禽进行投保。如果不投保就没有获得有关经济利益的权利和机会,使农户认识到农业保险带来的实际好处,相关险种也就成为一种变相"强制"。这对我国农业保险在更大范围内开展具有重要意义。

第三,对我国农业保险立法规范的相关建议有新意。农业保险法律机制的缺失是造成目前我国农业保险发展滞后的立法诱因。然而,我国农业保险立法工作长期裹足不前,目前的研究大都限于保险界的简单论述,尚未得到法学界的足够重视。在此背景下,以长期以来积累的实际调研为基础,本书开创性地论证了我国农业保险的法律定位,确立了农业保险的政策性定位。同时,对农业保险的立法目的和立法原则、界定及其经营范围、经营主体的组织形式、经营模式的选择、政策扶持、再保险安排、监管等方面加以论证,对我国农业保险法律体系构建提出了若干政策建议。这在农业保险与法学理论研究结合方面是一次较为大胆的尝试。

第四,本书对农业保险运行机制的细分和相应机制设计的详细论证是本书的重点创新。本书依据农业的弱质性和农业风险的复杂性和不确定性,以及对农业保险运行机理较为深入的分析,试图构建农业保险运行机制的整体框架:农业保险发展的风险管理机制、市场运行机制、政府诱导机制、激励约束机制和再保险机制等诸方面的设计,各个机制(包括运行机理和机制设计)亦需详加研究,同时要注重各个机制之间的逻辑联系,构建适合中国特色的农业保险运行机制。就目前农业保险理论研究而言,这是首次尝试和创新。

(二)研究不足及今后应研究的方向

本书除以上创新点之外,尚有一些缺陷和不足,需要进一步努力研究的问题主要有以下两个方面:

第一,依照现代意义上的微观经济理论,无法将农业保险运行机制进行简单划分。本书的研究主要基于农业保险发展与运行实践,以及对经济机制设计理论的理解,将农业保险运行机制划分为风险管理机制、市场运行机制、政府诱导机制、激励约束机制、再保险机制等。当然,这种划分作为一种尝试依然显得较为粗糙,尚需进一步深入。在本书的前期研究过程中,笔者曾认为信息不对称规制机制应该成为农业保险运行机制的一个重要内容,并应成为农业保险机制着重研究和解决的关键问题,但考虑到农业保险信息不对称所导致的道德风险和逆向选择问题可以在农业保险运行机制的其他几个方面进行规避,因此,笔者未再对其进行详细论证。诚然,农业保险本身的特殊性在于其在道德风险和逆向选择的倾向更甚于一般意义上的商业保险。国外存在大量基于不完全保险理论的农业保险方面的实证研究文献,开启了农业保险信息不对称规制机制研究的先河,而不完全保险正是基于信息不对称的研究。

　　第二,在研究方法上,笔者使用的方法主要是对比法和演绎法,包括历史和现在的对比、国内外的对比、农业保险运行机制间的对比,由一般性的经济机制设计理论到农业保险机制设计的分析,从新制度经济学到我国农业保险制度变迁的分析和归纳,从农业保险运行机理与机制设计的框架结构到各个农业保险运行机制具体内涵、运行机理和框架构建,以及对农业保险发展创新、立法规范及其制度构建的论证。然而,受我国目前农业保险试点进展缺乏可持续性、农业保险数据研究匮乏的实际情况所限,在实证方法的使用上尚不够突出。另外由于研究数据的匮乏以及笔者计划进行的问卷调查始终未能达到预期数量,无法运用数理模型进行简单概括,也无法用实证方法去检验(目前至少是这样),只有用我国农业保险复业二十多年的宏观数据进行代替,进行了较为简单的实证分析,因而导致本书对我国农业保险发展进行的实证分析不足,而这正是今后进行农业保险研究的方向。

第2章　农业保险机制设计研究的理论基础

2.1　风险与保险理论研究

从表面上看,风险是一个极其简单的概念,但对我们的研究而言,则需要一个严谨的定义。一般说来,风险指的是事件结果的不确定性及这种不确定性带来的损失。经济学家、统计学家、决策论者和保险学者长久以来一直在讨论风险和不确定性的概念,以确定风险的概念从而便于在各自的研究领域进行分析,但至今仍未达成适用各领域的统一定义。就风险与保险理论而言,风险是保险的基础和前提,没有风险就谈不上保险,而谈及风险必然会涉及风险的不确定性问题。深刻认识风险和不确定性及其理论的思想与观点,是研究风险和不确定性进而实施风险管理有效管控的逻辑起点和基础。[①] 保险从英文"assurance"和"insurance"翻译而来,[②]最初的意思是"safeguard against

---

① 在国外,不确定性经济学已经成为现代经济学的主流,而保险经济学则为不确定经济学的重要分支,佐证了风险和不确定性的内在联系。

② 据考证,是日本人最先意译为"保险",后为我国借用。

loss in return for regular payment",即以经常性地缴纳一定费用(保费)为代价来换取在遭受损失时获得补偿。尽管这样对保险进行定义很不完整,但在一定程度上还是反映了保险的特性。从社会功能的角度看,保险是一种风险损失转移机制,从而保险具有分散风险、转移风险和损失补偿的职能。从个人的角度看,保险是这样一种经济机制,即个人以小额成本(保险费)替代大额不确定损失(保险所保的意外事故),而这种损失在没有保险的情况下将会存在。[①] 笔者从风险和不确定性理论的产生出发,重点考察两者的内涵及其理论背景,比较与评析风险和不确定性的侧重与异同,目的是为分析研究农业风险,为农业保险的风险管控与农业保险经营提供理论依据和价值判断。

2.1.1 风险的概念及其基本界定

风险的英文词条有 risk、peril、hazard。其中,risk 是指不利事件发生的可能性;peril 是指不利的事件;hazard 是指危险、危害物和偶然事件。经济学文献中提及的风险多指 risk,意即损失的可能性。不确定性,一般泛指事件的非规律或非规则性,具体指事件发生的可能性、发生的时间、发生的环境以及发生的结果,难以为人们所事前确切知道和准确判断。不确定性的英文词条有 contingent、uncertainty。其中,contingent 的含义更为丰富,它强调条件、信息、行为、结果等方面的不确定,而 un-

---

① 参见〔美〕埃米特·J.沃恩,特丽莎·M.沃恩(Emmett J. Vaughan & Therese M. Vaughan)著,张洪涛等译:《风险原理与保险》(第八版),中国人民大学出版社 2002 年版,第 14 页。

certainty 强调结果的不确定。在现有的研究文献中,uncertainty 和 risk 有时可以相互替代使用,但 contingent 和 risk 一般不能相互替代使用。而对风险和不确定性及其理论的研究,可以从多层次、多角度和多维度展开。综观风险及其理论,已形成的不同思维方式和思想、进而出现的观点差异,同时通过对风险及其相关范畴的分析,得出有关风险的系列观点和方法,进而形成风险的相关理论(卓志,2006);不确定性及其理论已演变为现代经济学重要组成部分,不确定性理论已成为现在颇为流行的博弈论和信息经济学的理论基础。

从概率统计的观点来看,风险可以理解为事件结果相对于期望值的偏离,这种偏离包含有两层意思:既指结果相对于期望值的变动的可能,又指期望值损失的大小。人们之所以关注风险,是因为风险会带来高昂的成本——期望值损失是现实的成本,结果相对于期望值的变动的不确定性同样会使资产贬值。以上两种成本都是直接期望损失,但在生产活动中,常常是由直接损失导致的后果——间接期望损失占有更为重要的分量和地位。如直接损失使生产性资产遭到破坏进而导致生产量和销售量下降,不但会减少生产者的正常利润和现金流,还会导致非常规经营费用的增加和客户的流失,给生产者和企业带来潜在的长期损失。

对于一般生产者来说,对利润和现金流影响较大的风险主要有三类:价格风险、信用风险和纯粹风险。价格风险指生产者购入原料、劳动力等生产要素时支付的价格和售出产品时收取的价格发生波动所导致的现金流量的不确定性。价格风险可以进一步细分为商品价格风险、汇率风险和利率风险。价格风险直接影响企业利润,在企业战略管理中居于核心地位。信用风险指生产者的债务人延迟或违反支付承诺带来的财务风险,一般各种应收账款都有一定程度的信用风险。信用风险可能使生产者资金链断裂并带来一系列严重的连锁反应。第三种常见风险是纯粹风险,主要包括物理损失、被盗引起的财产损失和由于给客户、雇员、股东、供应商带来人身财产损失而必须承担法律责任的风险。传统上的风险管理主要就是针对纯粹风险进行的纯粹风险管理,保险公司就是专门从事纯粹风险的度量、分担业务,为降低纯粹风险的不确定性进行损失融资的风险管理企业。保险合同之所以能起到分散纯粹风险的作用,是因为纯粹风险具有和前两种风险不同的几个特点。首先,纯粹风险的随机结果只会带来损失而不能带来收益,只会减少社会总财富,也就是说,无论出现哪种结果都不会给风险承担者增加现金流入。这正是纯粹风险和价格风险的重要区别:价格涨跌给一方带来损失的同时必然给另一方带来对等的收益,收支相抵的结果可能是社会总财富的增加,也可能是减少,所以规避价格风险的工具是相反的衍生合约而不是单向的保险合同。其次,纯粹风险引起的损失对不同的风险承担者会产生不同的影响,一般来说,当某一个风险承担者遭受巨大损失时,其他的风险承担者不会同时遭受同样程度的损失,这样,保险公司才能根据大数定律计算损失概率,厘定保险产品的价格,通过分散纯粹风险达到赚取利润的目的。相应地,各种形式的信用风险和价格风险对不同的风险承担者的影响是否相同具有不确定性,一般不能使用保险合约对损失进行融资。最后,纯粹风险带来的损失通常数额巨大且可以通过一定的措施加以影响和控制,特别是人为灾害造成的财产损失程度和风险承担者是否采取措施加以防护有较大的相关性,这样风险承担者就有保险需求,而保险公司也可以使用风险分担的非全额保险条款促使被保险人防灾防损,在总体上减少风险的不确定性。然而,信用风险和价格风险往往是难以控制的。

2.1.2　风险与保险理论的产生

风险与保险理论是研究风险问题进而实施风险管理的逻辑起点和基础。风险问题由来已久,而风险与保险理论却是近代才发展起来的。卓志(2006)对此予以总结,从人类起源开始,风险一直伴随着人类的发展,可以说人类的发展史也是人类不断与各种风险作斗争而使人类不断文明和进步的历史。[①] 因此,自古以来,人类以多种方式记录了对风险的认识以及和风险抗衡的经历,但是人类真正开始研究风险,并在理论层面剖析和界定风险则始于 19 世纪后期。随后,风险与保险理论在长达一个多世纪的发展历程中,由于不同的制度、科学、历史、文化、价值观和方法论的差异,形成了客观实体派与主观建构派的两大风险理论学派。在客观实体派看来,风险具有客观性和可测性,因为有这样的属性,在进行风险管理时,客观实体派的思维就是采

---

① 　参见卓志:"对两大风险理论学派观点的评析",《中国商业保险》2006 年第 3 期,第 6 页。

用一些技术性的手段来降低风险。而主观建构派则是从风险人文和社会科学的角度来认识风险的,认为可以依据心理学、社会学、文化人类学和哲学等学科的方法和理论,按文化规范与社会公平正义的要求对风险进行定义,形成了以风险的文化、价值观、道德与制度等为标志的"建构与回应"风险的观点,认为风险具有建构性、团体性、不确定性和不可测性等特征。由此可见,主观建构派与客观实体派在认识风险的哲学思维上存在很大差异,这也决定了两大派别在风险理论的另外一个大问题,即对风险进行管理的思路上大相径庭。

国内对于风险的认识尽管没有泾渭分明的流派之分,以保险学者的研究为主,但对风险内涵的界定依然没有一致意见。风险的基本含义是损失的不确定性[1](许谨良等,1998)。承前述,这一基本概念尚无一致公认的定义。即使在风险管理领域,对风险的定义也缺乏一致性。纵览有关风险管理的各种文献,我们发现对风险均没有统一的定义。尽管在风险管理领域对风险的定义没有达成一致,但所有的定义都有两个共同点:不确定性和损失。正如顾孟迪等(2005)所指出[2],所有对于风险的定义无一例外地都提到了不确定性的问题。当风险存在时,至少存在两种可能的结果,只是我们面对风险时无法知道哪种结果将出现。提起风险,人们会比较自然地认为有形的财产遭受损失。有时,损失可能不是经济方面的,可能仅仅是一种不舒服,

---

[1] 参见许谨良主编:《风险管理》,中国金融出版社 1998 年版,第 1—4 页。

[2] 参见顾孟迪、雷鹏编著:《风险管理》,清华大学出版社 2005 年版,第 3 页。

不如意,可以理解为心理上的一种损失,从经济学的角度讲,损失可以表现为个人效用的减少,而个人效用的减少包含了主观的因素。

在商业活动和日常生活中,风险一词具有多种含义。由于各个领域对于风险所关注的重点不同,对于风险的定义也应该是不同的。在一般的情况下,风险可以看做是实际结果与预期结果的偏离(顾孟迪等,2005)。把实际结果与预期结果的偏离作为风险的定义时有两个问题需要说明一下。首先需要明确,什么是预期结果,何谓偏离? 哈林顿和尼豪斯(Harrington and Niehaus,2005)将风险用于描述具有不确定结果的情况。具体来说,他们认为风险的含义有两种:一是某种情况下的期望损失。例如,我们在保险市场中常提到所谓的高风险投保人,此时,风险的含义就是指保险公司承担的损失的期望值(期望损失)较高。二是将风险定义为不确定性,即相对于期望值的变动程度或围绕期望损失的波动。所以这里我们可以将风险理解为一种情况如果比另一种情况在期望损失与不确定性两方面更严重,就更具有风险。与此类似的风险定义还有我国台湾学者郑灿堂的观点,他对风险的定义有下列两种:一是从主观的角度,将风险定义为“事故发生的不确定性”。这种不确定性包括:(1)发生与否不确定;(2)发生的时间不确定;(3)发生的状况不确定;(4)发生的后果严重性程度不确定。二是从客观的角度,将风险定义为“事故发生遭受损失的机会”。这种定义着重于整体及数量的状况,认为在企业经营的各种活动中发生损失的可能性,亦即企业在某一特定期间的经营活动遭受损失的或然率。

此或然率介于 0 和 1 之间,若为 0,表示该企业的经营活动不会遭受损失;若为 1,则该企业的经营活动必定发生损失。企业经营活动损失的或然率越大,风险也就越大。威廉斯与史密斯将风险定义为结果中潜在的变化,当风险存在时,就无法确切地预测结局。

以上的几种观点都是从确定性的角度定义风险。从统计学或数学的角度,还有学者将风险定义为"实际与预期结果的离差"。例如一家保险公司承保 10 万幢住宅,按过去经验数据估计火灾发生的概率是 1‰,即这 10 万幢住宅在一年中就会有 100 幢发生火灾,然而,实际结果不可能正好是 100 幢住宅发生火灾,它会偏离预期结果,保险公司估计可能的偏差域是 ±10,即在 90 幢与 110 幢之间,可以用统计学中的标准差来衡量这种风险。还有另外一些学者将风险定义为一个事件的实际结果偏离预期结果的客观概率。这个定义实际上是实际与预期结果的离差的变换形式。

2.1.3 风险与保险理论的认知与应用

不确定性是经济现实的一个基本特征,也是风险与保险理论的一个核心问题。现代经济学的发展就是对经济行为本身不确定性认知的过程。不确定性是客观世界的根本属性,"天下唯一确定的是不确定性"。但经济学对这一特点的认识,却经历了一个逐步演进和深入的过程。

关于不确定性的定义,有的学者(Siegel and Shim,1995)理解为:"对导致一系列可能结果或多种备选方案的认识状态,但这些可能结果的可能性要么无法知道要么无实际意义。与风险不同,不确定性的目的不明确,无法对全面认识备选方案做出假定。实务中,决策者趋向于对不确定性与风险不作明确区分"。陈今池(1990)也认为:"由于缺乏充分的数据而不能客观地计算出投资风险的概率。几乎所有的企业决策均包括有某些不确定因素。"

总之,目前经济学界对不确定性的认识有两种定义,"一种定义与概率事件相联系,通常用随机变量的方差来定义该变量的不确定性,并刻画出该变量的不确定性的大小。如资产组合理论中,就采用这种方法定义不确定性。通常也用风险来表示这种不确定性。另一种定义与概率事件没有联系,不确定性是一种没有稳定概率的随机事件,人们不能依赖事件过去发生的频率来预测其未来发生的概率"(李拉亚,1995)。

通过以上有关不确定性理论在经济学以及保险学的发展回顾,我们能够理清该理论的发展脉络。今天看来,当我们回顾历史,对其进行梳理的时候,呈现在我们面前的不仅是一个清晰可见的理论历史发展的图谱,更为重要的是可以认识到这些理论超越了保险学范畴,已经站在了经济学研究的前沿。因而有必要在更宽泛的领域内研究风险与保险理论,进一步推进保险理论的研究。首先是如何认识风险的问题,只有认识了风险,我们才能更好地管理风险;其次是如何认识不确定性的问题;再次是如何认识风险与不确定关系的问题。

风险与保险理论的一个核心问题是不确定性问题,我们首先从主观上对不确定性进行认识。对于不确定性,最广泛认同的定义是,基于对未来会发生或不会发生什么事情缺乏认识,产生一种怀疑的思维状态(顾孟迪等,2005)。不确定性是相对确定性而言的,这里的确定性是对于某一特定情形的确定。由于人们的认识与态度不同,不确定性也因人而异。对其中一个人不确定的事,另一个人可能确定;对同一件事,一个人不确定程度较高,另一个人不确定程度较低。人们主观上的不确定性主要源于个体的认知水平和态度。

其次,不确定性在客观上的存在,有两个层次。第一,从根本上看,有些情况在客观上是确定的,但是由于人类总体上的认识能力不足,所以无法得到确定状态所必要的信息。一些主观认知能力上的限制是人类总体上的,也可以认为由此导致的对未来的无法判断是客观上的。第二,不确定性是客观存在的。许多情况下的不确定性是由一些不可预测的偶然因素导致的,因而是客观存在的。无论人们的认识程度如何,对于未来的结果总是无法明确判断。对于客观上的不确定性,完全可以从统计的角度上来加以认识,而且区分风险和不确定性也比较容易。从这个意义上讲,风险是有条件的不确定。人们只是不确定未来到底何种状态会发生,而每种状态发生的概率以及每种状态发生后的结果是知道的,或者是可以估计的。未来的一切尚未发生。决策者必须对未来的情况作出分析。根据未来各种事件发生的实际情况和决策者掌握信息的程度,可以把未来的情况分为确定型的、不确定型的和风险型的。如果未来事件的发生是必然的,那么未来的情况就是确定型的。

风险与不确定性相联系,与损失相联系,而在时间上又与未来相联系。如果没有损失，如果可以确定某一事件（假如这一事件为 A）一定发生或一定不发生（即 $P(A)=0$，或 $P(A)=0$ 的情况），那就无所谓风险问题。而实际上，对于未来我们往往很难把握，不仅是客观上某一风险事故的发生具有随机性，其发生频率和造成的损失幅度，即使通过大量的历史统计数据也很难准确预测，还有的风险得不到统计资料，根本无法总结规律，甚至没有任何规律性可言，即不确定性具有客观的因素。不确定的另外一层含义是，我们可以通过客观的现象得出一些规律性结论，但由于我们自身的局限性，还有其他的一些规律，我们还认识不清，认识不够，或者是我们根本无法认识。这就造成了主观和客观的不一致，这样的不确定性代表了主观因素。因此，我们在面对未来的时候，对未来有不确定，对于风险事故在什么时候发生不确定，对事故发生的频率不确定，既然存在这么多的不确定，那由此造成的损失就不可避免，损失或大或小。当我们能够对我们风险有更多的认知和了解的时候，我们能够降低风险的程度，这一认识和了解的过程都是基于我们的历史经验，在客观实体派看来，风险是可测的，是客观存在的，可以通过技术性手段以降低客观存在的风险的危害程度。而当进入经济活动的领域，风险的范围就已经极大地扩展，从对实质性风险的研究扩展到对利率风险、市场风险、信用风险等一系列财务性风险的研究。巴林银行的倒闭、东南亚金融危机的爆发、美国次级债危机的爆发以及历史上频繁的经济危机，其中的原因有人为的痕迹，包括经济制度的缺陷，过度的投机行为。因此，风险就不仅仅是实质性风险的问题，而是包含了人的经济行为、社会文化、价值观、道德等因素,研究风险问题就是要研究如何避免个人、家庭、企业遭受经济损失,避免社会遭受经济危机,防范风险不仅仅是通过工程技术、概率论和数理统计等来实现,还要从制度上完善,操作上规范,道德上约束,这就是主观建构派所谓的"建构风险与回应风险"。

　　不确定性是风险的重要特征,但不确定性与风险是有所不同的,它们的差异主要在未来事件发生的信息上。未来不确定性的情况是指,对未来事件发生的有关情况一无所知,既不知道哪个事件会发生,也不知道每个事件发生的概率。在风险型的情况中,尽管决策者同样不知道未来到底哪个事件会发生,但决策者能够确定每个事件发生的概率。此时,损失或者其他经济结果实际上是一个随机量。不确定性和风险的这种差异,决定了对这两类问题进行决策时将采取完全不同的方法。风险是实际结果与预期值的偏离,而不确定性是指不同的自然状态、主体行为与结果。风险是主观与客观相互作用的结果,即在一定约束条件下,主体行为结果与预期结果的偏离。而不确定性包括客观不确定性和主观不确定性。主观不确定性与客观不确定性相互作用导致风险的产生。不确定性是风险产生的条件,而风险是不确定性的结果。总之,不确定性是指自然状态、主体行为和结果的不同,风险则是指主体行为结果与预期结果之间的不一致。不确定性是风险形成的条件,风险是不确定性在主观与客观条件下相互作用的结果。

　　近来,不确定性分析方面的研究获得爆炸性进展,且这种进展不仅仅是学术性的。现在,关于不确定性和信息经济理论不仅在经济系大行其道,而且在职业学校和面向工商事务、政府行政及公共政策的项目中也备受重视(Hirshleifer and Riley,1995)。这为风险与保险理论研究提供了理论支撑。在客观实体派看来,风险是客观的不确定性,是客观存在实体,在一定条件下可以预测。以客观概率规范与测度不确定性,一切不利后果均以金钱观点观察与计价。而风险真实性的认定,则以数学和数学期望值的高低为认定基础(卓志,2006)。

在前人对风险与保险理论研究尤其是风险理论研究评述的基础上,我们可以获得认识风险和不确定性的更宏观和更综合的框架和视野。市场经济的本质是风险经济,我国在市场经济发展改革进程中,风险和不确定性及其理论研究有助于我们正确看待、认识、评估与把握风险和不确定性,进而实施有效的风险管控,并对保险经营带来有益启示。对风险更为复杂的农业保险经营而言更是大有裨益,毫无疑问,风险与保险理论成为本书研究的理论基础之一。这有利于在一定程度上减少农业保险经营风险和不确定性的不利效应,有利于在更大程度上增进农业保险组织的经营管理水平。

2.2　经济机制设计理论:激励相容、显示原理与执行理论

经济机制理论(thoery of economic mechanism design)主要研究的是,在自由选择、自愿交换、信息不完全及决策分散化的条件下,能否设计一套机制(游戏规则或制度)来达到既定目标,并且能够比较和判断一个机制的优劣性。这个理论的基本

框架是由美国经济学家利奥·赫维兹（Leo Hurwicz,1972）最先严格给出的。[①] 它可用来研究和探讨各种经济问题,特别是在不完全信息情况下探讨和设计各种激励机制,以实施（implement）所要达到的社会或某个既定目标。概括地说,经济机制设计理论所讨论的问题是:对于任意的一个想要达到的既定目标,在自由选择、自愿交换的分散化决策条件下,能否并且怎样设计一个经济机制（即制定什么样的方式、法则、政策条令、资源配置等规则）,使得经济活动参与者的个人利益和设计者既定的目标一致,即每个人主观上追求个人利益时,客观上也同时达到了机制设计者既定的目标。如可能的话,是否具有较小的信息运行成本。机制设计理论的关键内容包括激励相容机制、显示原理与执行理论。激励相容机制能对行为人是自利的且拥有私人信息的经济体进行严谨分析;显示原理则极大简化了对机制设计问题的研究;而执行理论解决了多重均衡问题,能够设计使所有均衡结果对于给定目标函数都是最优的机制。机制设计理论目前已经在最优拍卖、规制和审计、社会选择等广泛的经济学领域获得了突破性应用,对经济政策和市场制度产生了重大影响。

世界上有许多（包括理论上）各式各样的经济制度,如市场

---

① 据诺贝尔官方网站报道,北京时间 2007 年 10 月 15 日 19 时,2007 年诺贝尔经济学奖在瑞典斯德哥尔摩公布,三位美国经济学家分享 2007 年诺贝尔经济学奖,以表彰他们为机制设计理论奠定基础。他们分别是明尼苏达大学的赫维兹、芝加哥大学的马斯金,以及美国普林斯顿高等研究中心的罗杰·B.迈尔森。他们三人将分享 1000 万瑞典克朗（约合 154 万美元）的奖金。

经济机制、计划经济机制、公有制、私有制、集体合作制、混合所有制、边际成本定价机制等。本书在前人研究的基础上，主要介绍了机制设计理论的一些基本结果及最新发展。我们将介绍经济机制理论的两个领域：激励相容和显示原理、信息效率问题和执行理论。不同的机制会导致不同的信息成本、不同的激励和不同的配置结果。研究一个经济机制的信息有效性和激励相容性可评价制度的优劣性，而执行理论则是设计使所有的均衡结果对于给定目标函数都是最优的机制。因此，从这个角度概括来说，经济机制理论是系统地研究经济制度的设计和这些制度是如何影响人们的互动行为和配置结果的理论体系。

在讨论和判断一个经济制度的优劣时，人们需要首先给出评价一个经济制度优劣的标准。在现有经济学文献中，经济学家通常认为一个好的经济制度应满足三个要求：它导致了资源的有效配置、有效利用信息及激励相容（田国强，2000）。经济机制的有效资源配置要求资源得到有效利用，有效利用信息要求机制的运行具有尽可能低的信息成本，激励相容要求个人理性和集体理性一致。这些要求是评价一个经济机制优劣和选择经济机制的基本判断标准。如果一个资源配置不是有效的，则存在着资源的浪费和改进经济效率的余地；如果信息的利用不是有效的，机制运行的成本就比较大；如果一个机制不是激励相容的，个人在追求私利时可能会违背集体利益或影响社会目标的实施，从而使得个人利益与集体或社会利益发生冲突。由于不同的经济机制会导致不同的信息成本、不同的激励反应、不同的配置结果，因而人们需要知道什么样的经济制度能满足以上三个要求。这样,仅仅把一个个机制分开考虑是不够的。当各种经济机制共存,可供选择时,一个国家则需要对经济制度作出选择。在所实施的经济制度出现问题时,人们也总想知道是否还存在着其他更好的经济制度。

此外,现实的经济环境总是在不断地发生演变,特别在经济、社会制度转型时期更是如此,因此人们需要对制度进行选择或创新。我国改革开放以来社会经济发展的变革佐证了这一论断。这样我们需要有一个能研究和比较各种经济机制的更一般的理论来考虑制度的选择问题。

机制设计理论能系统地比较各种经济制度的优劣和研究不同的经济制度是如何影响人们的相互行为和资源配置结果的。经济机制理论把所有的经济机制放在一起进行研究。因而,我们在研究农业保险机制设计问题时,也可以把所有的农业保险机制放在一起,而且必须放在一起进行研究,才能达到我们预期的目标,这也是本书进行农业保险机制设计研究的理论依据。从更宽泛意义上来讲,研究的对象大到对整个经济制度的一般均衡设计,小到对某个经济活动的激励机制设计。机制设计目标可以非常大,也可以非常小。可以大到对整个经济社会的制度的设计,其目标是一个经济整体目标;也可以小到只是具有两个参与者的经济组织管理的委托人的目标,其目标只是他自己的最优利益。

2.2.1 激励相容问题

赫维兹(1972)对经济机制理论进行了开创性研究,提出了激励相容理论。所谓激励相容,是指在市场经济中,每个理性经济人都会有追求自身利益的一面,其个人行为会按自身利益的规则行动,在这种情况下,如果能有一种制度安排,使经济人追求个人利益的行为恰好与企业实现的经济价值最大化的目标相吻合,这种制度安排就是所谓的"激励相容"。经过三十多年的发展,激励相容已经成为现代经济学中一个重要的核心概念,是任何经济体制都需要具备的性质,同时也成为检验我国农业保险机制设计是否有效的标准之一。

我们知道,人的利己行为、经济自由选择、分散化决策、引进各种激励机制是一个经济制度运行良好的先决条件,正所谓"体制决定机制,机制决定活力"。然而,经济学文献中的大多数研究只是讨论在市场制度下的各种激励问题。一个人所做的每一件事都涉及收益与成本。这种收益与成本可以是有形的,也可以是无形的。只要收益与成本不相等,就会存在激励问题。既然个人、社会和经济组织的利益不可能完全一致,甚至可能完全相反,激励问题在每一个社会经济单位中都会出现。由于每个人从所要做的事中获得利益并付出代价,在自利的驱动下,他将作出合理的选择:收益大于成本,就做这件事,或把它做好;否则就不做,或不想把它做好。一个经济制度要解决的一个根本性问题就是如何调动人们积极性的问题,即如何通过某种制度或游戏规则的安排来诱导人们努力工作,使得努力工作的收益大于所付出的成本。这样的激励机制能够把人们的自利和社会收益有机地结合起来。这样,检验一个机制或规则是否运行良好的一个基本标准就是,看它能否提供内在激励使人们努力工作,激励决策者作出有利于他主管的经济组织的决策,激励企业尽可能有效地生产,从而使整个经济能健康发展,充分发挥组织成员的积极性。

假定机制设计者有一个经济目标,这个目标可以是资源的帕累托最优配置、在某种意义下的资源公平配置、个人理性配置、某个经济部门或企业主所追求的目标或在其他准则下的配置等,机制设计者认为这个目标是好的。制定什么样的规则才能使经济活动中每个成员的利己行为的实际结果与给定的社会或集体目标一致呢? 当我们认为某种方案不能实施时,我们应该追问究竟是什么阻碍了它的实施。当然一个明显的限制或障碍就是物资和技术条件。除此之外,还有一个因素:激励相容问题。如果一个经济机制不是激励相容的,则会导致个人行为与社会目标的不一致,往往导致所谓的"上有政策,下有对策"、政令不通的现象,使制定的政策或制度不能发挥既定的作用。离开人的积极性和主动性,社会目标自然无从实现。个人或企业的行为结果与政策、法规制定者所想达到的目标不一致的原因即在于这些规章制度不是激励相容的。在既定规则下,个人或企业不按照设计者所制定的社会目标那样去做可以得到更大的好处。这就是机制设计理论中最为重要的激励相容问题。因而在机制设计中,要想得到能够产生帕累托最优配置的机制,在很多时候必须放弃占优均衡假设。这也决定了任何机制设计都不得不考虑激励问题。可见,激励相容已经成为机制设计理论甚至是现代经济学的一个核心概念,也成为实际经济机制设计中一个必须考虑的重要问题。

2.2.2 显示原理

赫维兹构建的机制设计理论框架的要点在于,只有满足参与约束和激励相容约束这两个条件,社会目标才能实现。但是,满足以上两个条件,是否就存在能实现目标的机制呢? 这样的机制可能存在也可能不存在。在存在的情况下,也许有很多能够实现目标的机制,那么,如何寻找最优机制就成了一个重要的问题。为了解决这个问题,"显示原理"(revelation principle)应运而生。可以说,20 世纪 70 年代显示原理的形成和执行理论的发展是对赫维兹机制设计理论的深化,具有举足轻重的理论意义。在吉巴德(1973)提出直接显示机制之后,迈尔森(1979)将其拓展到更一般的贝叶斯纳什均衡上,并开创了其在规制理论和拍卖理论等方面的研究,其主要贡献就是在显示原理的提出中发挥了至关重要的作用,显示原理的出现简化了机制设计理论问题的分析,同时迈尔森(1981)在将机制设计理论应用到现实经济的过程中作出了重大的贡献。迈尔森运用机制设计理论和博弈分析方法为加州电力改革和美国医学院的招生设计了方案,从根本上解决了许多棘手的经济和政治难题,为机制设计理论的拓展指出了方向。在给定一个社会目标的条件下,我们总是希望能够寻找到一个机制来实现这个目标。但该问题所面临的一个最大难点就是我们可以选择的范围太大,可能不知从何处入手。迈尔森等人建立的显示原理在此难题的解决方面起到了关键作用。显示原理表明,我们只需要考虑一类特殊的机制,如果从这类特殊机制中不能找到一个机制来实现我们的社会目标,那么任何其他机制也不能实现给定的社会目标。在占优行为下,人们没有必要寻找更复杂的机制,而只需要考虑所谓的直接显示机制就足够了,这将有助于减少构造机制的复杂性。

机制设计理论的激励问题涉及两个方面内容:一是最优机制,即机制的目标是最大化个人的预期收益,主要是在拍卖理论中最大化委托人即拍卖者的预期收益;另一个可以称为效率机制,即设计者的目标不是个人收益最大化,而是社会整体的福利最大化。无论是哪一个方面,机制设计都是一种典型的三阶段不完全信息博弈。在第一阶段中,委托人提供一种机制,包括规则、契约以及分配方案等内容;在第二阶段中,代理人决定是否接受这种机制;如果接受这种机制,则进入第三阶段,在此阶段中代理人在机制约束下选择自己的行动。与子博弈纳什均衡相比,这里的贝叶斯均衡机制似乎显得很弱,所以就产生了激励理论中最基本的显示原理。具体而言,为了获取最高收益,委托人可以只考虑被"显示"的机制,即委托人在第二阶段接受机制,第三阶段在机制下选择。迈尔森证明,如果最优直接显示机制不能够保证帕累托改进一定会出现,那么就没有任何机制能保证帕累托改进一定会出现。显示原理的发现,在极大程度上简化了问题的复杂程度,代理人的类型空间就直接等同于信号空间,把复杂的社会选择问题转换成博弈论可处理的不完全信息博弈,大大缩小了筛选范围,为机制设计理论的进一步探索铺平了道路。

2.2.3 执行理论

显示原理在简化机制设计分析和寻找最优机制方面极其有用。但是,即便我们已经找到了最优机制,仍然要面临如何实施最优机制的问题。具体而言,当经济参与人实施机制要依赖其所提供的信息时,他们就会有利益和动机提供错误的信息,而且还会面对多重均衡问题。有些均衡从社会的角度看不是最优的,因此就产生了经济机制如何实施的问题:是否有办法设计一种从社会角度看均衡总是最优的经济机制呢? 由于显示原理没有涉及多个均衡的问题,因此马斯金提出了执行理论(imple-ment theory)加以完善。目前该理论已经在社会选择以及不完全契约等多个研究领域产生了重要影响,其实,执行理论的提出解决了机制设计理论中的另一个难题。该难题就是,即使人们找到的一个机制可以帮助实现既定的社会目标,但在这个机制下可能产生多个结果,人们的社会目标只是多种可能结果中的一个,而且并不能保证这个机制一定能帮助人们实现目标。这是机制设计理论所必须面对的问题,对这个问题的研究成为机制设计中的又一个重要方向。马斯金(1977)对执行理论的形成作出了奠基性的贡献,他提出了著名的"马斯金定理"。该定理指出:在一定条件下,人们可以找到实现社会目标的机制,而且该机制的结果一定和社会目标是一致的。马斯金所发现并证明的用纳什均衡来实施机制的充分和必要条件,为寻找可行的规则提出了一种新的标准,并广为流传,成为执行理论研究的基础,从而成为了机制设计理论发展进程中的新里程碑。

马斯金定理是对吉巴德·萨特斯维特所提出的操纵定理的一种回应。吉巴德·萨特斯维特的操纵定理认为,如果对个人的偏好域不加任何限制,按占优策略可实施的社会目标几乎不存在。能被占优策略均衡所执行的社会选择规则只能是独裁性的,即好与坏都是由一个人说了算,这样占优策略才能实施这个社会选择规则。赫维兹的观点也与该定理基本相似,其证明了在信息分散条件下,不存在一个有效率的机制可以让人们说真话。这和只有在独裁条件下才有说真话的占优策略实施,是一个问题的两种不同表述。所以,在赫维兹所指出的信息分散的个人经济环境里,不存在一个有效率的机制让人有动力显示他的真正信息。而马斯金的贡献是探讨了在何种情况下,能让人说真话,进而使得社会选择的规则是可执行的或是可实施的。马斯金指出能被执行的社会选择规则一定是满足单调性的。单调性意味着如果某一方案在一种环境中是可取的社会选择,而在另一环境中所有人的偏好排序中,该方案与其他方案比较,其相对地位没有下降,那么该方案也应该成为社会选择。

综上所述,由赫维兹开创并由马斯金和迈尔森作出发展和运用的机制设计理论的基本思想和框架,已经深入影响并改变了包括信息经济学、规制经济学、公共经济学和劳动经济学等在内的现代主流经济学的许多学科。机制设计理论已经成为垄断定价、最优税收、契约理论、委托代理理论以及拍卖理论等诸多领域的研究重点,并且被广泛地应用于规章或法规制订、最优税制设计、行政管理、民主选举、社会制度设计等现实问题的机制设计过程之中。总体上看,机制设计理论所讨论的问题就是:对于任何给定的社会目标,在自由选择、自愿交换、信息分散化决策条件下,能否设计和怎样设计一个经济机制来达到既定的社会目标或其他经济目标。因此,机制设计理论可以为我国农业保险机制设计、制度转型和发展创新等问题提供理论依据和基本方法。

2.3　新制度经济学研究

由科斯及其追随者创立的理论体系,现在通常被称为"新制度经济学"(new institutional economics),并由威廉姆森命名,对应于继承凡勃伦和康芒斯等传统的美国制度经济学(American institutional economics 或称 neo-institutional economics),该学派又被称为产权经济学、交易费用经济学、新自由主义经济学和新政治经济学等。新制度经济学派的主要代表人物包括罗纳德·科斯、道格拉斯·诺斯、奥里弗·威廉姆森、阿曼·阿尔奇安、哈罗德·德姆塞茨和张五常等人。20 世纪六七十年代兴起的,以新古典经济学批判者面目出现的新制度经济学,在短短数十年时间里,因其研究方法的改进、研究领域的拓展以及现实主义指向,已经发展成为当今经济学的热点,并在经济学领域的诸多方面实现了理论突破,许多经济学者大胆预言"新制度经济学革命"即将到来。就本书研究而言,新制度经济学关于制度的内涵、制度创新的动因及程序、制度创新的时滞及类型等方面的论述,为本书研究我国农业保险制度变迁提供了最为直接的理论依据。概括来说,制度是一个社会的游戏规则,制度变迁是人与人之间经济利益关系的重新调整。

2.3.1 制度的内涵与功能

关于制度的含义,制度学派的学者有着不同的观点。如凡勃伦指出,"制度,实质上就是个人或社会对有关的某些关系或某些作用的一般思想习惯,而生活方式所由构成的是在某一时期或社会发展的某一阶段通行的制度的总和。因此,从心理学方面可以概括地把它说成是一种流行的精神状态或流行的生活理论。说到底,可以归纳为性格上的一种流行类型。至于经济制度,就是在社会的生活过程中接触到他处的物质环境时如何继续前进的习惯方式。"康芒斯所说的制度是指约束个人行动的集体行动而言,而在集体行动中,最重要的是法律制度。其中最有代表性的是舒尔茨的观点。舒尔茨(1968)把制度定义为"一种行为规则,这些规则涉及社会、政治及经济行为"[①]。这些规则包括管束婚姻与重婚规则,支配政治权力的配置与使用的宪法中所内含的规则,以及确立由市场资本主义或政府来分配资源与收入的规则。他主要考虑这些制度中执行经济功能的部分,并研究特定的政治法律制度对经济增长动态的影响方式,以及后者对前者的影响。同时,他还对经济制度进行了经典性的分类:(1)用于降低交易费用的制度(如货币、期货市场);(2)用于影响生产要素所有者之间配置风险的制度(如合约、分成制、

---

① T.W.舒尔茨:"制度与人的经济价值的不断提高",载于科斯等:《财产权利与制度变迁——产权学派与新制度学派译文集》,上海三联书店、上海人民出版社1991年版,第253页。

合作社、公司、保险、公共社会安全计划);(3)用于提供职能组织
与个人收入之间联系的制度(如财产权利,包括移产法,资历和
劳动者的其他权利);(4)用于确立公共品和服务的生产与分配
框架的制度(如高速公路、飞机场、学校和农业试验站)。柯武刚
和史漫飞(Wolfgang and Manfred,2000)将制度定义为由人制
定的规则,它们抑制着人际交往中可能出现的任意行为和机会
主义行为。制度为一个共同体所共有,并总是依靠某种惩罚得
以贯彻,只有运用惩罚才能使个人的行为变得较可预见。①

　　在制度界定方面,新制度经济学家们基本上认为,制度是一
系列的规则,它界定人们的选择空间和相互之间的关系,制约人
们的行为。在科斯看来,各种社会格局和规则都是制度。舒尔
茨将制度看做一种行为规则,涉及社会、政治和经济行为等。诺
斯在《论制度》中谈到,制度是为人类设计的、构造着政治、经济
和社会相互关系的一系列约束。诺斯认为组织不属于制度的范
围,应将二者区分开来。但也有许多新制度经济学者认为制度
包含了组织,将二者区分开来没有必要。

　　在新制度经济学分析框架里,制度作为研究的对象,有着丰
富的内涵:(1)制度与人的动机、行为有着内在的联系;(2)制度
是一种公共品;(3)制度和组织是不尽相同的。

　　制度通过提供一系列规则界定人们的选择空间,约束人们
之间的相互关系,从而减少环境中的不确定性,减少交易费用,

---

　　①　参见〔德〕柯武刚、史漫飞著,韩朝华译:《制度经济学:社会秩序与公共政
策》,商务印书馆 2000 年版,第 32 页。

保护产权,促进生产性活动。对制度构成的剖析,是制度分析的基本理论前提。新制度经济学认为,制度提供的一系列规则由社会认可的非正式约束、国家规定的正式约束和实施机制所构成,它们也是制度构成的基本要素。制度是一系列正式约束和非正式约束组成的规则网络,它约束着人们的行为,减少专业化分工和分工发展带来的交易费用的增加,解决人类所面临的合作问题,创造有效组织运行的条件。以往的经济理论都把制度看成是资源配置的外生变量,从而只能说明竞争,而不能说明合作带来的效率。但现代经济学的分析表明,通过合作方式解决争端所达成的效率总是最大的。

由于制度是一个涵盖范围很广的概念,因而制度的功能也是一个很难简单概括的问题。概括说来,制度的功能主要有:(1)降低交易成本;(2)制度所执行的功能具有经济价值;(3)制度为实现合作创造条件;(4)制度可以提供激励机制;(5)制度创新有利于外部利益内部化。

2.3.2 制度变迁与制度创新

(一)制度变迁的内在机制与路径依赖

新制度经济学能够提供分析经济行为和制度之间相互作用的一种独特的经济思考方法和研究工具。经济制度涉及正式或非正式规则的建立和实施机制两个方面。当然,研究制度变迁的内在机制仅仅从经济学的角度来看是不够的,必须要涉及跨学科的研究。制度变迁是制度的替代、转换与交易过程。作为一种公共物品,制度同其他物品一样,其替代、转换与交易活动也都存在着种种技术的和社会的约束条件。拉坦(1991)把制度变迁称为制度创新或制度发展,包括:(1)一种特定组织的行为变化;(2)这一组织与其环境之间相互关系的变化;(3)在一种组织的环境中支配行为与相互关系的规则的变化。庄垂生(1999)把制度变迁定义为:制度诸要素或结构随时间推移、环境变化而发生的改变,是制度的替代、转换和交易过程。制度变迁可以理解为一种效益更高的制度(即所谓"目标模式")对另一种制度(即所谓"起点模式")的替代过程(卢现祥,2003)。在这个过程中,实际制度需求的约束条件是制度的边际替代成本(即机会成本)。

任何制度变迁都包括制度变迁的主体(组织、个人或国家)、制度变迁的源泉以及适应效率等诸多因素。有效组织是制度变迁的关键,相对价格和偏好的变化是制度变迁的源泉。[①] 制度变迁的内在机制的另一构成要素是适应效率,有效制度要求为组织提供适应效率,根本举措有:竞争、分散决策、有效产权、破产法等。

在制度变迁中,同样存在着报酬递增和自我强化的机制,这种机制使制度变迁一旦走上了某一条路径,它的既定方向会在以后的发展中得到自我强化。路径依赖类似于物理学中的"惯性",一旦进入某一路径(无论是好的还是坏的),就可能对这种

---

① 但这并不意味着相对价格和偏好的变化就必须导致制度变迁,它们只是制度变迁的外部条件,其变化对制度变迁最主要的影响就是它们改变了制度变迁的成本和预期收益,其变化程度不足以改变现有的制度均衡,制度变化就不会发生。从深层次上讲,制度变迁是由许多因素决定的,它是社会利益格局的重新调整。

路径产生依赖。路径依赖理论能很好地解释历史上不同地区、不同国家发展的差异。如果制度变迁中的路径依赖形成以后，制度变迁就可能变成"修修补补"的游戏。

(二)制度变迁的理论:构架与原因

许多新制度经济学家都对制度变迁有所研究,如舒尔茨、科斯、戴维斯、威廉姆森、阿尔奇安、德姆塞茨等,对制度变迁理论进行最为完整和系统的整合的当属诺斯。诺斯的理论体系体现在《西方世界的兴起》、《经济史中的结构与变迁》、《制度创新与美国经济增长》和《制度、制度变迁与经济绩效》等著作中。

新制度经济学的制度变迁主体是广义的企业家。诺斯把政府、团体和私人都看做是为了从创新中获得自身利益的经济人,他们自身所具有的不同特征被抹杀了。新制度经济学认为单个制度变迁主体的行为动机是制度变迁的动力,无论政府、团体和私人,都是为了最大化自身的利益而进行制度创新。诺斯将制度变迁划分为五个阶段,将制度变迁方式分为渐进式变迁和革命式变迁。制度变迁的效率评价方面,新制度经济学主要从微观层面上,以交易成本的高低作为评价依据。综合诺斯的制度变迁理论体系,是一个产权理论、国家理论和意识形态理论三位一体的理论体系。在诺斯之后,许多新制度经济学家运用其方法对一些历史现象进行了研究。比如,T.安德森和 P.希尔的《产权的演变——美国西部的研究》以及拉蒙·迈耶斯的《晚期中华帝国的习惯法、市场和资源交易》等。

没有潜在利润就不可能有制度变迁,但并非充分条件,而仅仅是必要条件。因为制度变迁还涉及成本问题,只有在通过制度变迁可能获取的潜在利润大于为获取这种利润而支付的成本时,制度变迁才能发生。正如诺斯(1991)所说,如果预期的净收益(即指潜在利润)超过预期的成本,一项制度安排就会被创新。只有当这一条件得到满足时,我们才可望发现在一个社会内改变现有制度和产权结构的企图。[1] 新制度经济学(NIE)在分析制度及制度变迁问题时经常使用成本－收益分析法。卢现祥(2003)认为,制度变迁中尽管有些成本与收益无法计量,更不可能像企业经济活动那样进入财务报表,但这些不可计量的成本与收益却可能被制度变迁的主体(个人或团体)"估算"出来。[2] 当然,这种估算的差异也是影响制度变迁规模与速度的一个重要因素。

(三)制度创新理论:路径选择的必然趋势

戴维斯和诺斯(Davis & North,1971)研究了制度变革的原因和过程,提出了制度创新的模型,最终形成了制度创新理论。关于制度创新的内涵,新制度学派有很多论述:(1)制度创新一般是指制度主体通过建立新的制度以获得追加利润的活动;(2)制度创新是指能使创新者获得追加利益而对现行制度进行变革的种种措施与对策;(3)制度创新是在既定的宪法秩序和规范性行为准则下,制度供给主体解决制度供给不足,从而扩大制度供给来获取潜在收益的行为;(4)制度创新由产权制度创新、组织

---

[1] 参见科斯等著:《财产权利与制度变迁——产权学派与新制度学派译文集》,上海三联书店、上海人民出版社1994年版,第274页。

[2] 参见卢现祥著:《西方新制度经济学》,中国发展出版社2003年版,第99页。

制度创新、管理制度创新和约束制度创新四方面组成;(5)制度创新既包括根本制度的变革,也包括在基本制度不变的前提下具体运行的体制模式的转换;(6)制度创新是一个演进的过程,包括制度的替代、转化和交易过程。可见,新制度学派所说的制度创新,是指能使创新者获得额外利益的对现存制度的变革。只有当通过制度创新可能获取的潜在利润大于为获取这种利润而支付的成本时,制度创新才可能发生。

至于制度创新的动因,戴维斯和诺斯(1971)认为是为了实现规模经济,从交易中获益,将外部性内在化,降低风险,进行收入的再分配,无论是自愿的还是政府的安排都将要被创新。他们认为,制度创新的动力是个人期望在现存制度下获取最大的潜在利润,而这种潜在的外部利润源于以下四个方面,这也是制度创新的四个诱因:追求规模经济;实现外部性的内在化;克服对风险的厌恶;纠正市场失灵和市场的不完善。当在原有制度结构下,由于规模经济、外部性、风险存在和市场失灵等引起的潜在利润不能内在化时,对一种新制度的安排就会因此产生。我国农业保险制度创新同样是由于农业保险存在上述四方面诱因而引发的,而且由于农业保险的准公共物品属性以及农业风险的复杂性,更易于引致农业保险制度变迁和制度创新。

2.3.3 制度均衡理论:制度需求与制度供给

(一)制度需求与制度供给

制度需求和制度供给都是在进行制度成本和制度效益分析的基础上决定的。

张曙光(1992)认为,制度需求一般是指制度服务的接受者的需求或社会需求,是在进行社会成本和社会效益分析的基础上确定的。只要原有的制度安排的社会净收益不是可供选择的制度安排中的最大的一个,就是发生了制度接受者的非均衡,就产生了对新的制度服务的需求和新的制度安排的需求及新制度服务的潜在供给,而不管这种潜在供给能否变成实际供给而使制度需求得以满足。制度需求是由制度的社会净收益决定的,是与制度接受者的非均衡紧密联系在一起的,也是在对制度运行的成本和效益进行分析的基础之上决定的。[1] 卢现祥(2003)则认为,[2]制度需求是指按照现有制度安排无法获得潜在的利益(或外在利润),并对影响制度需求的因素予以总结:(1)相对产品和要素价格。它们的改变是制度变迁的源泉,在历史的长河中这一点体现得更为明显。(2)宪法秩序。宪法秩序的变化即政权基本规则的变化,它能影响创立新的制度安排的预期成本和收益,从而影响新的制度安排的需求。(3)技术。技术的变化决定制度结构及其变化。(4)市场规模。亚当·斯密曾分析过,分工的发展受市场规模的制约,市场规模越大,市场分工也就越细,这同样适用于制度变迁的分析。

与制度需求不同,制度供给一般是指制度决定者的供给,它是由制度决定者"生产"和提供的。制度供给虽然也是在制度成

---

[1]　参见张曙光:"论制度均衡和制度变革",《经济研究》1992 年第 6 期,第 39 页。

[2]　参见卢现祥著:《西方新制度经济学》,中国发展出版社 2003 年版,第 121 页。

本和效益分析的基础上决定的,但所依据的不是制度的社会成本和社会效益,而是制度的个别成本和个别效益。不仅如此,决定制度供给的个别成本一般也不是指制度的运行成本,而是指制度的变革成本,虽然其中也包含了预期运行成本的因素(张曙光,1992)。庄垂生(1999)则认为,制度供给是指一定时期内社会所提供的制度的数量和质量的总和,制度供给受制度供给意愿[1]和制度供给能力的约束。而制度变化的供给取决于政治秩序提供新的制度安排的能力和意愿(卢现祥,2003)。这种能力和意愿好比影响传统产品市场上货物供应的种种因素,但制度供给比产品供给更为复杂,它首先取决于政治秩序;再就是,政治舞台不是完全竞争的舞台。[2]

在社会经济发展和制度变迁的过程中,影响制度供给的因素很多,归纳起来主要有:(1)宪法秩序。宪法秩序对经济的影响是通过一套非常多样化的市场制度来传导的。[3] (2)制度设计成本。其取决于设计新的制度安排的人力资源和其他资源的要素价格。(3)现有知识积累及其社会科学知识的进步。弗农·拉坦(1994)观察到制度变化的供给依赖于两个因素:知识基础和创新成本,并断言,拥有社会科学知识越多,设计和实施

---

[1] 制度供给意愿确切地说是制度创新主体的意愿,涉及制度变迁的成本收益分析和制度创新主体的行为选择。

[2] 这个前提反映人们公认的一个事实:政治秩序在某种程度上讲关系到如何组织公共品的供应(制度也是一种公共品),因而对强制力的合法使用有可能具有垄断权。

[3] 这种传导层次性是指宪法规范与制度规则相互作用,制度规则又与个人选择相互作用。

制度变化就会做得越好。(4)实施新制度安排的预期成本。制度从潜在安排转变为现实安排的关键就是制度安排实施上的预期成本大小,当然也有一些好的制度安排因实施的预期成本太高而无法推行。(5)现存制度安排。基于路径依赖,它影响制度提供新的安排的能力。(6)规范性行为规则。其是一个根植于文化传统的制度类型,并会对制度安排的选择和制度供给产生深刻的影响。规范性行为规则是制约制度供给的一个重要潜在因素。(7)上层决策者的净利益。其对制度供给的影响是一个比较复杂的问题,首先取决于一个国家或地区的集权程度,越集权所起作用越大。[1]

(二)制度均衡与非均衡

均衡概念的基本含义包括两个方面的内容:一是指对立变量相等的均衡状态,此即为"变量均衡",对立变量不相等,即为"变量非均衡";二是指对立势力中的任何一方不具有改变现状的动机和能力的均势状态,此即为"行为均衡",相反则为"行为非均衡"。新制度经济学更多地是从行为均衡的角度来分析制度均衡问题。[2]

所谓制度均衡就是人们对既定制度安排和制度结构的一种满足状态或满意状态,因而无意也无力改变现行制度,至于人们为什么对一种制度感到满足或满意,为什么无意和无力去改变它,这需要通过制度的经济分析来说明(张曙光,1992)。任何一

---

① 参见卢现祥著:《西方新制度经济学》,中国发展出版社 2003 年版,第 121 页。

② 同上书,第 145 页。

项制度安排和制度选择都不是随意决定的,而是人们依据成本－收益分析权衡及其选择的结果。制度均衡的形成过程是一个错综复杂的博弈过程,实质上是指制度达到了帕累托最优[①](Pareto efficiency),这是一种理想状态。相反,制度非均衡就是人们对现存制度的一种不满意或不满足,是由于现行制度安排和制度结构的净收益小于另一种可供选择的制度安排和制度结构,也就是出现了一个赢利的机会,这时就会产生新的潜在的制度需求和潜在的制度供给,并造成潜在制度需求大于实际制度需求,潜在制度供给大于实际制度供给。人们为了捕捉这种新的赢利机会,就会欲意和力图改变原有的制度安排和制度结构,选择建立一种新的更有效的制度。[②] 制度非均衡的类型主要有:(1)制度供给不足。对新制度服务需求的产生往往先于该制度实际供给的形成,从而造成制度有效供给不足,实际上是制度供给的时滞问题。(2)制度供给过剩。对于社会对制度的需求而言,有些制度是多余的,或者是一些过时的制度以及一些无效的制度仍然在发挥作用。[③] 制度供给不足表明潜在利润的存在,制度创新能弥补制度供给不足,并能增加经济效率,即产生

---

① 帕累托最优是指:此时所考察的经济已不可能通过改变产品和资源的配置,在其他人(至少一个人)的效用水平至少不下降的情况下,使任何别人(至少一个人)的效用水平有所提高。反之,则为"帕累托无效率"(Pareto inefficiency),是指一个经济还可能在其他人效用水平不变的情况下,通过重新配置资源和产品,使得一个或一些人的效用水平有所提高。

② 参见张曙光:"论制度均衡和制度变革",《经济研究》1992 年第 6 期,第 39 页。

③ 参见卢现祥著:《西方新制度经济学》,中国发展出版社 2003 年版,第 146—151 页。

帕累托改进(Pareto improvement);制度供给过剩也表明潜在利润的存在,不过此时不是增加制度供给而是要取消一些制度,减少规章制度也能带来巨大经济效益。

从以上历史文献的简要回顾可知,对于新制度经济学的研究极为丰富,已经形成了成熟的理论体系,为本书的研究提供了强有力的理论支撑。制度是经济增长的源泉,农业保险的发展依赖科学的制度供给,并需要不断推进制度创新。基于此,笔者将在下文中基于新制度经济学对我国农业保险制度的发展变迁进行论证。

此外,发展是当今世界各国的共同主题,各国都为发展而进行不懈的努力。发展,作为人类社会进步的基础,同和平一道是当今世界的两大主题之一。发展经济学作为一门独立的学科分支,兴起于 20 世纪五六十年代。发展经济学是研究什么是发展、为什么发展、为谁发展、怎样发展的经济学。我国是当今世界上最大的发展中国家,正处在由贫困落后走向发达繁荣的过程之中,特别需要发展经济学的指导。而农业保险市场发展与我国农村经济发展不相适应,发展滞后,层次较低,机制建设极为匮乏,因此更需要发展经济学的指导。发展经济学必须研究发展中的问题,探寻发展的规律,提出有效解决问题、促进发展的对策建议。因此,发展经济学自然成为本书研究的理论基础之一。为平衡本书的研究结构,我们将在本书第 10 章中对发展经济学及其与农业保险的关系进行较为深入的探讨和分析。

2.4 本章小结

保险必然涉及风险,农业保险概莫能外,而且由于农业风险的复杂性,使风险和保险理论成为本书研究的基本依据。本书主要研究农业保险机制设计和发展创新问题,因此经济机制理论和发展经济学成为本书的理论基石,应对它们进行较为全面的把握。研究我国农业保险发展的机制运行,必然要对我国农业保险发展变迁进行较为深入的研究和分析,从历史的角度展开对我国农业保险制度变迁的全方位研究,这必然要以新制度经济学作为理论依据。本书正是以风险和保险理论、经济机制设计理论、新制度经济学和发展经济学等为理论基础,对我国农业保险发展机制设计问题进行较为系统的研究。

第3章 我国农业保险制度的
发展变迁

我国是一个农业大国,也是农业灾害十分频繁的国家,农业保险是防范农业风险、促进农业经济发展的制度创新,发展农业保险以规避农业风险,是市场经济条件下保护我国农民利益和实现农业可持续发展的重要保障,其发展与建设社会主义新农村的目标一致,大力发展农业保险正当其时。一直以来,农业保险发展时断时续,并未发挥其应有的社会管理功能。从历史发展的角度探讨农业保险制度变迁及其创新应成为研究我国农业保险一个不可忽视的视角,同时也为更为深入地研究农业保险机制设计和发展创新等问题奠定基础。

3.1 国家在农业保险制度变迁中的地位
与作用

"理解制度结构的两个主要基石是国家理论与产权理论",没有一个关于国家的理论,也不能真正完成关于产权的理论,"因为是国家界定产权,因而国家理论是根本性的。最终是国家要对造成经济增长、停滞和衰退的产权结构的效率负责"[1]。国家是制度的最大供给者,国家提供宪政秩序、法律制度等基本的制度安排。国家作为一种垄断性的制度安排,具有其他的竞争性制度如市场、企业所不具有的特殊的优势。国家的独特地位决定了它在长期制度变迁中具有特殊的角色定位。由于在使用强制力时有很大的规模经济,因此,国家属于自然垄断的范畴,国家具有强制性、垄断性以及规模经济的天然优势。虽然国家不能决定一个制度如何工作,但正如穆勒所论,它却有权力"决定什么样的制度将存在"[2]。所以,国家一旦形成,就能利用其优势去干预和推动制度变迁,对制度变迁发挥着独特的、举足轻重乃至决定性的作用。

从新制度经济学的角度来讲,金融保险制度的产生是为了降低、节约交易费用和增进资源配置效率。赵学军、吴俊丽(2004)认为[3],世界上开展农业保险的国家普遍实施政府干预,市场经济国家政府干预农业保险的理论源于保险市场存在着失灵、垄断性或有限竞争性。我国保险市场同样存在市场失灵,农业保险市场更是如此(庹国柱、王国军,2002;冯文丽,2004)。政府干预农业保险成为一种必要和必须,而更多地应体现为一种财政补贴和税收支持,促进农业保险的有效供给;同时,在更大

---

① D.诺思著:《经济史中的结构与变迁》,上海三联书店1991年版,第17页。

② 〔英〕约翰·穆勒著:《政治经济学原理及其在社会哲学上的若干应用》,商务印书馆1985年版,第23页。

③ 参见赵学军、吴俊丽:"政府干预与中国农业保险的发展",《中国经济史研究》2004年第1期,第89页。

范围内增强农户保险意识,扩大农业保险的潜在需求。国家的强制性属性和特征决定了其在保险制度及其变迁中的特定地位和作用,农业保险特有的准公共物品属性更是决定了政府在农业保险制度变迁中的关键作用。

首先,从农业保险制度变迁的需求来看,保险人可以通过改变产品和要素的相对价格等利益诱导机制,来引导和促进制度变迁,且更多地表现为一种诱致性制度变迁[①]。其次,从农业保险制度变迁的供给来看,国家既可以通过修改相关法律法规,增加制度供给能力,也可以利用其强制性和规模经济的优势,降低制度变迁的供给成本,解决制度供给的持续性不足,这里则更多地表现为一种强制性制度变迁。再次,从农业保险制度变迁的方式来看,不论诱致性制度变迁还是强制性制度变迁,国家的作用都是明显的。在诱致性制度变迁中,国家的作用主要是以法律、行政命令等形式承认由个人或一群人响应获利机会而创立的新制度;强制性制度变迁的主体是国家,国家发挥了决定性作用:(1)凭借自身垄断的强制力,国家能以最短的时间和最快的速度推进制度变迁;(2)通过制定强制性规则、意识形态控制、财政税收等手段减少"搭便车"现象,从而降低制度变迁的成本,加速制度变迁的进程;(3)凭借暴力潜能和规模经济的优势,降低制度变迁的组织成本和实施成本;(4)供应作为(准)公共品的

---

①　林毅夫(1989)将制度变迁的类型分为强制性制度变迁和诱致性制度变迁,并对此进行了界定。参见林毅夫:《关于制度变迁的经济学理论:诱致性变迁与强制性变迁》,载〔美〕R.科斯等著:《财产权利与制度变迁》,上海三联书店、上海人民出版社 1994 年版,第 374 页。

制度。

新制度经济学派认为,制度变迁的主体包括初级行动团体和次级行动团体。[①] 农业保险制度变迁的主体包括农业保险的各受益方,主要是农业保险三方行为主体,即政府、农户和保险公司(龙文军,2004)。其中,政府充当农业保险制度变迁的初级行动团体,农户和保险公司应为次级行动团体。[②] 农业保险制度变迁过程中,作为理性经济人的国家及其统治代理人,并不是完全依照制度均衡与否和需求的大小来决定是否进行制度创新,而是在有限理性的条件下追求自身的利益和效用最大化。农业保险制度的供给与变迁仍取决于对国家效用函数中的成本和收益的比较分析。

3.2 我国农业保险制度发展变迁历程

制度有历史的规定性,因为这一原因,对历史背景敏感是必要的(Lee J. Alston,1996)。即使在革命之后,新制度的建立者也并不是从一种历史的真空中起步。最终无论何时,习俗、规范、宗教信仰,以及许多其他被继承的制度都制约着行动。我国

---

① 初级行动团体是一个决策单位,他们的决策支配制度创新进程;次级行动团体也是决策单位,用于帮助次级行动团体获取收入而进行一些制度变迁。初级行动团体是制度变迁的创新者、策划者和推动者;而次级行动团体是制度变迁的实施者。初级行动团体能通过制度变迁创造收入,而次级行动团体不创造收入,它只参加收入再分配过程。

② 在农业保险制度变迁中起主导作用的为什么是国家而不是其他主体,笔者将在本章第三部分展开论述。

具有漫长的农业经济发展历程和深厚的农业传统,农业保险发展的思想萌芽也源远流长,农业保险制度的形成有其深刻的历史背景,其存在与发展并不是一件孤立、即兴的事情,而是一种历史的延续。早在西周时期就有了古代农业保险思想的萌芽,但直至 20 世纪 30 年代才有了现代意义上的农业保险制度,并进行了积极的探索;新中国成立后,农业保险业经历了初期的迅猛发展、中期的停滞和改革开放以来的持续发展。政府干预与我国农业保险发展的每一阶段都休戚相关,农业保险的兴起、快速发展、持续稳定发展、萎缩及停办,都是政府干预的直接或间接结果。

3.2.1 我国古代农业保险思想的萌芽:西周时期—19 世纪中期

在中国,早期的农业保险思想正是根源于封建社会时期的小农生产方式。早在西周时期就形成了"仓储制度"这种传统的风险处置机制,在后来历代这一制度不断发展完善。长期的封建制度,使中国古代社会分化为由上层社会与下层社会构成的二元结构。处于社会底层的农民为提升其社会经济地位,只有依靠自身的力量,在极其严酷的制度环境中,艰难地进行着扩大经营规模的努力。但多子继承、诸子均分的"分家析产"传统,使农民小规模经营进入恶性循环。加上上层社会的超经济压迫和剥削,农民扩大经营规模的力量十分有限,即使极少数农民将经营规模扩大到一定程度后,也由于上层社会强大的诱惑力而停止,转为通过科举制度求得功名,走仕途发展的道路进入上层社会,从而使中国传统农业扩大经营规模的动力不足。另一方面,数千年来,中国封建国家的租征和徭役以家庭为单位摊派(韦伯,1915)。封建政权出于"贫则反,富则立"的统治哲学,以及节约征税成本和保持适当财力的经济考虑,并不赞成经营地主的出现和扩张,而是怀有均田理想,希望农民不贫不富。

封建政府为了保障小农生产方式的延续以维系政权稳定,很早就建立了国家农贷制度,历朝历代国家"赈贷"不断。"天下无常丰之年",人们"不可不备",由此产生了作为早期中国农业保险思想的萌芽的"荒政"思想和仓储制度;人有旦夕祸福,人们则未雨绸缪、居安思危,防患于未然,正所谓"穷则变,变则通,通则久";人有富贵贫贱、生老病死,自然中有水旱饥荒,百姓有"养儿防老,积谷防饥"的淳朴思想,统治者则有"广积粮,缓称王"之谋略。这些在一定程度上代表了古代中国社会对风险的认识和应付风险的制度和手段,体现了淳朴的农业保险思想萌芽。

通过考察,我们会发现我国古代的风险保障思想和制度存在一个明显的分野:即官方的和民间的思想和制度,官方的风险保险主要表现在历代政府的荒政思想与仓储制度;民间的风险保障主要表现在"养老防老,积谷防饥"的自助思想与民间自发兴起的一些互助组织和风俗制度。① 对于一个农业社会来说,"吃"乃首要问题,谓之"民以食为天"。因此,古代社会官方的保障思想就主要表现在荒政上面。"高筑墙,广积粮","备战备荒"

① 参见龙文军:《谁来拯救农业保险——农业保险行为主体互动研究》,中国农业出版社 2004 年版,第 69—73 页。

是历代帝王夺取政权后巩固政权的首要任务。"天有四殃,水旱饥荒,其至无时,非务积聚,何以备之?"[①]这里的"备",就是备"水旱饥荒"的积聚,可以说是古代中国社会保障思想的雏形。我国古代的仓储制度作为一种救济后备制度,从组织形式看,是相当严密、完备的,但无论是官府的常平仓,还是民间的义仓,作为一种社会保障形式,其保障范围都是狭窄的,都存在不可克服的缺陷,与近现代保险制度是不可相提并论的,主要以应付天灾人祸为主。另一方面,小农生产方式也决定了农民个人抵御风险的能力非常弱,在官方支持不力的情况下,民间的风险保障主要表现在"养儿防老,积谷防饥"的自助思想与民间自发兴起的一些互助组织和一些互助的风俗制度。可以说,这是中国几千年封建农业社会积淀下来的最具代表性的风险保障思想,时至今日还有着相当大的影响。在自给自足的自然经济社会里,由于小生产(而非社会化)的生产方式和自给自足(而非商品交换)的消费方式所限制,剩余产品十分有限,人们抗拒"水旱饥荒"的能力十分低下,最有效的方式就是通过个人积累生活必需品来实现。因而,"积谷防饥"的思想成为千百年来颠簸不灭的真理而深入人心。"养儿防老,积谷防饥"成为中国古代(以及现代部分农村)民间自助形式的风险保障的主流。作为补充,民间流行的各种各样的互助制度和风俗,"一家有难,万家来帮"、"居家依邻,出外靠友",比较有效地解决了平民百姓在水旱灾荒之年的

---

① 语出:《逸周书·文传解第二十五》卷 3。

生活保障问题。[①] 在我国封闭型的农业社会中,家庭—政府承担起防范、控制、分散风险的职能,成为保险的替代制度安排,以家庭为核心的家国同构的社会结构,伦理本位的制度结构和独特的中华文化与民族意识形态决定了现代农业保险制度未能在中国传统农业社会土壤中孕育、产生,使得现代农业保险制度只能通过嫁接移植的"舶来品"进入中国。

3.2.2 近现代农业保险制度的形成:19 世纪中后期—1949 年

19 世纪中后期的中国,人口压力激增,农业经济商品化。1905 年科举制度废除,乡绅参与主流社会的路径发生了变化,几千年来维系国家与农民关系的纽带开始断裂,国家政权下移,加之一个多世纪外侮与内祸,最终导致中国传统小农经济难以自然延续,农村经济成为生命垂危的"残疾儿"。这主要表现为两个方面:一是农业生产力停滞衰落,人口严重超负荷;二是土地制度极不合理,小农生产方式极度落后。此外,在中国农村较长时期地保留着小农与家庭手工业相结合的农户经营特色,这种经营结构有着相当强的稳固性,对自然经济的解体具有巨大的排斥力。小农生产方式不仅为封建生产关系提供社会基础,而且也是中国农业生产力水平在特定阶段上的必然表现,同时

---

① 深层次的自保和互助思想抑制了农户的保险需求,这也在一定程度上解释了当前农业保险需求不足的历史原因。同时,也说明了互助性农业保险模式可能在农业保险发展中是一种可行的有效模式。当然,这还需要进一步的理论论证和实践检验。

也决定了农民在抵御自然和市场双重风险时处于极度困难的地位。

　　进入 20 世纪 20—30 年代,当时中国农村由于受军阀剥削及世界经济危机的影响,破产相当普遍。对于农民而言,其作为生产用的耕牛及补助家庭收入的家畜一旦发生意外伤亡,则不堪负担。农民要么缩小再生产,要么为维持生产能力而举债。[①]我国近代农业保险制度正是在当时农村经济发展极为困难的条件下逐步形成的。1923 年"华洋义赈救灾会"在河北省香河县创建了中国第一家农村信用合作社,其目的是通过信用社帮助农民应付重大灾害,发展农业生产,解决生活困难。同时,南京金陵大学受华洋义赈救灾会委托,于 1923 年创立南京丰润合作社,1926 年成立安徽乌江农产买卖合作社等。这种早期的中国信用合作社,在很大程度上可以归为中国最早的民间正式农业保险和农业救灾机构。但是,随着国民党政府的介入,农村信用社的性质发生了变化,逐步沦为"官办"的农村金融组织,成为国民党政府控制农村金融资源的工具。

　　为了尽快恢复和建设农村经济,有的地方举办了农业保险。但是,农业保险没有受到应有的重视。虽然有少数省份在个别地区试办过农业保险,然而试验的险种十分有限。主要包括:(1) 乌江耕牛保险协会。这是中国最早的有文字记载的农业保险试验,也是中国现代保险史上最早由农民自发建立的相互保

---

　　① 参见中国保险学会《中国保险史》编审委员会:《中国保险史》,中国金融出版社 1998 年版,第 70—85 页。

险的正规组织之一,属于互助合作团体。1933 年上海银行与金陵大学农学院将乌江镇开辟为农业试验区,为了保证试验区发放农业贷款资金的安全,力主农民组成耕牛保险协会,承办耕牛保险。1934—1935 年,该镇共有 15 个村成立了耕牛保险协会,入会会员 611 户,投保耕牛 63 头,保险金额为法币 3 267 元,投保后每头牛先交部分保险费,当年的死亡率超过 2% 时再加收保费。① 1935 年,由于农民保费负担过高,投保的牛太少,而协会的基金不足,缺乏赔偿能力,乌江耕牛保险协会难以为继,最终停办了耕牛保险,乌江耕牛保险协会也不复存在,仅仅持续了一年多。(2) 北碚家畜保险社。北碚家畜保险社是中国现代保险史上较早开办家畜保险的机构之一。1939 年,国民党政府的实业部(经济部)成立了一个控制粮、棉、纱、布的机构"农本局",该局在重庆的农业试验区设立了一个以办理农村猪、牛保险为主要标的的保险合作社——"北碚家畜保险社",这是继乌江耕牛保险协会失败之后的又一次农民相互合作型牲畜保险的尝试。保险社章程规定,每村有 50 户以上畜主入会方能成立保险分社,入保猪每头按育肥重量的价值的 3% 收缴保险费,猪死亡时,按死猪重量活值赔偿 80%,保险社承担其中 20% 的赔偿责任,保险经营处承担 80% 的分保赔款。当时计划北碚保险社经营成功之后,牲畜保险计划进一步向四川的内江、荣昌、三台等县扩展。1940 年的统计资料显示当年试验区保险经理处一共

---

① 参见庹国柱、王国军:《中国农业保险与农村社会保障制度研究》,首都经济贸易大学出版社 2002 年版,第 44 页。

只接受了 810 头猪的再保险,由于投保标的太少,赔付率太高,保险社因赔不起而停办,原计划向养猪业发达的县进一步发展的设想自然亦止于计划阶段。[①]　这期间,广西、江西、四川、云南、贵州等省份也陆续成立了类似的家畜保险社或耕牛保险合作社,投保的猪只依然很少。据统计,1941 年江西临川和南城的耕牛社保有的耕牛仅五千多头,持续到 1944 年时,这些保险社全部以失败告终。(3) 官办农业保险公司和商业保险公司的牲畜险。1944 年 3 月,国民政府通过中国农民银行在重庆创办了中国农业特种保险股份有限公司,1947 年 6 月更名为中国农业保险股份有限公司,这是中国第一家官办的农业保险公司。除在重庆北碚小面积试办了一些耕牛和猪保险外,主要经营茧纱保险、盐载保险等业务。新中国成立后,由人民政府接管。与此同时,商业保险公司也开始涉足农业保险。1945 年,属于民族资本企业的重庆泰安保险公司在四川内江、自贡、富顺等产蔗和产盐的地区开办了商业性农业保险,主要承保对象是盐厂的役牛和糖厂的役牛,按牛市价的 80% 计算保险金额,费率为保额的 4%—5%,但投保的役牛依然很少,据记载 1947 年只承保了两千余头牛。[②]　后来,重庆泰安保险公司的业务重心在抗日战争胜利之后向东部转移,这项亏损业务也告停办。

　　尽管旧中国最初的农业保险完全是自发的,尤其是最早的

---

　　①　参见庹国柱、李军:《农业保险》,中国人民大学出版社 2005 年版,第 114 页。

　　②　参见庹国柱、王国军:《中国农业保险与农村社会保障制度研究》,首都经济贸易大学出版社 2002 年版,第 115 页。

农民互助合作性保险模式的运作方式和其他国家农业保险的早期形式吻合,是理性经济人在发现制度不均衡引致的获利机会之后所进行的自发性行为。同时,选择交易成本小的牲畜保险来经营,符合农业保险萌芽阶段的经济规律。整个制度变迁过程更多地表现为一种诱致性制度变迁,其经验教训对我国今天的农业保险发展实践依然有一定的参考价值。

3.2.3 新中国农业保险业初期的迅猛发展、中期的停滞和改革开放以来的持续发展:1949 年至今

(一)计划经济时期农业保险制度的演进:1949—1981 年

新中国成立初期农村经济发展面临百废待兴的局面。因此,当时农村经济制度安排的主要目的是促进农业生产的复苏,为整个国民经济的恢复和重工业倾斜发展战略的实施开辟道路。1949 年,中国人民保险公司成立,并迅速在全国建立了分支机构。中国是农业大国,农业一直是支柱产业,农业人口占全国人口的绝大多数,为恢复在战争中受到破坏的农业生产,巩固土地改革的成果,刚刚成立的中国人保于 1950 年就将农业保险提上了议事日程,最初试办的农业保险主要借鉴了前苏联的模式和经验,并与当时的行政中心工作——土改、抗美援朝结合在一起,以政治任务的形式推进。首先在北京郊区、山东商河和重庆北碚试办牲畜保险,到年底已有三十多个试点区,承保牲畜达一百多万头,农民投保一头牛,一年只要 10—15 公斤小米作保费。棉花保险在北京郊区、江苏南通县和陕西咸阳地区试办。1951 年全面开展了牲畜保险,以完成土地改革的地区为主,每

个有条件的县、区都可以办。在产棉区普遍试办了棉花保险,个
别地区试办了水稻和油菜保险。到 1952 年,全国各省、直辖市、
自治区(除西藏外)都开展了畜牧保险业务。农作物保险从
1951 年初试办,最初是在山东、江苏、河南、陕西、湖北、四川、辽
东等产棉区开办棉田保险,一般只保收获量的 50%,而且只保
产量不保质量,到年底共承保约 18 万公顷棉田。1952 年,试办
地区有所扩大,承保的棉田有 30.67 万公顷。同时,河南、河北
还试办了小麦保险,南方个别地区还试办了水稻、油菜子保险。
1952 年在中国人保总公司"普遍办理牲畜保险的方针"和承保
全国牲畜总头数 25%计划要求下,全面开展了牲畜保险。为了
赶任务,突击完成承保,以致大部分地区出现了强迫命令和业务
混乱的现象。由于当时主要看到我国农民人数多,可以大量聚
集资金,而没有充分考虑到在土改完成以后农民的经济力量还
很薄弱,负担保险费的能力很小,加上中国农民没有保险的习
惯,把保险看成是收保险税,因此,全面开展牲畜保险没有取得
预期的效果。到 1953 年,中国人保承保的牲畜超过 1 440 万头,
农作物保险的棉花保险到 1952 年底已超过 30 万公顷。同时开
展了水稻、油菜子、小麦等保险。此后,中央指示在农村实行机
构精简,集中力量搞好农业生产,给农民以休养生息的机会。但
是,这次中国历史上规模最大的农业保险的试验,在短短三年的
时间中就经历了保费收入和赔付率的大起大落:1951 年,全国
保费收入为 1 824 亿元(人民币旧币),赔付率仅为 7.6%;1952
年,保费收入为 3 270 亿元,赔付率猛增到 44.9%;到了 1953 年,
情况迅速恶化,保费收入跌至 404 亿元,而赔付率竟高达

438.9%,几乎是 1952 年的 10 倍,1953 年的保险赔款达到了惊人的1 773亿元。[①]

遵照中央的指示,1953 年决定停办当时并非迫切需要的农业保险业务。但在东北地区由于群众的要求,保留了 90 个县在整顿后继续重点办理牲畜保险。后来又一度恢复,从 1954 年起,为了配合农业合作化,中国人民保险公司决定重点恢复办理农村保险业务。1956 年召开了第五次全国保险工作会议,着重研究农业保险工作。同时,对农业保险的制度进行了修改,工作方法也有了很大改进,如育龄限制、承保成数、责任范围、赔偿原则等,都在总结过去经验的基础上作了修订。因此,农业保险事业得到了迅速发展。当时为了配合国家大力发展养猪事业,在发展大牲畜保险的同时,试办了生猪保险,最后发展为养猪"三包":即平时包防疫、病时包治疗、死时包赔偿,很受广大农民的欢迎。直到 1958 年年末,中央政府在武汉举行财政会议并作出正式决定停办调整保险业务,在这历时 8 年的试验时间里,中国人保试办的农业保险收取了大量保费,及时地向受灾的投保农民进行了补偿,对发展农业经济作出了积极贡献,为开展农业保险积累了一定的经验和教训。停办时,全国实际有效保险牲畜达 1480 多万头。此外,还从保费收入中提取防灾费用 350 多万元。由于受"左"的思想影响,一些地区出现过强迫命令,这是工作方法上的缺点,后来通过整顿得到了纠正。但总的来看,新中

---

① 参见中国保险学会《中国保险史》编审委员会:《中国保险史》,中国金融出版社 1998 年版,第 315—317 页。

国成立初期农业保险的发展方向是正确的。

在新中国成立初期国民经济迅速恢复和第一个五年计划全面完成的情况下,决策层思想上的冒进主义和工业化冲动开始抬头。随着社会主义改造基本完成,国家实现了对产权形式的垄断。当时包括政府在内的社会各界都认为,保险是资金在全民所有制企业之间的无谓转移,保险取代了财政的职能,只会增加国家的管理成本。与此同时,农村合作化进程完成,农村私人产权转变为国家控制的垄断产权安排,人民公社已经承担起防范风险、分担损失、保障农业生产的职能,农村保险已无存在的必要。这样,无论是在农村还是在城市,保险都已失去了存在和发展的基础。因此,政府于 1958 年 12 月决定立即停办国内保险业务。自此,国内保险业务全面退出,农村保险业务又一次被迫停办,这一次停办就一直停到 1981 年。

人民公社时期,农民几乎不需要多少货币,这个时期的中国农村,农民主要生活在实物经济之中。农业生产由集体统一组织,风险由集体来承担,农民自身并没有参与保险的动力,加上国家也对农业保险的停办作出了规定,因此,这段时间内农业保险的发展基本处于停滞的状态。这种工作上急于求成的方式,没有认真研究中国当时的实际情况,只凭主观臆断办事,不讲经济核算,导致农民反感,农业保险完全由国家救济等方式所代替。

(二)市场化改革时期农业保险的蓬勃发展:1982—1992 年

十一届三中全会以后,我国开始建立和普遍实行农业家庭承包责任制,最终废除了人民公社体制,同时农业、农村经济制度也逐步完善。1982 年,国务院为农业保险在新时期的发展作出了一系列重大决定,1982 年 2 月国务院批转的中国人民银行《关于国内保险业务恢复情况和今后发展意见的报告》中指出:"为了适应农村经济发展的新形势,保险工作如何为八亿农民服务,是必须予以重视的一个课题。要在调查研究的基础上,按照落实农村经济政策的需要,从各地的实际情况出发,积极创造条件,抓紧做好准备,逐步试办农村财产保险、畜牧保险等业务。"至此,我国的农业保险在经历了 1958 年停办的 24 年的空白之后,在改革开放的大幕下揭开了新的篇章,我国农村保障体系又逐渐由国家救济转向农业保险。同年,中国人保全面恢复试办农业保险,在全国范围内进行了大规模的农业保险试验。[①] 从试办到 1993 年,是由低速增长到高速增长的发展过程,农业保险得到了快速平稳的发展。

　　1982 年中国人保首先从畜禽保险开始积极进行试办。之所以首先试办畜禽保险是因为当时农民对饲养牲畜(奶牛、耕牛、生猪等)和家禽的热情很高,各级政府十分重视,在农民中"养得起,死不起"的反应比较强烈,而开办畜禽保险特别是牲畜保险要比开办农作物保险简便易行。从 1982 年起到 1983 年 11 月全国先后有 25 个省、自治区、直辖市建立试点站或试点县、试点地区,农险险种不断增加,服务领域扩大。[②] 虽然当时

---

　　① 中国人民保险公司所属的 30 个省市、自治区分公司和 13 个计划单列市的分公司都加入了试验行列。

　　② 1982 年恢复试办农业保险时仅试办了牲畜和生猪保险等几个险种,到 1993 年,农业保险险种总数近百种,其中麦场火灾保险、棉花保险、烟叶保险等险种在全国大面积开展。

中央明确指示对种植业保险的试办要谨慎,但保险的发展势头依然很快,不仅牲畜保险开展得红红火火,牛、马、猪、禽、鱼、虾等多种养殖业项目保险都办起来了,而且粮、棉、油、菜、烟等许多农作物都先后纳入了保险范围。保险费收入在头几年也快速增长。1986 年农业保险试点已经有 102 个县,试点县成立了救灾保险互济会,国家从救灾款中拨给每个县 50 万—100 万元启动资金,这为推动农业保险事业的发展起到了积极有效的作用,并取得了一些有益的经验。1987 年全国农业保险的保费收入突破 1 亿元,达 10 028 万元,比 1986 年增长了 28.59%。与此同时,赔付率由 1986 年的 138.96% 下降到 1987 年的 126.96%,在实质上扭转了大干大赔的局面。1990 年,我国农业保险保费收入突破 2 亿元,达到 2.17 亿元;业务增长率达 57%,为全国各种保险业务增长速度之冠,是全国保险业务平均增长速度的 2 倍以上;赔付率继续下降至 80%。1992 年增长到 8.17 亿元,是 1982 年的 3 551 倍,该年度也是经营农业保险业绩最好的年份,全国农业保险承保面达到可保面的约 5%。[①] 中国人保在实践中,还总结出了"收支平衡,略有节余,以备大灾之年"的经营原则,[②] 探索出了"单独立账,节余留在当地保险公司,作为当地两业保险基金,实行以丰补歉,遇有大灾之年,不足赔偿时向上级公司拆借"的"同舟共济"经营模式。

---

　　①　参见中国保险学会《中国保险史》编审委员会:《中国保险史》,中国金融出版社 1998 年版,第 320 页。

　　②　参见龙文军:《谁来拯救农业保险——农业保险行为主体互动研究》,中国农业出版社 2004 年版,第 46 页。

在这个阶段,中国人保承担了政策性保险公司的职能,其业务达到了顶峰,农业保险机构和技术人员队伍不断壮大,而农业保险制度也不断完善。到1992年,中国人保在全国29个省、自治区、直辖市的分公司和15个计划单列市分公司中基本设立了农业保险机构,大部分农村乡镇建立了保险所,全公司已形成了农村保险机构系统,拥有2万多专兼职干部和代办员的业务队伍,农业保险在各级政府的支持下显示出强有力的经济补偿和风险保障的作用。农村保险干部在实践中不断地总结新经验,探索新模式,完善新办法,并借鉴外国农业保险的成功经验,针对农村区域分散、风险性大、业务技术难度高、政策性强的特点,敢于向国际保险界的难点和尖端突破,使我国农业保险在恢复试办后的前十年间实现了较大的发展。这一时期,农业保险按照"收支平衡,略有结余,以备大灾之年"的经营原则,不以营利为目的,取得了显著的社会效益,为保障农村经济的发展和安定广大农民的生活作出了积极的贡献。

(三)市场经济体制确立时期农业保险制度的探索与困扰:1993年至今

这一阶段农业保险经历了改革开放以来前期的迅速发展后,进入萎缩徘徊阶段;同时,随着政府对"三农"问题的重视,在相关职能部门的推动下,我国农业保险试点全方位推进,农业保险取得了长足发展。因此,这一阶段又可以划分为两个不同的阶段:农业保险萎缩徘徊阶段——政府职责缺位(1993—2003年),农业保险恢复发展阶段——政府职责归位(2004年至今)。

（1）农业保险萎缩徘徊阶段（1993—2003 年）：政府职责缺位

1992 年春邓小平视察南方重要讲话发表和中共十四大的召开,明确提出建立社会主义市场经济体制的目标之后,农业和农村经济制度沿市场经济方向变迁的速度加快。然而,随着农村经济体制改革的不断推进,人们所期望的农业保险高速发展的局面并没有产生。当时农业保险已涉及农业、林业、畜牧业、渔业各个领域,险种已从 1982 年恢复试办时仅有的生猪、大牲畜等几个险种,发展到棉花、水稻、烤烟、鸡、兔、羊、对虾养殖、扇贝养殖等近百个险种,而且还不断开发了商品性农业、开发性农业、科技兴农等项目保险的新险种,如:塑料大棚保险、海塘坝保险、地瓜脱毒保险等险种,大大促进了科技推广工作;部分险种,如麦场火灾保险、棉花保险、烟叶保险等已在全国大面积开展。但是,从规模上来看,1993 年至今是农业保险由高速增长到低速增长的滑坡过程,农业保险的发展陷入困境。1992 年年底全国农业保险保费收入已达 8.17 亿元,占当年财产保险保费收入的 2.57 %,但到 1997 年年底农业保险保费收入仅占财产保费收入的 1.18%;到 2000 年,农业保险收入仅占财产保险收入的 0.66%,2004 年更是进一步滑落到 0.35%。总的来看,农业保险收入占财产保险收入的比重一直呈下降趋势,这与整个保险业的快速发展势头显得格格不入。

在这个时期,政府本着农业保险商业化经营的原则,因而对农业保险的经营主体几乎没有任何政策支持和财政补贴,也就是说政府在这段时期的农业保险中没有承担其相应的职责,而是放任农业保险的发展,让其自主探索。而农业保险产品的准公共品属性决定了商业保险公司不可能提供有效供给,而在没有政府财政补贴的情况,农民不愿也无力支付较高的保险费。农险的经营主体不得不压缩原有的农险业务,使得农业保险市场进入日益萎缩的恶性循环状态。故此,政府缺位是导致1993—2003年农业保险萎缩徘徊的重要原因。

(2)农业保险恢复发展阶段(2004年至今):政府职责归位

这一阶段我国农业保险发展呈现出新一轮农业保险试点的全方位推进,政府职责在农业保险发展中的地位和作用逐步凸显。在市场经济条件下,农业不同于其他产业的一个显著特点就是面临着自然风险和市场风险的双重威胁,无论哪一种风险,都有可能对农业发展产生严重的负面影响。在经济全球化和市场自由化的冲击下,这些风险的作用更加显化和复杂化。从我国当前的农村经济形势看,农业仍比较落后,各种各样的风险都影响着农村经济的发展,农业的落后状况并不能很快改变。中国已经加入WTO,农业面临着前所未有的挑战,客观上需要农业保险为农村经济的稳定发展保驾护航。因此,目前中国农业保险发展的状态将严重制约农业的可持续发展,进而波及整个国民经济的健康运行。值得庆幸的是,目前政府高度重视农业保险的发展,正积极推进农业保险试点。近年来,中国保监会始终把促进农业保险发展、为"三农"提供保险服务作为一项重点工作,积极研究建立适合我国国情的农业保险制度。目前,南起福建,北至黑龙江,东到上海,西达新疆,所有当地保监局都将本辖区内的农业保险试点当成头等大事。2004年伊始,四川省先期确定省人保、中华联合成都分公司等公司参与试点,通过与地方政府签订协议,代办农业保险。财险公司在经营种养业保险的同时,可经营其他农业保险业务,并将此类业务作为调剂手段,弥补种养业保险的亏损,实现"以险养险"。安徽在开展大宗农作物保险试点的同时,拟筹建政策性农业保险公司,并由当地企业发起设立区域性相互制农业保险公司——合肥兴泰农业相互保险有限公司。在广东,中山市也尝试由农业局、财政局和人保中山分公司合作,财政出资 600 万元作为风险基金。在湖南,农业保险将在近期开始先从生猪养殖保险试点开始,试点范围定为一个市或一个县。2004 年 7 月,保监会批准吉林省安华农业保险公司筹建;9 月,批准成立我国第一家专业性农业保险公司——上海安信农业保险公司;10 月,批准法国安盟保险公司成都分公司开业。2004 年年底,经国务院同意,中国保监会批准筹建阳光农业相互保险公司,这是我国第一家相互制农业保险公司,填补了我国的此项空白。2008 年安徽国元农业保险公司正式开业。与此同时,保监会已经开始积极研究在新疆、内蒙古开展奶牛等养殖业保险试点,在江苏等地实行政策性业务由商业保险公司代办的试点。自此,我国农业保险发展进入了新时期的制度创新阶段,2005—2010 年连年都有不小的增长幅度,并且在全国范围内逐步推进且日见成效。[①]

新一轮农业保险试点的全方位推进带来了我国农业保险发

---

① 本书将在下一章对我国农业保险的实证分析中就 2004—2008 年的具体发展趋势展开论述,为节约篇幅本章不再赘述。

展的良机,政府在其中所起的作用有目共睹。随着新一轮农业保险试点的深度和广度的进一步提升,我国农业保险呈现区域化发展特征,少数地区或因地区农业的特点和优势,或因地方政府的重视,或因探索到一种合适的制度模式等,农业保险得到较快发展。这些区域特色的农业保险发展模式的探索为当地的农业风险管理水平的提升起到了重要作用,为我国农业保险的发展积累了宝贵经验。总体而言,从 2004 年以来在政府主体的推动下,我国农业保险开始进入迅速恢复阶段,且势头渐长,已粗具规模。我国农业保险已经开始进入政府诱导发展阶段,各级政府在政策指导、财政补贴、法律监管等方面开始承担应尽职责。当然,其间必然会有许多难以克服的难题,但随着政府职责的归位,我国农业保险发展进入了新时期的制度创新阶段。[①]

3.3 我国农业保险制度变迁的基本特征和思路

农业保险从属于农业风险管理,其本身就是一种制度创新。承前述,我国目前的农业保险发展变迁并不是一个孤立的、即兴的事情,而是一种历史的延续,农业保险制度变迁有其内在的基本特征,今后农业保险的发展变迁也有其应有的基本思路。

---

① 新一轮农业保险试点的实地调查可参阅黄英君:《中国农业保险发展机制研究:经验借鉴与框架设计》,北京:中国金融出版社 2009 年版,第 147—202 页。

3.3.1　我国农业保险制度变迁的基本特征

（一）时间短、不连续，难以形成有效的可持续制度规则

正如上文所言，我国古代在很早以前就有了以"荒政"思想和仓储制度为代表的农业保险思想萌芽，但难以与近现代意义上的农业保险相提并论，只能从 20 世纪二三十年代算起，不过 80 年的历史，且不可持续。新中国成立后，虽然 1950—1958 年中国人保在少数地区经营农业保险业务，但当时没有认识到农业保险的特殊性，也没有真正意义上的农业保险制度。1980 年后农业保险的试验，人们对农业保险认识逐渐提高，开始重视农业保险制度，进行了一些农业保险的试验。在制度试验上，一直围绕着农业保险的组织制度以及发展模式。因为只是在少数地区试点，比较多的模式是地方政府与商业保险公司的合作，不同的地区由于地方政府的不同态度与扶植力度，在一些地方成功的做法也不可能在全国推广，这些制度只是试验性的，不仅时间上断断续续，而且在地域分布上也不连续，全国还没有统一的总体性农业保险制度框架。但从发展历程来看，我国农业保险的发展过程依然是农业保险制度的替代、转换和交易的过程，存在一种路径依赖。

（二）制度供给严重不足，政府参与度和渗透度过低

在计划经济时期，农业保险或停或办，都是政府一句话。而进入市场经济体制改革以后，政府逐渐重视农业保险，又开始逐渐对农业保险制度进行调整与创新。但在我国的农业保险制度变迁过程中，国家并未能发挥制度供给的主体作用，进行农业保

险试点的区域在没有相关法律作保障情况下,地方政府的政策有很大的随意性和不稳定性。农业保险依赖政府支持和财政补贴,各级政府对农业保险的态度各异,只有在少数重视农业保险的地区,政府与商业保险公司合作,并提供政策优惠,补贴保费和管理费,减免营业税,农业保险在这些地方取得了初步的成功,但总的来讲,国家、地方政府的参与程度还是比较低的。政府应充分发挥其在农业保险中的宏观调控作用,提供必要的财政税收支持,制定相关的法律法规来保障农业保险的规范发展,体现政府在我国农业保险制度变迁中的主导作用,发挥政府诱导的调节机能,逐步实施强制性制度变迁,以最短的时间和最快的速度推进我国农业保险制度变迁。

(三)农业保险制度逐渐显现区域化发展

我国的农业保险总体发展水平较低,但少数地区农业保险得到较快的发展。如上海经济发达,农业基础较好,特别是长期以来市政府高度重视农业保险的发展,加大财政投入力度,不断探索本地农业保险发展的特点和规律,"以险养险",农业保险取得了较好的成绩,形成了以政府为主导的农业保险制度模式,但"上海模式"是个案,难以在其他地区进行推广。新疆是我国农业保险发展最快的地区,实行种、养殖业保险与其他商业性保险分开立账,单独核算,挽救了自治区农民很大的损失,形成了"中华模式",对西部地区农业保险发展探索出了一条比较可行的路子。黑龙江垦区建立了"农户缴一块、农场筹一块、总局补一块"的保费筹集制度,解决了农户缴不起保费的难题,将临时救灾的政府行为变为保险补偿的经济契约行为,减轻了各级管理机构救灾救济的压力,并进一步建立了我国首家相互制农业保险公司——黑龙江阳光农业相互保险公司,形成了"阳光互助保险模式"。四川农业保险引入外资公司法国安盟来经营农业保险,成为唯一进入我国农村保险市场的外资保险公司。内蒙古农业保险主要由中国人民保险公司作为经营主体,采取以城市保险业务收入弥补农业保险亏损,即所谓"抽肥补瘦"的调剂措施,来维持自身平衡,逐步淡化农业保险的商业色彩和单纯的企业行为,增强了农业保险中的政府行为和政策导向。此外,全国其他地区也在探索适合各自实际情况的农业保险制度。我国地域广大,农业和农村经济发展不平衡及农业风险差异性大的特点,决定了农业保险制度的区域化特征将长期存在。

3.3.2 我国农业保险制度变迁的基本思路

早在 30 年前,我国对建立完善的农业保险制度就有迫切的需求,但一直以来由于制度供给主体的缺位导致农业保险制度供给不足,我国的农业保险制度长期以来处于非均衡状态。只要存在制度非均衡,就有可能导致制度变迁。一种新的安排只有在下述两种情形下才会发生:一种情形是创新改变了潜在的利润,一种是创新成本的降低使制度安排的变迁变得合算了。一般而言,制度变迁中需要明确其条件、必要性、范围、需要解决的关键问题、主体、方式和方法等基本思路,才能在此基础上构建保险制度创新的未来方向和基本框架。在这里,我们仅考察农业保险制度变迁的范围、主体和方式,在此基础上,进行持续的农业保险制度供给设计。

(一)农业保险制度变迁的范围

制度通常被认定为一套行为规则,它们被用于支配特定的行为模式与相互关系,[①]通常包括规则(或曰正式规则)和风俗习惯(或曰非正式规则)。因而,制度变迁一般包括正式规则和正式的制度安排变迁,需要创新者花时间、花精力去组织、谈判并得到这群人的一致性意见。一般来讲,改变一种正式的制度变迁会碰到外部性和"搭便车"问题,因此,正式制度安排创新的密度和频率,将少于作为整体的社会最佳量。农业保险正式规则的制度变迁,是指颁布专门的《农业保险法》,[②]对农业保险的经营制度和经营规则以立法形式进行明确规定,为发展农业保险提供法律保障。具体来说,包括对我国农业保险进行法律定位,确立农业保险的政策性定位,同时确定农业保险的立法目的和立法原则、界定及其经营范围、经营主体的组织形式、经营模式的选择、政策扶持、再保险安排、监管等方面。农业保险正式规则的制度变迁也存在"搭便车"和外部性问题,同时还有成本和制度环境约束,目前仍然处于非均衡状态。

非正式制度变迁与正式制度变迁过程所产生的问题有很大的不同,因为非正式制度安排创新不包含群体行动,尽管它还有外部性问题,但不存在"搭便车"问题。新规则的接受完全取决于创新所带来的效益和费用的个人计算,且这种创新费用并不

---

① 参见 V.W.拉坦:《诱致性制度变迁理论》,载〔美〕R.科斯等著:《财产权利与制度变迁》,上海三联书店、上海人民出版社 1994 年 11 月版,第 329 页。

② 在我国,可以通过《(政策性)农业保险条例》进行过渡。目前正处于这种时期。

取决于创新过程所花费的时间、努力和资源等形式。非正式制度安排的执行取决于社会的相互作用,所以创新者的费用主要来自围绕着他的社会压力。应充分利用政府、保险公司、媒体和相关部门的力量,对农业保险进行宣传,逐渐提高农户的保险意识,为正式规则的设立和实施创造良好的制度环境[①]。否则,即使有政府行为,发生这种变迁也不容易。

(二)农业保险制度变迁的主体

农业保险制度变迁的主体包括农业保险的各个行为主体,即政府、保险公司、农户三方行为主体,三者缺一不可。其中,政府必须充当农业保险制度变迁的初级行动团体,其他方则为次级行动团体。

首先,由于农业保险的准公共物品属性,政府在农业保险制度变迁中获益最大,进行制度变迁的动力最强。潜在利润是制度变迁的诱致因素,如果新制度代替旧制度会使收入增加,带来巨大的潜在利润,并且制度变迁的成本小于收入的增加,潜在收益的大小与初级行动团体实施制度变迁的动力成正比,初级行动团体才会在此激励下改变旧制度,实施制度变迁。国内外理论界虽然研究角度各有不同,但都认同农业保险具有正外部性。如李军(1996)认为,农业保险有明显的社会效益。庹国柱等人也赞同农业保险所带来的最终效益是外在的,是属于全社会的。农业保险是一种具有正外部性的准公共产品,它的正外部性表

---

　①　制度环境,是一系列用来建立生产、交换与分配基础的政治、社会和法律基础规则(L.E.戴维斯和 D.C.诺斯,1994)。

现在农民对农业保险的"消费"(或需求)与保险公司对农业保险的"生产"(或供给)两方面(冯文丽和林宝清,2003)。农业保险作为一种具有利益外溢特征的产品,存在供给和需求双重的正外部性,为全体社会成员提供巨大的经济利益。实施农业保险制度变迁,获利最大的是整个社会,所以代表社会利益的政府获得的潜在利润比农民和保险公司的都大,因而从主观上看,政府推动农业保险制度变迁的动力最强。另外,从客观上看,农业保险制度变迁是一项系统工程,规模巨大,涉及的经济主体和部门较多,既需要立法规范,又需要政府提供补贴和税收支持,更为重要的是在现有体制下进行部门协调,制度变迁难度可想而知。只有通过政府多方联动、多方协调才有可能解决,因此只有政府才具有充当初级行动团体的能力。

其次,投保农户和保险公司在制度变迁中缺乏充当初级行动团体的能力和动力。农户主观上受传统小农思想影响,对农业保险缺乏足够认识,无法认知农业保险制度变迁的全部潜在利润;农业保险的费率相对于一般商业保险高出十几倍乃至几十倍,本就收入偏低的农户客观上买不起保险。因此,农户作为农业保险制度变迁初级行动团体的动力和能力均较弱。保险公司具有充当农业保险制度变迁初级行动团体的技术优势,但农业保险长期以来亏损严重,保险公司在追求利润最大化的目标下都不愿主动经营,甚至把农业保险视作避之不及的负担,不会主动充当制度变迁的初级行动团体。在政府提供的优惠条件下,它们则有可能充当次级行动团体,配合政府的制度变迁并获得相应收益,甚至可能只会充当农业保险制度变迁中"免费搭车者",享受制度变迁的成果。

(三)农业保险制度变迁的方式

制度变迁的方式有强制性制度变迁和诱致性制度变迁:诱致性制度变迁是一群(个)人在响应由制度不均衡引致的获利机会时所进行的自发性变迁;强制性制度变迁指的是由政府法令引起的制度变迁。[①] 一般来说,强制性制度变迁是供给主导型的,诱致性制度变迁则是需求主导型的。至于制度安排的形式,从纯粹自愿的形式到完全由政府控制和经营的形式都有可能。在这两个极端之间存在着广泛的半自愿半政府结构。冯文丽(2004)研究认为,农业保险应采取"诱导型强制保险"或"半强制保险"方式。[②] 这种思路源于对美国模式和日本模式的综合,是一种半自愿半政府型模式的制度变迁。以政府为主导,以一定的经济利益诱导农民对重要农作物和畜禽投保的制度变迁,在某种程度上是农业保险制度变迁的路径创新。但笔者认为,这种制度变迁很难在现实中得以推广,毕竟我国农村组织形式与美日有着很大的不同。农业保险的发展必须立足我国国情,并不是国外制度模式的简单移植。也有学者提出"政府诱导型"农业保险模式(谢家智等,2003),其实质上还是主张强制保险,只是利用经济手段诱导农民投保,而不是简单地通过行政命令强

----

①　参见林毅夫:《关于制度变迁的经济学理论:诱致性变迁与强制性变迁》,载〔美〕R.科斯等著:《财产权利与制度变迁》,上海三联书店、上海人民出版社1994年版,第374页。

②　冯文丽:《中国农业保险制度变迁研究》,中国金融出版社2004年版,第170—191页。

制农民投保,这种思路值得借鉴。

就目前来看,农业保险基本认定为"政策性险种",具有准公共物品属性,而且更多地倾向于公共物品,需要给予足够的财政税收支持,必须尽快构建以政府政策性保险为主导、以商业性保险为补充的农业保险法律制度,实施强制性制度变迁方式。在《农业保险法》中可以规定实行自愿投保,但政府应以一定的经济利益诱导农民对关系国计民生的重要农作物和畜禽进行投保,规定如果不投保就没有获得有关经济利益的权利和机会,使农户认识到农业保险带来的切实好处,相关险种也就成为一种变相"强制"。整体看来,我国农业保险制度变迁是一种强制性制度变迁。

3.4　我国农业保险制度创新的路径分析与未来方向

3.4.1　农业保险制度变迁的路径依赖与路径创新

新制度经济学认为,制度变迁的诱致因素是潜在利润(制度变迁的报酬或收益减去相应的成本),制度变迁的主体只有发现了巨大的潜在利润(报酬或收益大于成本),才会在收入增加的激励下改变制度,潜在利润的大小决定制度变迁主体进行制度变迁的动力强弱。制度主体初始选择的差异会导致制度变迁与创新路径的不同。如果初始制度选择存在偏差,则将导致低效制度的长期持续,同时带来制度变迁的负效应;反之亦然。制度变迁带来的变化通常创造了获胜者和损失者双方,这种变化的影响导致了反馈到政治体系的某种新的制度均衡,随着获胜者和损失者游说政治组织(通常为政府),就可能引起造成某种新的制度均衡的政策措施,等等。连续的制度变革可能使经济不是偏离有效率的(提高财富的)制度结构就是处于这样一种结构的方向(Krueger,1993)。正式制度安排中的变革反映了规则制定者们的权力(和约束),交易成本往往迫使规则制定者选择并没有最大化国民经济"蛋糕"的制度,放弃理论上能够使每一个人都变得更好的制度安排(North,1981)。人类群体往往不能就那些能够使每个人在物质条件方面都能变得更好的制度安排达成一致意见,这一现象应给予更多的关注。据此,我国农业保险制度变迁伴随着制度供求"均衡→非均衡→均衡"的不断循环往复,且下一个阶段是上一个阶段的延续。以政府为主导的强制性农业保险制度变迁路径具有路径依赖特征,类似于物理学中的"惯性",存在大量的初始成本或固定成本、组织的学习效应、适应性预期,以及协作效应等四种自我强化机制,制度向量的相互联系网络会对政府获得的潜在利润产生巨大的递增效应,而这种递增效应必然使制度一旦开始运行(哪怕是外部偶然性事件所导致的),就会沿着一定的路径演进,从而决定制度长期运行的轨迹,而且很难为其他潜在的,甚至更优的制度所替代。另一方面,农业保险中的系统性风险,信息不对称、不充分,交易的不确定性,正外部性,以及不完全保险(incomplete insurance)市场产生的巨大交易费用,进一步决定了以政府为主导的强制性制度变迁路径依赖是具有刚性的。初始制度选择会强化现存制度的刺激和惯性,因为沿着原有制度变迁的路径和既定方向前进,总比另辟蹊径要来得方便一些,而路径依赖形成的深层次原因就是利益因素。如果制度变迁中的路径依赖形成后,制度变迁就可能变成"修修补补"的游戏了,所以新旧体制变化的农业保险制度要不断解决路径依赖的问题。[①] 路径依赖理论可以很好地解释农业保险在不同时期、不同国家和地区发展的差异。

决定初始选择的因素则可能是某种偶然事件或由意识形态和文化因素决定的主体行为模式,而意识形态和文化则是其最终决定因素。从我国的现实来看,封建主义时期的集权的国家政府意识形态和文化特征一直延续、保持下来,农业保险同样也是沿着这一外力作用的轨道向前推进的。这种依赖于传统意识形态和文化所导致的路径依赖的刚性,决定了在目前的经济发展阶段,在脱离政府支持的条件下,想要促进农业保险的快速、健康成长是非常困难的。[②] 然而,我国政府作用弱化下制度变迁路径在十多年来表现出的效率缺失,已经反映出这一既有路径难以适应农业、农村经济发展的新需要。正如道格拉斯·C. 诺思(Douglass C. North,1994)指出的那样,制度变迁的路径依赖特征要求制度变迁与创新必须注意创新的逻辑起点,以防止制度被锁定在某种无效率的状态之中。因此,现阶段我国农业

---

① 参见卢现祥著:《西方新制度经济学》,中国发展出版社 2003 年版,第 88—91 页。

② 参见谢家智、花与剑等:《中国农业保险发展的机制与模式研究》,2003 年度国家社科基金课题研究报告,2006 年 8 月,第 107 页。

保险制度变迁必须建立新的逻辑起点,创新制度变迁的路径。而这一新的逻辑起点,必须要打破传统意识形态,树立市场理念与文化,依靠政府但不完全依赖于政府;同时,要充分发挥政府具有的强势作用,为农业保险的发展创造合适的政策环境和政策支持,通过政府和市场有效结合引导农业保险制度变迁,逐步形成与当前农业、农村发展相适应的新路径,实现农业保险制度的路径创新。

3.4.2　我国农业保险制度创新的未来方向

新制度经济学认为,制度创新是指能使创新者获得额外利益的对现存制度的变革。只有当通过制度创新可能获取的潜在利润大于为获取这种利润而支付的成本时,制度创新才有可能发生。我们知道,制度的两个基本功能是制度的激励和约束功能,人们需要制度是因为制度能够给人们带来好处,也需要制度来防止正当的利益受到侵害。更深层次来讲,制度能使外部性内部化,好的制度可以合理界定人们的利益,但因为人的有限理性,社会知识的不足以及外部性利益难以计量,导致制度创新不足或者创新成本过高,进而导致制度供给不足,制度不均衡。农业保险的好处不仅为农民享有,也为全体社会成员所享有,具有正的外部性特征。国家提供农业保险制度是为了合理界定农民、其他社会成员以及农业保险的供给主体的利益,只有合理地界定各方利益才能够调动各自的积极性,实现资源的有效配置。资源配置的低效率往往是因为权利界定不清晰,在利益不能清晰分割的情况下,外部性导致效率的损失,人们有"搭便车"的积极性,却没有生产和创造财富的积极性。农业保险正存在这样的情况,需要政府提供制度以消除外部性危害。政府对农业保险进行财政补贴绝不是让其他社会成员来支援农民,而是通过这种方式合理地界定权利,解决农民生产的激励问题。

我国农业保险每一次重大的制度创新和变革,都是多种因素共同推动的结果,各因素之间相互作用、相互影响,而且其本身也构成了制度变迁的重要内容。我国农业保险复业以来仅有的 29 年发展历程与国外农业保险的发展不可同日而语,存在很大差距,这种差距是全方面的。但制度只能借鉴,不能移植。①提供完善的农业保险制度体系,解决外部性的问题,可能在技术上来讲极为复杂,需要长期性的试验、不断探索,在试验过程中逐步完善农业保险制度,制度完善过程应该是以提高农民的参保率和投保面积为目标,以此广泛分散风险,发挥农业保险的作用。同时,应考虑到公平性,动员其他相关领域的资源投入到农业保险领域,使农业保险领域与其他领域的资源得以合理配置。目前来看,我们需要的是一个全国统一的农业保险制度框架,至少应该有一个专门规制农业保险的法律,迫切需要为(政策性)农业保险立法,为以后构建一个全国性的农业保险机构规定各级政府的参与程度、参与方式,明确权力和责任,规定巨灾救援

---

① 制度移植可能比技术移植更困难,因为一个制度安排的效率极大地依赖于其他制度安排的存在,即便移植,也难以适应。因而,我们这里说,制度只能借鉴,不能移植。在农业保险制度变迁中,我国的二元性经济结构、小农的分散经营、农民保险意识淡薄且收入低等特殊国情普遍存在,决定了我国在这一进程中,不能完全照搬其他国家的农业保险制度。

计划、区域性风险的解决办法、基金的建立和管理等。

　　当然,制度创新需要一个相当长的过程,因为制度创新存在一定的时滞,或者说制度变迁存在路径依赖。人们能够缩短制度创新的时滞,但却难以完全消除。我们必须对这种时滞有清晰的认识,并对我国农业保险制度变迁和发展规律有准确的认识和把握,才能构建适合我国社会经济和农业保险发展实践的制度安排,才能有力地推动农业保险制度的创新,实现农业保险的跨越式发展;只有通过创新,才能实现农业保险的可持续发展,为社会主义新农村建设服务。创新已成为世界保险业发展的主要推动力,也是未来我国农业保险发展的"助推器"。当所有的制度创新都被实现之后,即当无论怎样改变现存制度都不会给创新者带来额外利益时,制度均衡就实现了。尽管这种均衡是短暂的,甚至是瞬间的,因为促进制度创新的因素总是在活动着,但这也是制度不断完善的过程,一种周而复始的从制度非均衡到制度均衡的动态变化与发展过程。我国农业保险制度变迁和创新也必然沿着这一路径向前推进和发展,这也是我国农业保险制度创新的未来方向。

3.5　本章小结

　　本章通过对我国农业保险发展历史过程的梳理,运用新制度经济学的经典理论,从历史的角度展开对我国农业保险制度变迁的全方位研究,从国家层面来研究和探讨我国农业保险制度发展变迁和演化的基本思路和特征。通过这种制度分析,形成对我国农业保险制度变迁的一个清晰认识和准确把握,探索我国农业保险发展及其制度创新的特定路径依赖和路径选择,并在此基础上提出我国农业保险制度创新的未来方向。这主要为今后我国农业保险发展创新研究作铺垫,同时也是研究农业保险机制设计的有益参考。

第4章 我国农业保险发展的
实证分析

尽管通过农业保险的试点工作,使农业保险在农村经济社会发展中起到了"稳定器"的作用,在很多地区农业保险改变了农民"一次重灾,即刻致贫"的现状,稳定农民基本生活水平;使农业发展摆脱"一年受灾害,三年难翻身"的局面,稳定农业再生产能力,但中国保监会财产险部有关负责人仍表示,目前我国的农业保险还没有到强调规模的时候,进行试点工作最主要的目的还是探索属于中国自己的农业保险发展模式,为未来我国农业保险的加快发展打下坚实的基础。[①] 作为一种市场化的风险转移和应对机制,保险在分散农业风险、补偿农业损失、提高农业综合生产能力和促进农民增收方面发挥着重要作用。农业保险是稳定农业生产经营、提高农业综合生产能力的重要手段,通过农业保险将农业生产经营中的风险以较小的代价转移给保险公司,可以对农业和农户进行有效的风险管理和经济补偿,保障农业生产稳定持续增长;农业保险是促进农民增收、保障农村建设小康社会的有效措施,可以大大提高农民的风险应对能力,增

---

① 参见夏庆军:"农业保险大有可为",《金融时报》2005 年 11 月 16 日。

强其投资发展的信心,拓宽其融资渠道,间接保障农民增收;农业保险是农业综合支持保护体系的重要组成部分,其参与农业生产、防灾、销售等各个环节的风险管理和市场化运作,可以提升农业抵御自然灾害和处置灾害或疫情的能力;农业保险是加快农业产业化经营的重要途径,大力发展农业保险,建立政策性和商业性相结合的农业保险制度,是运用经济手段支持农业保险、完善农业保护体系、加快我国农业产业化进程、提高国际竞争实力的重要途径。

4.1 我国农业保险发展现状与绩效

4.1.1 我国农业保险发展的特点及现状分析

(一)我国农业保险发展的简要回顾

我国的农业保险开始于 20 世纪 50 年代,中间曾一度中断,80 年代初又开始恢复。复业近 30 年来,农业保险在困境中艰难发展,取得了一定的成绩。主要反映在险种逐步增加,保险面不断扩大,保费收入大幅增长,农业保险保费收入由 1982 年的仅 23 万元,不足当年全国保费收入的 0.1%,迅速攀升到 1991 年的 4.55 亿元,占当年全国保费总收入的 2.1%。农业保险内容增多,包含了种植业和养殖业,农业保险险种最多时超过 130 种;农业保险面扩大,1997 年作物承保面积约 667 万公顷,养殖业年保费收入达一亿元。二十多年来农业保险承担的保险责任总计达10 000 亿元,累计赔款支出 94 亿元,为 19 亿亩粮食作物、5 800万头牲畜提供了保险保障。[①] 及时为农业生产中的灾害损失进行了经济补偿,显示了农业保险在抗灾救险、重建家园、稳定经济中的补偿作用。然而随后几年中,我国农业保险的发展实际上一直处于萎缩之中。1996 年以后,随着中国人民保险公司向商业性保险公司转化,加上农业生产组织形式的变化,全国的农业保险大面积萎缩,之后的几年更是到了加速下滑的境地。从《中国统计年鉴》上的数据可以看到:1999 年我国农业保险保费收入为 6.3 亿元,占总保费收入的 0.44%;2000 年农险保费收入仅为 4 亿元,占总保费收入的 0.24%;2001 年继续缩减为 3 亿元,只占总保费的 0.14%。险种也由原来的超过 130 种缩减到不足 30 种。

2004 年以前,我国经营农业保险业务的商业保险公司只有中国人保和中华联合,经营的农业保险项目种类只限于种养两业,保险品种、经验、人才都比较缺乏。而这两家公司农业险的总体简单赔付率分别高达 87% 和 73%,均高于保险界公认的 70% 的临界点。风险高的地区急于投保,风险低的地区则因保费过高而不愿参加保险。这样,保险的"大数法则"就难以正常发挥。高风险、高成本、高赔付的"三高"特征,使一般商业保险公司对农业保险望而却步。据统计,从 1985 年到 2004 年间,只有两年微利,其余 18 年都有不同程度的亏损。农险保费收入在 2004 年为 3.96 亿元,尽管比 2003 年有了较大幅度的提升,但

---

① 参见中国保险学会《中国保险史》编审委员会:《中国保险史》,中国金融出版社 1998 年版,第 456—462 页。

与历史最高峰相比,萎缩了一半。①

从 2004 年开始,中国保监会及其派出机构会同各级地方政府在全国积极开展农业保险试点工作。保监会提出,现阶段开展农业保险,不能完全依靠国家财政补贴,不能走单一主体经营的道路,应当在具备条件的地区和市场开展试点,逐步建立多层次体系、多渠道支持、多主体经营的符合国情的农业保险制度。农业保险总的经营原则是"政策扶持、商业运作"。2004 年保监会批准三家专业性农业保险公司,并在江苏、四川、辽宁、新疆开展农险试点,2005 年又在安徽、内蒙古、四川、湖北等 9 个省份相继开展和深化了农险试点。中华联合重庆分公司更是做了一单保费收入 800 万元的"大单",承保整个重庆地区的烟叶保险。② 目前作为农业支持保护体系重要组成部分的农业保险,保障品种已经从主要粮食作物扩展到奶牛、生猪、烟叶、果树、西瓜等多种牲畜和农作物。

根据中国保监会主席吴定富在 2006 年全国保险工作会议上的讲话,③2005 年 1—12 月,全国农业保险保费收入达 7.29 亿元,比 2004 年同期增长 84.26%,占财产保险保费收入的 0.59%;农业保险赔款 5.58 亿元,同比增长 94.29%④。初步改

---

① 参见夏庆军:"我国农业保险大有可为",《金融时报》2005 年 11 月 14 日。

② 参见中华保险重庆分公司的烟叶保险被称之为农业保险发展的"第三条路",引起了相关部门的重视。《中国经济时报》(2005 年 11 月 23 日)、《重庆经济报》(2005 年 11 月 30 日)、《金融时报》(2005 年 12 月 22 日)等媒体曾就该模式进行了专题报道。

③ 参见吴定富 2006 年全国保险工作会议上的讲话,《保险研究》2006 年第 1 期,第 3 页。

④ 赔款支出资料来源:杨琳:"保险业绕不开'最艰巨工程'",《瞭望新闻周刊》2006 年第 3 期,第 23 页。

变了 1994 年以来农业保险逐步萎缩的局面。近几年来,中国保监会一直积极促进农业保险立法工作,推动出台财政税收支持政策,探索建立农业救灾保险基金。就 2006 年全年来看,农业保险依然保持了良好的增长势头,农业保险试点都获得了地方各级政府不同程度的政策支持或财政补贴。以四川省农业保险试点为例,眉山奶牛保险保费补贴幅度为 66%;资阳、内江生猪保险保费补贴幅度为 40%。2006 年全国农业保险保费收入为 8.46 亿元,同比增长 15.98%,占全国财产保险保费收入(1 579.62 亿元)的 0.54%,与 2005 年基本持平;赔款支出 5.84 亿元,同比增长 3%;农业保险保额达 733.21 亿元,同比增长 123.66%。[1]

　　2007 年,全国农业保险实现签单保费 51.84 亿元,同比增长 514.95%。提供风险保障 1 126 亿元,同比增长 53.6%。其中,种植业保险保费收入 32.2 亿元,同比增长 328.7%,承保农作物面积超过 2.5 亿亩;养殖业保险保费收入 19.69 亿元,同比增长 2 017.2%,承保的家禽牲畜超过 3.8 亿头(羽)。在中央财政支持的 6 个保费补贴试点省,主要农作物承保面积 1.5 亿亩,签单保费 25.36 亿元,占种植业保险签单保费的 78.88%。承保覆盖面分别为水稻 52.12%、小麦 19.41%、玉米 44.12%、大豆 25.56%、棉花 78.21%。提供保险保障 380 亿元。2007 年,农业保险赔款 32.83 亿元,理赔受益农户 451.21 万户次。[2]

---

　　[1]　参见中国保监会网站,2007 年 1 月 30 日。
　　[2]　参见中国保监会财产保险监管部 2007 年农业保险业务统计报表。

2008 年由于自然环境的变化,农业保险发展一度受到很大挑战,但在各级政府的支持下依然获得了较快发展,试点工作获得了较好成效。2008 年,中央财政支持的政策性农业保险试点由 6 省区扩展到 16 省区和新疆生产建设兵团。截至 11 月底,农业保险实现保费收入 105.4 亿元,同比增长 112%。其中种植业保险共承保农作物及林木 5.1 亿亩,参保农户 6 700 万户次,能繁母猪保险共承保 4 300 万头,参保农户 1 200 万户次。种植业和养殖业保险赔款 42.2 亿元,受益农户 1 032 万户次。积极开展农村小额人身保险试点。截至 12 月上旬,9 个试点省市农村小额人身保险实现保费收入 3 111 万元,为 183 万农民提供了保险保障。农业保险的发展与壮大,给具有弱质性和弱势性的农业提供了重要的风险保障。

农业保险试点在社会各界的重视和相关部门的推动下,取得了较为突出的成绩。但大多数人所预期的农业保险"回春"仍然不容乐观。我们必须看到,农业保险的发展水平还十分低下,远远不能满足我国补偿农业灾害损失、稳定农业生产和保障农民灾后生活的需要,政府不得不背负沉重的救灾负担。因此,如何促进农业保险的可持续发展,在"十一五"时期建设社会主义新农村及今后的农村经济发展、城乡的统筹协调过程中,显得尤为重要。

(二)我国农业保险发展的特点

其一,农业保险发展速度较快,20 世纪 90 年代农业保险保费收入很不稳定,1998 年以来呈现萎缩的趋势,但自 2004 年萎缩趋势有所缓解。1982—1996 年间每年平均增长 74.9%,增长速度是相当高的。农业保险恢复之初,农业保险保费收入每年增长速度超过 300%,1991 年保费收入增幅高达 136.4%。但1998 年以后保费收入每年都在减少,从 1998 年的 7.147 2 亿元到 2004 年的 3.96 亿元①。2005 年全国农业保险保费收入初步改变了 1994 年以来农业保险逐步萎缩的局面。这种增长一直持续到 2008 年。

其二,农业保险已达到一定规模,农业保险在国内财产保险市场中已占有一定份额,但这个份额依然过小,有时甚至显得无足轻重。1982 年农业保险保费收入在全部财产保费收入总额中所占比重为 0.022 3%。1992 年达到最高为 2.57%,2004 年这个比例只有 0.363 3%。2005 年这个比例有所上升,为0.592 731%,但 2006 年又稍有回落,为 0.506 650%,且与自1982 年农业保险复业以来的平均占比 0.906 1%依然存在较大的差距。到了 2007 年,这个比例达到 2.594 984%,与 1992 年的历史最高水平基本持平,2008 年中央一号文件也对 2007 年我国农业保险试点取得的成绩给予了充分肯定。2008 年由于自然环境的变化,农业保险发展一度受到很大挑战,但在各级政府的支持下依然获得了较快发展,试点工作获得了较好成效。2008 年,中央财政支持的政策性农业保险试点由 6 省区扩展到16 省区和新疆生产建设兵团。截至 2008 年 12 月上旬,9 个试点省市农村小额人身保险实现保费收入 3 111 万元,为 183 万农民提供了保险保障。尽管如此,农业保险保费收入在全部财产

---

①　参见相关年份的《中国统计年鉴》、《中国金融年鉴》及《中国保险年鉴》。

保费收入总额中所占比重这个衡量指标依然较为低下,一直使农业保险在保险业的发展中显得极其弱小,从一个侧面反映了业界和社会各界对农业保险的重视程度依然不够。

其三,在促进农业稳定发展和保障农民灾后生活方面发挥了一定的积极作用。农业保险赔款 1982 年时只有 22 万元,1985 年达5 266万元,1990 年达16 722万元,1991 年高达54 198万元,1996 年为39 481万元,1982—1996 年年均赔款达26 422万元。1995 年以后呈下降趋势。保险赔款使被保险人的农业灾害损失获得了部分补偿,对于农民购买生产资料、维持农业生产的持续进行、保障农民的灾后生活是发挥了一定作用的,对于某些地区、某些时期、某些农民来说,这种作用还相当大。此外,农业保险范围、保险覆盖面也在不断扩大。例如,农业保险险种不断增加,已达到一定数量。农业保险从无到有,险种呈不断增加之势,养殖业、种植业保险险种都已达到一定数量,保险标的扩展到粮食作物、经济作物、林业产品、牲畜、家禽、淡水养殖产品等等。

但是我们必须看到,农业保险的发展水平还十分低下,发展很不稳定,承保面还相当小,市场份额小,险种同市场需求不相适应,所起的作用还十分有限。从户均保费额来看,1996 年农业保险保费总额虽达到57 436万元,但全国农户平均每户保费不到 3 元,户均保费额极低。保费收入在农业国内生产总值中所占比重不到 1%。尽管全国农业保险已恢复二十多年时间,但迄今为止,参加农业保险的农户只是少数,大部分农户都未参加任何险种的农业保险,因而其保险面就相当小。虽然农业保险赔款年均达到 26 422 万元,但相对于每年的农业灾害损失而言却是微不足道的。20 世纪 80 年代以来,全国农作物受灾面积平均每年 3 亿亩以上,若按平均每亩损失 350 元计算,那么每年农作物灾害损失则在 1 000 亿元以上,这样农业保险赔款占农业灾害损失的比重不到 0.3%,如果再加上每年养殖业灾害损失,那么农业保险赔款在农业灾害损失中的比重则更低,这说明农业保险在补偿农业灾害损失中的作用是极其有限的。特别是 2008 年南方经历一场百年一遇的冰雪灾害,不仅对电力、交通等影响巨大,也令农作物受灾面积达到 1.78 亿亩。但截至 2008 年 2 月 24 日,保险业共接到雨雪灾害保险报案 94.7 万件,已付赔款超过 16 亿元。据估算,受巨灾影响最大的农业领域投保率很低,赔款占比并不高,对于纯农业的赔付不到总赔付额的 4%。由于一些农作物品种的保险尚未启动,使农业保险的报案率和最终赔款占总损失比例明显偏低,这反映出目前很多农业保险产品还没有推出来,保险的覆盖面还不能适应群众的要求,进一步凸显了我国农业保险的发展还处于较低层次。

4.1.2 我国农业保险发展的绩效评价

我们也可以基于绩效评价的指标体系进行实证分析,尤其是从保费收入比较、渗透度、减灾救灾度三个层面对我国农业保险发展现状进行简要分析。

(一)保费收入的比较

农业保险保费的增长率很不稳定,波动性比较大,在 1991 年达到最大为 1.36%,并且多次出现负的增长率,2001 年以前,

图 4-1　1983—2007 年我国农业保险与财产保险保费收入增幅比较

　　财险保费的增长率和农业保险保费的增长率呈现同步的趋势，但 2001 年以后，在其他财产保险保费增加的情况下，农业保险的保费却在减少，呈现萎缩的趋势，自我发展程度不强。农业保险业务的萎缩同农业政策调整目标和农业发展环境的变化已形成强烈的反差，极不适应农业、农村和农民的现状，其发展幅度和发展速度远远不能满足经济发展的要求。一般研究表明，保险业与经济发展程度是相关的，但现实数据反映出农业保险的发展受经济发展的带动因素较小，制度设计和安排在农业保险中的缺失就凸显出来了。2007 年，我国农业保险保费增长率出现了新的增长幅度，达到 5.13%，远远超过财险保费收入（不含农险）的增长，这主要与 2007 年实施的准强制性能繁母猪保险和生猪保险有关，使我国农险保费收入上了新的台阶。

（二）渗透度分析

保险深度和保险密度是衡量一国或地区保险业发展程度的重要指标。农业保险深度是农业保险的保费收入与农业 GDP之比,我国农业保险的深度一直处于较低的水平,虽然在 1992年左右达到最高值0.001 6,而财产保险的深度在 2003 年是0.007 5,全部保险深度 2003 年是0.033 3。2005 年的农业保险深度更是下降到了0.000 34。从发展趋势来看,我国财产保险的深度一直是增加的,且增幅很大,而农业保险的深度一直处于很低的水平,并有减少的趋势(见图 4 - 2)。再来看农业保险密度,它是农业保费收入与农业人口之比。1992 年之前,农业保险的密度都是持续增加的,说明农业保险处于良好的发展时期,

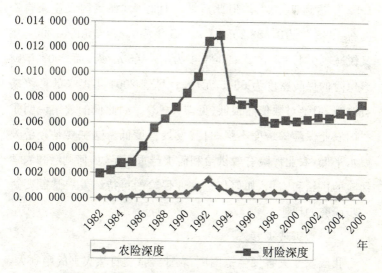

图 4 - 2　1982—2006 年我国农业保险深度与财产保险深度对比

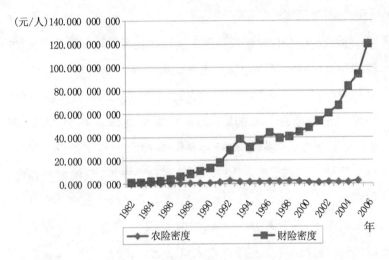

图 4 - 3   1982—2006 年我国农业保险密度与财产保险密度对比

1992 年达到 1 元/人。但此后波动性很大,如我国农业保险密度在 1995 年为 0.583 2 元/人;1998 年为 0.871 2 元/人;2001 年又锐减到 0.418 5 元/人;2003 年为 0.560 6 元/人,而 2003 年财产保险的保险密度为 65.5 元/人。尽管 2004 年以来的形势略有改观,但绝对数依然很低(见图 4 - 3)。如此低的数字说明了我国农业保险渗透度不强,自我发展程度低。这主要是经济发展水平低,农业保险有效供给和需求严重不足,如何刺激和农业保险的供给和需求,如何促进农业保险的可持续发展是需要进一步研究的课题。

(三)减灾救灾度

我国农业灾害发生范围广,农业经济受自然灾害的影响大,农业受灾面积呈上升趋势,自然灾害的损失逐年递增。另外,我国农业目前尚处在自然经济向商品经济转化的低水平发展阶段,抵御自然灾害的能力比较差,而财政对农业基础建设的投入又不足,灾害补偿基金不足,从而造成农业受灾面积逐年上升的趋势。2008 年年初发生在南方的百年难遇的雪灾对农业的影响颇深。截至 2008 年 3 月 1 日,保险业共接到雨雪灾害保险报案 101.1 万件,已付赔款 19.74 亿元,而其中农业保险赔付只有 6 629.6 万元,这进一步凸显了我国农业保险的减灾救灾度的极度低下。

4.2 我国农业保险发展影响因素的实证分析

如上所述,当前我国农业保险发展存在问题,无法有效发挥农业保险应有的社会管理功能,不能切实防范农业风险对农民、农业、农村生产带来的损失,这无疑会对我国农业和农村经济的良性发展产生危害,影响当前建设社会主义新农村的深度和效度;而农民、农业和农村经济得不到健康持续发展,反过来又会削弱农业保险赖以生存的经济基础,并由此可能导致二者之间的恶性循环。本书尝试运用现代计量经济学方法及其分析软件(Eviews),对建设社会主义新农村背景下我国农业保险发展对农村经济发展影响因素进行实证分析,以正确判断农业和农村经济与农业保险之间的关系。

4.2.1 我国农业保险发展效应的实证方法

（一）变量选择与数据来源[①]

本书旨在反映我国农业保险发展对农业、农村经济发展的真实影响，相应地，所涉及的变量也应当包含农业保险与农村经济两个方面。对于农村经济发展水平的衡量，结合我国农村经济的实际情况，本书选择第一产业增加值和农村居民人均纯收入这两个指标予以反映。图4-4显示了1980—2006年我国第一产业增加值和农村居民人均纯收入这两个变量的发展趋势。从中可以看出，1980—2006年间我国无论是第一产业值及其增加值，还是农村居民人均纯收入都获得了长足的发展；尤其是1992—1997年间，农业、农村经济的发展保持了较高的水平；1997年以后，农业经济发展速度开始减缓，农村居民人均纯收入的增长也处于较低的水平，2005年度曾有较大幅度提升，但2006年又出现明显回落（见图4-4）。总体看来，农村居民人均纯收入的增长是不容乐观的。

农业保险发展水平的衡量，由于无法获得1980—2004年间连续的灾害损失数据，结合我国农业保险和农业风险的实际情况和国内相关研究的普遍做法，本书选择农业自然灾害受灾比率（等于农业自然灾害受灾面积除以农作物总播种面积）、单位

---

① 数据说明：本书中所有变量的实际数据均源于《中国统计年鉴》（1981—2007年）、《中国金融年鉴》（1986—2007年）、《中国保险年鉴》（1998—2007年）、《中国农业年鉴》（2002—2008年）、《奋进的四十年1949—1989》（中国统计出版社1989年版）、《新中国五十年统计资料汇编》（中国统计出版社1999年版）。

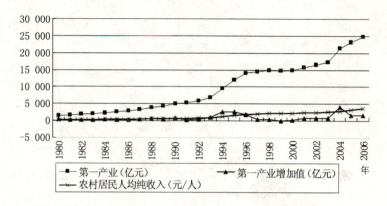

图 4-4 1980—2006 年我国农村经济的发展趋势

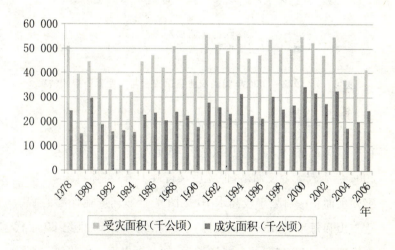

图 4-5 1978—2006 年我国农业自然灾害受灾面积和成灾面积对比

受灾面积农业保险赔款支出额、农业保险深度这三个指标予以反映。图 4-5 和图 4-6 分别显示了 1978—2006 年我国农业自然灾害受灾面积、成灾面积、农业保险赔款支出额等变量的情

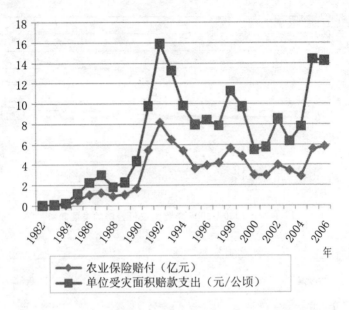

图 4 - 6　1982—2006 年我国农业自然灾害与农业保险赔款情况

况。从中可以看出,1978—2006 年间我国农业自然灾害发生面积一直居高不下,成灾面积近年来更是呈现上扬势头,尽管 2004 年有较大幅度回落,但随后又持续上升,整体看来,自然灾害发生面积一直处于较高水平(见图 4 - 5);而农业保险的赔款总支出和每单位成灾面积实际支出,在经历了 20 世纪 80 年代中后期到 1992 年间的高速增长后,却一直出现下滑趋势。直至 2004 年,随着我国农业保险试点的大范围推进,这种下滑趋势有所回落,且有较大幅度的增长,2007 年由于社会各界的高度重视,能繁母猪保险和生猪保险得到空前发展,农业保险保费收入获得较快增长,引致农业保险赔款支出的大幅攀升,农业保的社会管理功能得到进一步展现。但就整体来看,由于农业保险的保障范围受到很大限制,依然无法实现农业遭受自然灾害的高成灾率所要求的保障,这正是今后所要努力推进的农业保险战略(见图4-6)。

(二)实证方法与分析程序

在现代经济分析中所用的三大类重要数据中,时间序列数据是其中最常见,也是最重要的一类数据。时间序列数据分析是实证经济变量间相互关系的重要方法。时间序列数据分析是通过建立以因果关系为基础的结构模型进行的。但无论是单方程模型,还是联立方程模型,这种分析背后均隐含一个基本假设,即时间序列数据是平稳的(stationary)。否则,通常的 t、F 等假设检验结果则不可信。涉及时间序列数据的另一个问题是虚假回归(spurious regression),即如果有两列时间序列数据表现出一致的变化趋势(非平稳的),即使它们没有任何有意义的关系,但回归的结果也可能表现出较高的可决系数。在我国农村现实经济生活中,实际经济活动的时间序列数据往往是非平稳的,而且涉及农业保险的主要经济变量,如农业产出、农业保险赔款支出往往表现为一致性的上升或下降。这样,如不对数据进行平稳性检验和处理,在表面上似乎可以进行因果分析和检验,但实际上结果可能是虚假的,不会得到有意义的分析结果。因此,本书将利用揭示时间序列自身的变化规律为主线的时间序列模型,包括单位根检验、协整检验以及误差修正模型等方法,考察建设社会主义新农村背景下我国农业保险发展对农业、农村经济发展的真实影响。同时,为了避免模型出现虚假回归,本书首先采用迪基和富勒(Dickey and Fuller,1981)提出的考虑残差项序列相关的 ADF(Augment Dickey-Fuller)单位根检验法,检验变量的平稳性,对于非平稳性的变量进行处理,使之成为平稳时间序列。如果变量是单整的,那么本书将对相关变量进行协整检验(Cointegration Test)以确定农业保险对农业和农村经济发展的长期影响。本书将采用约翰森(Johansen)提出的协整检验(JJ 检验)方法来检验变量之间的协整关系。

4.2.2 我国农业保险发展影响因素的实证检验

(一)单位根检验

为了考查农业保险发展的实际经济效应,本书主要应用 Eviews 软件,对各变量进行单位根检验,以确定变量的平稳性。首先对第一产业增加值和农村居民人均纯收入取对数,分别用 $RGDP$、FR 表示。对于衡量农业风险水平、农业保险发展水平的农业自然灾害受灾比率、单位成灾面积农业保险赔款支出额和农业保险深度分别用 ZH、PK 和 SD 表示。通过检验发现 $RGDP$、FR、ZH、PK 和 SD 均为非平稳变数。我们对于非平稳变量的处理采用差分法,结果见表 4-1。其中 $\Delta RGDP$、ΔFR、ΔZH、ΔPK 和 ΔSD 分别表示对相关变量取一阶差分值。从表 4-1 可以看出,经过处理后所有数据序列在 10% 显著水平下都是平稳的,同时也都是一阶单整的。

表 4 - 1 单位根检验

变量	ADF 检验	检验类型	滞后阶数	显著水平(临界值)
$RGDP$	− 2.556 149	含线性趋势项和常数项	2	10%(− 3.241 8)
$\Delta RGDP$	− 2.740 166*	含常数项	2	10%(− 2.638 1)
FR	− 3.122 372	含常数项	1	10%(− 3.236 7)
ΔFR	− 3.290 508**	含常数项	2	5%(− 2.996 9)
ZH	− 2.254 855	含线性趋势项和常数项	1	10%(− 3.236 7)
ΔZH	− 5.643 966***	含线性趋势项和常数项	1	1%(− 4.394 2)
PK	− 2.417 946	含线性趋势项和常数项	1	10%(− 3.236 7)
ΔPK	− 4.176 856***	含常数项	1	1%(− 3.734 3)
SD	− 2.315 216	含常数项	1	10%(− 2.631 8)
ΔSD	− 4.429 154***	含线性趋势项和常数项	1	1%(− 4.394 2)

注：***（**，*）表示在 1%(5%,10%)的显著水平上拒绝有单位根的原假设。

(二)协整检验

由于上述变量都是单整的,因此,我们可以利用约翰森检验判断它们之间是否存在协整关系,并进一步确定相关变量之间的符号关系。而约翰森协整检验是一种基于向量自回归模型的检验方法,在检验之前,必须首先确定 VAR 模型的结构。根据 SC 准则可以分别确定 $RGDP$ 与 ZH 和 PK 的 VAR 模型的最优滞后期数为 1；FR 与 ZH 和 PK 的 VAR 模型的最优滞后期数为 1；$RGDP$ 与 ZH 和 SD 的 VAR 模型的最优滞后期数为 1；FR 与 ZH 和 SD 的 VAR 模型的最优滞后期数为 1；ZH 和 SD 的 VAR 模型的最优滞后期数为 2。同时,我们利用 Q 统计量检验、怀特检验和 JB 检验进一步检验这些 VAR 模型,发现其拟合优度很好,残差序列具有平稳性,的确是最优模型。在此基础上,我们可以得到协整检验的具体结果。协整检验表明在

1978—2006 年的样本区间内,*RGDP* 与 *PK* 和 *ZH*,*RGDP* 与
ZH 和 *SD* 这些变量之间不存在协整关系,单位成灾面积农业保
险赔款支出额和农业保险深度对农业 GDP 的影响并不显著;
ZH 和 *SD* 之间也不存在协整关系,1978—2006 年农业保险深
度的变化对农业自然灾害受灾比率都没有显著的影响。这一结
果充分表明农业保险发展促进农业发展和管理农业风险的功能
在我国 1978—2006 年间并没有得到有效的发挥。同样,*FR* 与
ZH 和 *SD*,之间也不存在协整关系,但 *FR* 与 *PK* 和 *ZH* 这三个
变量之间却存在协整关系(见表 4 - 2)。

表 4 - 2 1982—2006 年农民人均纯收入、保费收入和
保费支出的协整检验结果

零假设:协整向量的数目	特征值	迹统计量	临界值	
			5%显著水平	p 值
0**	0.770 1	50.168 9	29.797 1	0.000 1
至多 1 个	0.456 4	16.359 2	15.494 7	0.037 0
至多 2 个	0.096 7	2.338 8	3.841 5	0.126 2

注:＊＊表示在 1%显著水平拒绝零假设。

由表 4 - 2 可知,协整检验表明在 1982—2006 年的样本区
间内,农民人均纯收入、保费收入和保费支出这三个变量之间存
在协整关系,并且存在两个协整关系。由于变量间存在协整关
系,我们进一步建立误差修正模型反映变量间的短期动态关系。
由于根据单位根检验,农民人均纯收入、保费收入和保费支出都
是 I(1)过程,因此可以表示为:

$$(1-L)Y_t = \Psi(L)\varepsilon_t$$

$$E(\varepsilon_t) = 0$$

$$E(\varepsilon_t\varepsilon_{t-s}) = \begin{cases} \Omega_{n\times n} & \text{if } t = s \\ 0 & \text{if } t \neq s \end{cases}$$

其中，Y 为农民人均纯收入、保费收入和保费支出的向量。利用约翰森检验，三者之间最多存在两个协整关系，据此建立的误差修正模型为：

$$\Delta Y_t = \sum_{j=1}^{p-1} \Gamma_j P_{t-j} + \gamma(\beta' Y_{t-1} - z) + \varepsilon_t$$

$$\gamma\beta' = -\Phi(1) = -(I_n - \Phi_1 - \Phi_2 - \cdots - \Phi_p)$$

$$\Gamma_s = -\sum_{s=1}^{p-1} \Phi_{s+1}$$

$$z = E(\beta' P_{t-1})$$

经检验，误差修正模型中的截距项并不显著，误差修正模型参数估计见表 4 - 3：

表 4 - 3　1978—2006 年农村居民收入与农业保险保费收入和赔款支出的 VECM 模型

	CointEq1	CointEq2	D(ZC(-1))	D(ZC(-2))	D(BF(-1))	D(BF(-2))	D(RF(-1))	D(RF(-2))
D(RF)	-0.045 96	-0.038 594	-0.033 213	-0.018 362	0.026 597	0.016 858	0.152 966	-0.037 62
	[-4.456 55]	[-4.404 10]	[-2.728 01]	[-3.694 41]	[2.454 46]	[2.010 58]	[-3.213 34]	[-0.213 34]
D(ZC)	-0.816 601	-0.502 887	1.558 642	-0.556 648	-0.983 999	0.363 397	15.544 92	-7.529 867
	[-2.860 13]	[-1.623 37]	[1.390 66]	[-0.557 97]	[-0.986 38]	[2.470 78]	[2.670 30]	[-0.463 86]
D(BF)	-0.103 163	-0.011 718	1.489 684	-1.154 267	-0.916 881	0.528 154	12.841 99	-7.936 453
	[-1.104 66]	[-2.013 99]	[1.280 13]	[-1.114 36]	[-0.885 22]	[1.659 00]	[0.533 33]	[-0.47088]
误差修正项								
	ZC(-1)	BF(-1)	RF(-1)		ZC(-1)	BF(-1)	RF(-1)	
CointEq1	1	0	-1.745 3	CointEq2	0	1	-2.373 963	
			[-3.037 20]				[-3.566 95]	

从误差修正系数来看,两个误差修正项的系数均统计显著,印证了约翰森检验的结论。根据模型估计结果,农民人均纯收入、保费收入和保费支出之间存在显著的误差修正机制。这种机制可以从 VECM 模型中误差修正系数显著为负特征得以体现。为了更清晰地说明农民人均纯收入、农业保险保费收入和赔款支出之间的相互影响,我们绘制了三变量之间的脉冲相应图像如图 4 - 7 所示。

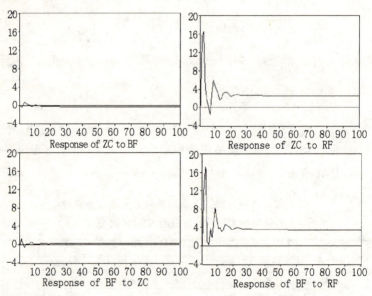

图 4 - 7　1978—2006 年农村居民纯收入、保费收入和赔款支出之间的脉冲相应图像

从脉冲相应图像上看,随着农村居民人均纯收入的增加,农业保险保费收入和赔款支出都在增加。同时,农业保险保费收入和赔款支出具有一致的变化趋势。农业保险保费收入增加会引起保费支出的增长,反之亦然。

4.3　本章小结

在上一章对我国农业保险制度变迁分析的基础上,本章进一步对当前我国农业保险发展的现状进行了深入分析,并对我国农业保险发展进行绩效评价,以期对我国农业保险发展滞后的深层根源有一个清晰的认识。同时,本章运用现代计量经济学方法对我国农业保险复业以来的发展状况进行实证和判断,并以四川省成都市、重庆市、云南省相关地市等地农业保险发展的实地调研为例进行了经验研究,[①]揭示我国农业保险当前发展存在的问题及负面影响,并从一般到特殊对我国农业保险发展滞后的根源进行了分析。

---

① 参见拙著:《中国农业保险发展机制研究:经验借鉴与框架设计》,中国金融出版社 2009 年版,第 147—202 页。

第5章 我国农业保险运行机理与机制设计

目前我国农业保险由于多方面的原因,其发展依然缺乏有效的路径选择,保险业界和学界尚没有认清农业保险自身的运行机理,农业保险机制问题仍停留于较浅层次的模式探讨,这在很大程度上制约了我国农业保险的持续、深入发展。我们一直强调,农业保险的健康持续发展必须构建适合我国国情的农业保险运行机制,而机制设计的关键在于把握其运行机理。现实中的农业保险运行机理与机制设计问题成为解决当前我国农业保险发展"瓶颈"的重要课题。承前述,现有文献对农业保险机制问题的研究不多,且大多泛泛而谈,而对农业保险运行机理的研究尚属空白。基于经济机制设计理论探讨农业保险运行机理及其机制设计应是研究农业保险的一个重要视角,这也是本书研究的根本落脚点。而构建农业保险运行机制的理论框架成为首先要解决的课题。

5.1 我国农业保险的运行机理

所谓机理,意指有机体的构造、功能和相互关系或某些自然现象的物理、化学规律。我们认为,经济学中的机理是指经济体自身内在的一套运作理论,[①]它研究的是经济制度为什么运行以及如何运行的基本原理。故而,我们通常说经济运行机理。概括而言,运行机理是机制设计的基础,机制设计则是运行机理的具体运作。二者互为补充,相辅相成。顺延之,农业保险发展机制是农业保险运行的制度保障,而农业保险的运行机理是指导农业保险机制运行的根本方向。农业保险发展的运行机理是指导农业保险运行的基本规律和基本理论,是农业保险发展的机制设计的内在基础。

5.1.1　农业保险运行机理内涵的简要概括

农业保险运行遵循的是农业保险准公共物品属性的运行原则,这是由农业保险的根本属性所决定的。我们从准公共物品的含义[②]中可以看出,准公共物品是在一定的经济基础上运行的,农业保险正是作为准公共物品的一种表现形式而能够确保农村保障体系的良好、有序运行。农业保险是从制度上对农村经济有序运行的保障,而制度对于社会经济形态的有序运行是

---

① 《现代汉语词典》与《汉语大词典》中均如此表述。

② 布坎南(Buchanan,1965)指出,现实世界中大量存在的是介于公共品和私人物品之间的一种物品,称做准公共品(即俱乐部物品)。后人根据无排他性和竞争性,将公共物品分为纯公共物品、具有排他性和竞争性的公共资源以及具有排他性和非竞争性的准公共物品,而后两类可以统称为混合公共物品。其中,准公共物品可进行如下分类:一是有正的外部效应的私人物品,从有效率的供给角度来说,需对这种物品给予补贴,补贴可源于收费也可源于税收;另一类则是具有消费的非竞争性与受益可排他性的公共物品,从有效率的使用或需求的角度来说,需对其进行收费。

不可或缺的;同时,从准公共物品的角度,农业保险成为农村经济良好、有序运行的制度保障。改革开放以来人们的经济自由度不断增加,农业保险发展亦需多元化发展。基于农业保险的准公共物品属性,政府的再分配政策通过税收杠杆将高收入人群的一部分收入转移到低收入人群,以避免因分配差距过大而造成社会动荡,同时亦可使全社会的经济福利得到改进,全体消费者最终受益。农业保险应当在保障农村经济正常运行、明确经济权属的同时,运用税收等经济调控手段合理分配社会资源,通过再分配政策、完善农村保障体系等方式,多角度、全方位地调节整个经济运行。

根据"政策超域效应原理"[①],农业保险制度是一项经济政策,除对(农村)经济领域的必然影响外,它还会对社会政治领域产生一定的影响。同时,根据农业保险的准公共物品属性,农业保险的受益者将会是最终消费者。因而,农业保险应是社会性的,必须引起社会各界(尤其是政府层面)足够的重视和支持。而农业保险机制运行必须以农业保险发展的运行机理为支撑,而其运行机理比一般意义上的商业保险更为复杂和具体。

笔者将我国农业保险运行机理简要概括为:根据大数法则,依据风险分摊的互助原理,在科学测算各种自然灾害或意外事故等农业可保风险[②]所造成的经济利益损失的基础上确定保险

---

① 该原理是指,政策行为除了对其所调控的利益关系领域产生效应外,还会对其他领域产生效应。

② 在欧美国家,自然灾害或意外事故等农业可保风险一般称之为农业特定风险因素(Idiosyncratic Risk Component,IRC)。

费率,由投保主体将未来不确定的经济损失转化为固定的、小额的保险支出支付给保险人,同时政府机构给予一定的政策支持和财政补贴,由保险人代表全社会农业通过逐年积累建立起来的雄厚的农业保险基金,承担对被保险人特定经济损失进行补偿的职能。其实质是一种互助合作的经济补偿制度,将本由农业生产者和经营者独自承担的全部损失后果,分散给各个投保农户分担,从而提高单个农户抵御农业风险的能力。在农业保险基金建立的基础上,进而将农业特定风险因素通过一定手段分散到金融市场。随着研究的推进,农业保险运行机理的探索尚需进一步完善。

5.1.2 我国农业保险运行机理的框架构建

一般地,科学合理的自然灾害补偿机制[①]至少应该实现三个目标:其一是激励目标。即能够有效调动各受灾单位和风险管理主体进行风险预防和损失控制的积极性,减少灾害发生率,把损失程度与范围控制在一个最低水平。其二是效率目标。具体包括:资源的动员和筹集效率,即灾害事件发生后,动员和筹集社会资源的规模与速度;管理效率,即衡量各种灾害风险管理机构的管理效能,一般用机构的管理成本和交易成本来衡量;补偿效率,即单位资金的补偿效果。其三是公平目标。指在不降低灾害补偿的激励目标和效率目标的前提下,应该更多关注因

---

① 农业特定风险因素一般还包括一定的意外事故,但 IRC 与一般的商业保险风险没有太大差异。故而,我们这里仅论述自然灾害补偿机制。

为自然灾害所产生的弱势群体的补偿。具体到以自然灾害为主要可保风险的农业保险制度,就需要着手解决激励、效率与公平这三个基本目标。

在我国,农业保险的"三高三低"特性(高风险、高成本、高赔付和低保额、低收费、低保障)使得现有农业保险制度的经营形成一个恶性循环:政府没有对农业保险进行充分的支持(补贴或政策优惠等),农业保险只能以收取较低的保费勉强度日;低收费使得(商业)保险公司发生亏损,保险公司越是亏损就越不愿意大范围开展农业保险,反而会提高费率以规避亏损;而费率提高后,农民又无力投保,导致大灾之年遭受的损失就越大,最终更没有能力去投保,同时政府也必须加大对受灾地区的救灾救济等福利措施。而现代农业风险的多元化更是加剧了这种恶性循环的持续,更是使得我国低水平的农业保险的发展近年来呈现加速萎缩的发展趋势,农业保险发展前景堪忧。当前学界对农业保险的研究绝大部分都局限于农业保险模式的研究,鲜有学者基于农业保险准公共物品属性分析和研究农业保险运行机理。我们认为,研究农业保险运行机理必须对农业保险市场进行内外结合的分析,将其与当前金融市场的发展有机结合起来。

首先,必须将农业保险的三方行为主体——政府、保险公司、投保农户的行为全部纳入其中,找出其中的内在联系,进行更为系统的研究和阐述。政府必须从大局着眼,从维护全社会的整体利益出发,进一步加大对农业保险的支持力度。前期研究结果也表明(庹国柱等,2002;龙文军,2004;黄英君,2005),农业保险发展的运行机理必须充分考虑政府、保险公司、农户三方主体的协作,在农业保险市场内部构建三方互动行为机制。从农业保险供求主体的两个层面——需求(农户)和供给(政府、保险公司)进行分析研究亦可得出相应的研究结论:我国农业保险制度的构建必须以政府、保险公司、农户三方行为主体为基础,三者缺一不可,并要切实考虑其各自内在的作用机理,发挥其应有的作用。国际经验以及我国农业保险发展的实际也表明,仅有政府和农户(政府包办型),或保险公司和农户(商业化运作型)隔离的两方的参与,农业保险是缺乏可持续性,或者说是不见成效的,最终的发展结果必然走向三方行为主体的共融型。

在全球经济一体化和金融混业经营的背景下,农业保险市场独立于金融市场之外是不现实的。由于农业保险自身的特殊性,农业保险基金应该通过一定的资金运用方式将农业特定风险因素分散到金融市场。尤其是在当前形势下,农业系统性风险日益严峻,必须在更大的风险范围内予以分散,即所谓的多重系统性风险分散(Transferring the Multidimensional Systemic Risk Component,简称 TMSR)。同时,充分利用合适的金融衍生工具,实施投资组合策略(Replicating Portfolio Strategy,简称 RPS),将农业保险经营技术的创新和新型产品的设计与开发作为农业保险发展的突破口。充分运用风险管理模型、资产证券化理论,将农业保险的发展与资本市场结合,进行开拓性的研究,在更大层面内进行多重系统性风险分散。

综上所述,基于农业保险的准公共物品属性,我们可以对我国农业保险运行机理进行框架构建,该框架概括显示了我国农业保险运行机理的发展思路(见图 5-1)。

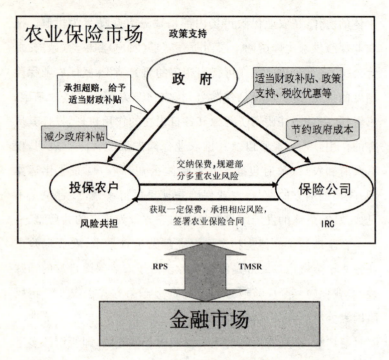

图 5 - 1　基于准公共物品属性的我国农业保险运行机理

5.2　我国农业保险发展机制的框架设计

　　农业保险发展机制是一个可操作性极强的运行机理的实际运作,内涵较为丰富,论述的是适合一国农业保险发展的运行模式。笔者认为,农业保险设计理论所研究的问题是,对于任意给定的政策性农业保险目标,在自由选择、自愿交换的分散化决策条件下,能否并且怎样设计一个经济机制,使得农业保险三方行为主体活动参与者的个人或群体利益和设计者既定的目标一致。它要解决的一个关键问题是,如何调动政府、保险公司、投保农户等行为主体积极性,即如何通过某种制度或规则的安排来诱导各个行为主体参与其中,激励机制能够把人们的自利和互利有机地结合起来。概括而言,农业保险发展机制是影响农业保险要素和农业保险运行的系列制度、措施和办法的总称,是决定农业保险能否成功运行的关键。本书的研究目前主要是基于经济机制设计理论的农业保险微观机制研究。

5.2.1　经济机制设计的内涵:农业保险机制设计的基础

经济机制设计理论是本书研究的理论基础之一。因此,进行农业保险机制设计的相关研究应该对经济机制设计的内涵有着较为清晰的把握,对经济机制设计内涵的概括是必要的,也是必需的。

"机制"一词源于希腊文 mechane,英文则为 mechanism,其本身是一个自然科学术语,基本含义是指机器的构造和工作原理,本意是指机器运转过程中的各个零部件之间的相互联系、互为因果的连接关系及运转方式,其延伸意义则是指人们为了达到某种目的而制造的工具和采取的手段的总称。以后逐渐被许多学科通过类比所借用,其含义引申为事物的内在结构及其相互关系。它是一种办法,途径,用来制造某事物的工具或者事物产生的物理过程或精神过程。如在生物学和医学中研究一种生物的机制,就是要分析这种生物机体的内在运行方式、变化及各个组织或器官的相互关系。阐明一种生物功能的机制,意味着对它的认识从现象的描述深入到本质的说明(孙蓉,2005)。

　　自 20 世纪 80 年代以来,我国社会科学领域开始广泛使用
"机制"一词,其含义被界定为系统内部各要素的相互作用。基
于对"机制"一词的这种理解,笔者认为,机制应该是外在的东
西,是外在的一套运作模式,它研究的应当是在运行机理的作用
下怎样运行。法学上通常所说的法律机制(legal mechanism)
主要是指法律的运行机制,而其运行机制则包括法律规范的制
定过程、法律规范的实现过程以及法律的救济和监督过程。在
经济学中也经常使用"机制"一词,通常所说的经济机制(eco-
nomic mechanism),主要是指在社会经济过程中由经济结构内
部的各个经济要素形成的相互作用及相互关系的链条,包括调
节机制和维系机制等。

　　经济机制设计理论的基本框架是由美国经济学家利奥·赫
维奇最先严格给出的。[①] 概括来说,经济机制设计理论是研究
在自由选择、自愿交换、信息不完全及决策分散化的条件下,能
否设计一套机制(规则或制度)来达到既定目标的理论(田国强,
2000);并且能够比较和判断一个机制的优劣性,世界上有许多
(包括理论上)各式各样的经济制度,如市场经济机制、计划经济
机制、公有制、私有制、集体合作制、混合所有制、边际成本定价
机制等。

　　周赛阳等(1998)在田国强(1995)等人的研究基础上认为,
经济机制设计理论能否并且怎样设计一个经济机制,使得经济

　　① 三位经济机制设计理论研究集大成者获得了 2007 年度诺贝尔经济学奖,
反映了该理论体系的学术魅力和应用基础,同时也为本书的研究奠定了理论基础。

活动参与者的个人利益和设计者既定的目标一致。一般来说，涉及两个方面的问题：一是信息成本问题；另一个是机制的激励问题。张东辉（2003）在这两个方面进一步扩展：有效地利用信息，包括两个层次的内容：诱使当事经济主体显示他们的真实信息；节约信息成本。对有效地配置经济资源这一项具体的经济目标，信息越多，收集到的信息越真实，一般说来，资源配置的效率也就越高。机制设计理论应该研究机制承担者的行为原则。如果经济主体是自利的，其个人行为准则是受理性支配的；如果机制设计者是无私心的社会管理者，其目标是诸如实现资源的帕累托配置等，也就是社会理性的，此时的激励相容问题就是一个个人理性和社会理性是否相符合的问题。

一个经济机制要解决的一个关键问题，是如何调动人们积极性的问题，即如何通过某种制度或规则的安排来诱导人们努力工作，激励机制能够把人们的自利和互利有机地结合起来。田国强（1995）认为，我国处理激励问题取得成功的一个很好的例子，就是农村的生产责任制，或包田到户。这项制度调动了农民的积极性，使得农民的个人利益与社会目标一致。顾颖（1999）认为激励问题是市场经济发展中的核心问题。一个良好的激励效果的获取，从而导致经济绩效的高涨，是与激励制度的结构完善与功能发挥分不开的。设计构建市场经济中的激励制度，科学的行为假定应是经济活动主体在有限的理性中，追求自身效用最大化。在这一假定下，完整的激励制度应由三个部分组成，即能够在较大程度上将外部性内在化的产权结构；优化资源配置与激发要素效率的市场机制，弱化"搭便车"和偷懒行为的意识形态。信息成本问题是建立在信用关系运行机制之上，林江鹏(2006)对信用关系运行机制的分析，其内容包括：动力机制、约束机制、实际作为机制、惩罚机制。为了维护诚实守信者的利益，在必要时对诚实守信者进行物质性奖励。

5.2.2　我国农业保险发展机制的主体构建及其框架设计

农业保险市场之所以未能有效运行，主要原因在于缺乏科学的农业保险机制，而农业保险发展的机制设计又是十分困难和缓慢的系统工程。从农业保险实践的角度，农业保险机制一般应包括农业保险的运行机制、激励机制、约束机制和风险分摊机制等内容(谢家智等，2006)。本章以经济机制设计理论为基础，以灾害经济学原理、公共选择制度理论和新制度经济学等为指导，对农业保险机制运行进行理论分析，研究适合我国国情的农业保险机制框架设计。

经济机制设计主要包括两部分内容：信息成本问题和机制的激励问题，农业保险发展的机制设计同样需要慎重考虑这两方面的问题，并对成本进行有效规避和采取相应的激励措施。而农业保险机制设计有其自身的特点。

首先是其农业风险保障机制，即风险管理机制。市场经济条件下，建立农业风险管理机制对于促进农业可持续发展至关重要。农业风险管理机制的核心是构建适宜的农业保险制度，我国农业保险制度的构建既要立足于市场经济体制的基本要求，又要立足于我国国情和生产力发展的现实水平。农业保险的风险管理机制就成为农业保险机制设计的根本出发点和最终落脚点。本书第 2 章重点阐述了农业风险管理机制及其与农业保险的辩证关系。

其次,农业保险的市场运行机制是指由农业保险需求主导或支配农业保险运行机制,焦点集中在政府和市场问题。大量的理论研究和发展实践表明,由于农业及其风险的特殊性和农业保险的复杂性,使农业保险市场运行机制成为一个十分复杂并且广受争议的问题。政府或市场在农业保险运行中的主体地位,以及二者结合方式的差异,都直接影响农业保险运行,是长期制约农业保险发展的关键问题,理应作为我国农业保险发展机制设计的核心内容。

再次,农业保险机制必须对日益严重的市场失灵进行规避,政府应该发挥主导作用,政府诱导机制成为当前规避政府和市场"双重失灵"的有效选择。从我国近三十年来农业保险实践的曲折发展历程,以及国外实践来看,农业保险完全由私人供给有其致命的缺陷,即供求的非均衡性,鲜有成功范例,几乎无一例外的失败,或者缺乏可持续性,难以获得根本上的成功(冯文丽,2004;Vandeveer,2001)。事实上,只有辅之以必要的政府支持下的供给,才能实现我国农业保险供求的良性互动发展,关键问题在于政府以何种形式发挥作用。在市场失灵的前提下,政府调节显得很有限,甚至导致政府失灵。而规避双重失灵的有效手段必须考虑政府和市场共同作用的发挥,政府对市场进行利益诱导,包括对农户和保险公司的双重诱导,政府和市场重新进行角色定位,在此基础上政府对政府诱导机制进行全面可行的科学设计。

其四,经济机制设计的核心在于激励约束问题的有效解决,农业保险激励约束机制设计成为必要。农业保险发展中不容忽视而又往往被忽视的原因是在抓农业保险时对农业保险机制的激励问题重视不够(周赛阳等,1998)。农业保险发展最难解决的问题是供给不足,需求有限,农业保险发展缺乏足够的动力,因此,推动农业保险的发展必须十分重视激励机制的建设问题。另一方面,保险业的稳健运行有赖于建立科学的约束机制。诚然,农业保险本身的特殊性在于其在道德风险和逆向选择的倾向更甚于一般意义上的商业保险。国内外农业保险发展实践也表明,农业保险很容易导致政府和市场的双重失灵现象,政府未必可以很好地解决市场失灵问题,最终产生政府失灵问题。而双重失灵的关键即在于农业保险自身严重的信息不对称现象,农业保险激励约束机制设计无疑为解决市场失灵提供方法和路径。同时,农业保险作为一项特殊的保险业务,更有必要健全经营行为和风险管理全过程的约束机制,特别是当前我国农业保险的市场主体尚在发育的初期,农业保险市场机制很不健全,政府机制也难以有效发挥作用,以及由此引致的双重失灵,使得农业保险约束机制的构建显得十分重要。

第五,农业再保险机制应成为纠正我国农业保险市场失灵的重要制度安排。农业再保险的基本职能是分散农业保险人承担的风险责任。当农业保险人承担的风险过大,威胁到保险人自身的经营稳定时,农业保险人可以利用农业再保险机制,将风险在多个农业保险人之间分散、转移。在我国,农业再保险机构需要由中央政府出资建立,并按照经济区域设立分支机构。再保险公司的资金来源有四:一是财政出资形成资本金;二是农业保险人缴纳的保费收入;三是农业巨灾风险基金;四是财政对其亏损进行补贴。再保险公司既可以对关系国计民生的农业种养殖业原保险和巨灾风险的农业原保险提供再保险,也可以对市场主导的农业商业保险提供再保险业务。农业再保险总公司负责拟定基本保险条款,领导各分支机构的业务,不以营利为目的,结转盈余不上交。其业务费用和经营亏损完全由中央财政来承担,对其免征一切税赋。同时,国家应以法律的形式规定,所有经营农业保险的保险公司及其分支机构必须向农业再保险公司分保。

综上所述,我们认为,我国农业保险运行机制主要包括:农业保险发展的风险管理机制、市场运行机制、政府诱导机制、激励约束机制和再保险机制等诸方面的设计(见图 5-2),但各个机制的内容仍需详加研究,同时要注重各个机制之间的逻辑联系,以及区域性特色的分析。总体而言,笔者在本书对农业保险机制设计的研究中,坚持以风险管理机制、市场运行机制、政府诱导机制、激励约束机制和再保险机制作为平行结构,并以此为基础,以政府诱导机制为主导,在农业保险机制设计的过程中应突出体现政府诱导机制的主导作用,从而实现机制设计平行结构下的递进性的逻辑关系,且农业保险机制设计的检验标准尚有待提炼,这需要根据农业保险试点的经验总结作出论证。这也将是今后开展农业保险机制设计研究的一个核心内容,农业保险区域战略将得到淋漓尽致的体现。关于农业保险各个机制的具体内涵,我们将在以下各章分而述之。

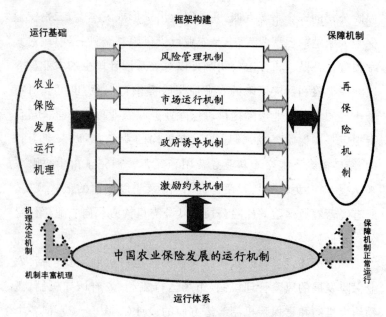

图 5 - 2　我国农业保险发展机制的框架设计

5.3　本章小结

本章勾勒了我国农业保险发展运行机理与机制设计的理论框架,主要为构建我国现实背景下的农业保险发展机制提供理论支持和政策导向。基于农业保险运行机理,指出农业保险市场必然走向政府、农户和保险公司三方行为主体互动的共融型,同时必须将农业保险市场与金融市场相融合。基于农业保险运行机理,本章以经济机制设计理论为依托,探讨了农业保险发展的机制设计,认为该框架应涵盖风险管理机制①、市场运行机制、政府诱导机制、激励约束机制和再保险机制等,且以政府诱导机制为主导。

---

① 我国农业保险发展的风险管理机制的相关内容可参见拙著《中国农业保险发展机制研究:经验借鉴与框架设计》。

第6章 我国农业保险发展的市场运行机制设计

大量的理论研究以及国内外农业保险发展实践表明,由于农业及其风险的复杂性和农业保险自身的特殊性,农业保险市场运行机制成为一个十分复杂且广受争议的重要问题。农业保险的运行机制是指由农业保险需求主导或支配农业保险运行机制,焦点集中在政府和市场问题。本章从市场运行的角度,对农业保险发展的市场运行机制进行系统研究,在市场经济条件下,探索构建现实背景下我国农业保险发展的市场运行机制。

6.1 我国农业保险市场运行机制的可能性及其障碍

市场运行机制是市场诸因素(如供求、竞争和价格等)之间互为联系、互为制约的关系及其产生的作用。市场运行机制是一个系统,是许多机制结合的总体。一般而言,市场运行机制包括内在机制和外在机制。内在机制是国家经济政策干预前自发存在于经济系统之中的运行机制;外在机制,是指国家干预后的运行机制。前者集中反映了自由资本主义时期的经济现实,后者集中表现了国家垄断资本主义时期的经济现状。正如前文所说，农业保险运行机制的焦点集中在政府和市场问题，农业保险的市场运行机制则应重点考察市场在该机制中的核心作用及其约束效应，考察农业保险市场中的参与主体及其相关各方的职能和产生的效果。政府或市场在农业保险运行中的主体地位，以及二者结合的方式差异，都直接影响农业保险的运行方式。

概括而言，农业保险的市场运行机制是指农业保险主体以市场为依托，不接受政府的资助和补贴，实现自我发展的商业化运行机制。农业保险市场运行机制究竟能否发挥市场机制应有的作用，就必须分析市场运行机制的可能性，规避障碍，发展和完善我国农业保险市场运行机制。

6.1.1　农业保险市场运行机制的可能性

市场机制有良好的激励和约束功能，相对于政府机制，具有十分明显的效率优势。也正因如此，绝大多数社会产品的供给（包括部分公共产品和准公共产品）都是通过市场机制来提供。近年来，公共产品的私人供给问题已成为理论研究和实践探索的热点问题。相对于其他保险产品，农业保险具有较强的特殊性，属于准公共物品。正因为这一特性，有学者更进一步将农业保险界定为公共物品，进而否认农业保险市场机制运行的可能性。

从我国农业保险发展实践来看，过去近三十年来我国农业保险发展并没有得到政府大量的直接支持，也没有采用政策性的农业保险发展模式。虽然一直以来，农业保险发展缓慢，起伏很大,发展水平低下,但是,在一些地区(如新疆、上海、云南等地)也取得了一定的发展成效。同时也应看到,(准)公共物品通过市场机制供给的必要性在于实践中的政府失灵。传统的福利经济学理论通常把政府机制作为一种外生变量,认为不存在交易成本问题。而实际上政府机制同市场机制一样,同样是内生变量,其自身的运行同样存在交易成本问题。当然,由于政府缺乏明确的绩效评估,其成本和效率比市场机制更难测量。此外,政府机制运行中难免存在寻租现象。导致政府运行机制的交易成本更为昂贵,出现政府失灵。正是因为市场运行机制有着更为明显的成本约束和效率提高优势,农业保险机制设计应充分考虑市场运行机制的可能性,并积极创造条件,使之成为一种必需。

6.1.2 农业保险市场运行机制的障碍分析

虽然理论上农业保险市场运行机制具有明显优势和发展的可能性,但我们同时应看到,农业保险市场运行机制必须满足一系列条件,至少应包括健全的市场供给主体、良好的法律制度保障、理想的可保风险条件、充分的农业保险信息、有效的巨灾风险分摊机制等。承前述,农业保险发展已有一百多年的历史,但是从国内外农业保险发展实践来看,到目前为止,还没有一个国家的农业保险发展真正实现市场运行机制。即使世界上市场经济最发达的国家,也是靠政府直接或间接提供农业保险。我国长期以来由于对农业保险的政策性定位不够清晰,导致我国农业保险发展起伏较大,难以获得可持续发展。近年来,由于政府层面的高度关注和强力支持,农业保险获得了难得的发展机遇,同时也取得了长足发展。当然,农业风险的复杂性和农业保险的特殊性构成了农业保险市场化运行机制难以逾越的障碍。

（一）农业风险的多元化特性

庹国柱等（2003）认为,农业风险是一类具有独特个性的风险,有许多不同于其他财产风险和人身风险的地方,举办农业保险是为了给农业风险损失予以补偿。而经典保险理论要求承保风险必须是"独立的随机事件",就农业风险而言,由于地域的广延性和气象灾害的特点,农业风险单位在灾害事故及灾害损失中常常表现为高度的时间与空间的相关性。[①] 因此,农业风险具有高度相关性（谢家智等,2003）。正因为农业风险的高度相关性,即使是小型灾害,由于受损单位数量特别巨大,也极易引起巨灾损失。巨灾风险不符合传统的"理想可保风险"准则。例如一场洪灾,在较短的时间内,可能使跨越几个省市的风险单位同时遭受洪灾损失;一次旱灾,同样可以造成相当大的面积和范围的风险单位遭受损失。风险损失的高度相关性,导致损失率攀升,（商业性）保险公司难以通过集中大量风险单位来分摊损失。同时,农业面临的风险种类日趋繁多,且呈现多元化发展趋势,各种风险相互联系、相互影响。随着科学技术的发展,农业面临日趋多元化的风险,自然风险、经济风险、政策风险、制度风险、技术风险等各种风险无处不在,无时不有。因而,农业风险

---

① 关于农业风险的可保性,可参考拙著:《中国农业保险发展机制研究:经验借鉴与框架设计》,中国金融出版社 2009 年版,第 32—37 页。

具有多元化特性。农业风险的多元化特性使人们在从事农业生产经营过程中，无法把握与不能确定的事故的发生导致损失的不确定性，同时也使农业风险成为农业保险市场运行机制难以逾越的障碍。

（二）农业保险道德风险和逆向选择的严重性

诚然，农业保险自身的特殊性在于其在道德风险和逆向选择的倾向更甚于一般意义上的商业保险。保险利益是一种难以事先准确确定的预期利益。由于农业风险的多元化特性，农业保险标的大都是活的动植物，它们的生长、饲养都离不开人的行为的作用。① 由于现有的理赔条件所限，农户购买农业险后，潜意识应该获得相应回报，否则就觉得自己"亏"了，于是就增加了通过其行为增加预期索赔的可能性，甚至进行欺诈。这在我们对重庆市烟叶保险、四川眉山奶牛保险、云南玉溪烤烟保险等地的实地调研中，均印证了这一点，尤以眉山奶牛保险试点更为严重。为规避或减少投保农户的道德风险，农业保险条款一般都设有绝对免赔额（或相对免赔率），使损失共同分担。根据格雷欣法则，由于对投保农户的监督成本过高，保险人就需要提高免赔额（或免赔率）和提高农业保险价格（费率），导致参保率降低。

对于农业保险标的的风险状况，投保农户比保险人拥有更多的风险和损失信息，更确切知道什么水平的费率是可以接受的，过高就不买，费率低了才有可能买。这就使得农业保险赔付

---

① 基于此，保险学界曾有学者提出"动植物生命保险"来对狭义农业保险的研究范围进行规范。

率长期居高不下,远远超过财产保险赔付的临界点,这必然迫使保险人提高所有潜在保户的费率,加大逆向选择的市场空间,形成一个恶性循环。保险人如果想继续承保,只有进行风险区划,实施区域保险,实现费率差异化。这无疑会加大保险公司的成本,一般的商业保险公司也未必有这种实力来进行详尽的风险区划。比较好的办法是实行强制投保,但会受到诸多约束(庹国柱等,2003)。同时,强制投保会造成生产者的福利损失,从而在政治上不受欢迎(Glauber and Colins,2001)。我国目前由于缺乏立法规范,强制投保难以在短期内实现。国内外农业保险发展实践也表明,农业保险严重的道德风险和逆向选择很容易导致政府和市场的双重失灵现象——政府未必可以很好地解决市场失灵问题,并最终产生政府失灵问题。而双重失灵的根源即在于农业保险自身严重的信息不对称现象,解决办法的关键问题就是如何规避或减少道德风险和逆向选择。

(三)农业保险需求的特殊性

目前较为典型的理论认为,我国农业保险处于"供需双冷"的尴尬局面(冯文丽,2004;黄英君,2007),但研究缺乏经济学理论的支撑。传统需求理论认为,需求不仅仅意味着一部分顾客对某种特定商品的消费欲望,需求的有效性还取决于顾客的支付能力。然而,农业保险有效需求却有许多表现不一致的地方。尤其是近几年来,自然灾害发生的广度和深度都有明显的上升趋势,导致农产品减产加剧;另一方面,市场经济的宏观调控使得价格进一步放宽,农业生产的市场风险加大,"谷贱伤农"、"丰产不丰收"等现象亦时有发生。这就从一定程度上刺激了农民对农业保险的需求,但农业生产的日益萎缩带给农民的微利,甚至负利回报又使这种欲望渐趋冷却。除少部分农业大户外,相当一部分(尤其是西部地区)农户缺乏实际的保费支付能力,对农业保险多采取观望态度。这就拉大了农业保险潜在需求与有效需求的差距,从而导致农业保险的有效需求不足。这也是我国农业保险需求区别于其他国家的不同之处。张跃华等(2005)对此进行了归纳,认为农业保险市场失灵以及农业保险需求不旺盛的主要原因有以下几个:(1) 保险费率过高,农民难以承受,由于农业风险的复杂性以及高成灾率,农业保险费率一般都比较高(比如山西、陕西[①]);(2) 险种设置不能满足农户要求;(3) 农户存在侥幸心理,购买保险的意识不强;(4)农业保险消费过程中的正外部性作用,导致相对于社会最优化的需求不足;(5)在经济发达地区,由于农民收入中源于种植业和养殖业收入的下降,在保障水平不高(低于70%)的情况下,由于这种补偿收入的预期很小,农民没有动力进行保险。这与国外的一些研究成果类似(Glauber and Collins,2002)。同时,庹国柱等(2002)和刘京生(2000)也分析了农民还具有其他传统的风险分散途径。农民可以采取多样化种植、间作套种以及民间借贷等方式分散风险,从而他们对于农业保险的需求将会降低。黄英君(2009)从我国农业保险需求不足的实际问题出发,利用经济学的基本分析框架,通过农业保险与非农收入、多样化种植和政

---

① 陕西关中地区棉花的社会损失率在9%至18%,粮食作物为7%至13%;西安地区奶牛多年平均死亡率是12%至16%(庹国柱、王国军,2002)。

府救济等农业风险管理方式进行了比较研究,对制约农业保险需求的因素进行了分析。[1]

商业性保险发展依赖于良好的需求激励机制并形成有效的保险需求,保险需求取决于风险偏好、风险损失补偿预期以及支付能力等诸多因素。在不是所有风险(损失情况)都被保险,从而存在不可保的隐蔽风险 N 的意义上,[2]保险市场是不完全的(Dobety and Schlesinger,1983)。农业保险市场更是如此。大量研究表明,农民并非典型的风险厌恶者,有限的购买保险意愿与能力无法满足私人保险公司提供保险商品或服务的要求(Goodwin,2001)。我国农业保险需求由于受到农户分散经营、农业收入低下等因素的制约,农户对农业保险的有效需求更为低下。农业风险的多元化特性进一步影响了农业保险的发展,过高的交易成本与赔付率,既抑制了保险的有效需求又限制了保险的供给。这在一定程度上印证了,没有政府的资助和补贴,而单纯依靠市场机制运行农业保险,私人农业保险将难以生存,农业保险持续发展的目标也难以实现。

(四)农业保险供给的有限性

农业保险供给有别于一般商业性保险产品,农业保险市场的培育和形成具有相当的难度。农业保险一般呈现高损失率、高赔付率、高保费率、低投保率和低保障率的特征,因而农业保

---

[1] 参见黄英君:《中国农业保险发展机制研究:经验借鉴与框架设计》,中国金融出版社 2009 年版,第 37—48 页。

[2] 除隐蔽风险 N 之外还有可保风险 L。这样,两种损失可能同时不出现、出现一个、同时出现,可归结为 4 种情况。

险市场失灵现象普遍存在,私人保险一般不愿或无力介入农业保险的供给,除非获得政府的大量补贴和政策支持。从长远看,农业保险的供给水平主要取决于农业保险市场的完善程度。影响农业保险供给的因素主要表现在:(1)农业风险的可保性差,以及巨灾风险的存在导致供给不足;(2)信息不对称问题(主要表现为道德风险和逆向选择)加大农业保险经营成本,导致供给不足;(3)农业保险供给的外部性,以及农户"搭便车"现象导致供给缩水;(4)农业保险供给主体及经营方式;(5)政府财政支持力度;(6)农业再保险发展水平;(7)农业保险制度的供给。这些因素导致了农业保险供给的有限性。总之,在商业化经营的农业保险很难启动的情况下,政策性农业保险(试点)运作必须有明确的目的,否则农业保险的市场失灵将会延续,政策性农业保险的预期效益亦会随之降低。

此外,农业保险的准公共物品属性决定了我国农业保险供给形式的多元化,但新一轮农业保险试点由于受到政府财力及其自身经营效率的限制,又使得商业保险经营模式的必要性更为突出。因此,必须辅之以必要的政府支持下的供给,关键问题在于政府以何种形式发挥作用。这一点将在设计政府诱导机制时有所体现。

6.2　我国农业保险发展的市场运行机制的主体内容构建

承前述,市场运行机制是一个系统,是许多机制结合的总体,包括内在机制和外在机制。市场机制形成的前提条件,必须是社会上存在众多的经济上独立的、直接依赖于市场的商品生产经营者。同时,社会上有众多有支付能力和能自由购买的需求者,以及较为完善的市场体系,包括商品市场、劳务市场、资本市场、技术市场、信息市场、房地产市场等等,形成供求机制、价格机制、激励机制、竞争机制、风险机制,组成统一的市场机制。具体而言,这些机制的形成是这样的:生产经营者和消费需求者为了实现各自的目的,即生产经营者为了实现利润最大化,消费需求者为了实现效用最大化,必须在各种市场上进行交换,以满足各自的需要。这样,供求双方在市场上就形成供求机制。市场上供求双方不断交换,必须以货币作为媒介,才能达成交易,形成价格机制。各种交易价格在市场上形成后,就会发出供求变动的信号,价格上涨说明供不应求,价格下跌说明供过于求,这就给供求双方形成激励机制。基于此,农业保险在市场经济环境下的发展必须符合市场经济的适用性规律,需要供求机制、价格机制、激励机制、竞争机制、风险机制来丰富农业保险市场运行机制的内涵。

6.2.1 农业保险的价格机制(price mechanism)

市场的供求状况对价格的影响以及价格变动对供求变动的影响,体现了它们对资源配置的引导作用。市场功能的实现特别是市场配置资源这个主导功能的实现,是以市场价格传导机制的形成和健全为条件的。市场的核心是价格,相应地,市场机制的核心是价格机制①,包括价格形成机制和价格调节机制。市场价格机制的作用主要是,通过市场价格的升降反映市场供求信息,以此来调节市场主体的行为。市场主体出于利益关系必然对各种生产要素及资源进行重组、利用,由此实现资源和各生产要素在不同市场主体之间以及不同行业之间合理流动,从而实现资源在各部门各主体之间的优化配置和产业结构、产品结构的合理调整。价格应真正成为利益范畴,成为市场状况的"指示器",价格变动能直接影响企业利益的增减,从而作为较强的制约力量而引导企业生产经营活动。有市场就必然有价格,如商品价格、劳务价格、资本价格、信息价格、技术价格、房地产价格等等。同时,各种价值形式,诸如财政、税收、货币、利润、工资等,都从不同方面和不同程度上与价格发生一定的相互制约和依赖关系。在市场机制形成的同时也形成价格机制。

农业保险市场概莫能外。农业保险财政支持和政策优惠状况会直接影响农业保险价格(费率)。足够的财政补贴可以稳定农业保险价格,补贴不足将促使价格上涨。② 农业保险价格变动又会影响财政补贴的额度和税收优惠政策支持,笔者也曾对农业保险供求非均衡与税收政策进行了关联性分析。农业保险价格的变动,不仅直接影响其他价值形式的变动,而且也是其他

---

① 所谓价格机制,就是指在竞争过程中,与供求相互联系、相互制约的市场价格的形成和运行机制,在价值规律的基础上价格及其对生产、消费、供求关系等经济活动进行调节的过程和方式。

② 财政补贴不足,导致农户的农业保险实际购买力下降,降低农业保险的有效需求,陷入农业保险"三高三低"的陷阱。

价值形式变动的综合反映,农业保险价格机制成为市场运行机制的核心。

同时,农业保险由于其准公共物品属性,农业保险价格(费率)并不能正确反映市场供求状况,又难以反映资源的真实价格和不同种资源价格的比例关系,难以实现市场配置资源功能,难以优化农业保险产业结构。因此,建立农业保险的市场运行机制,必须对农业保险现有的价格体制进行改进和完善,建立适合农业保险发展实践的价格机制,切实发挥农业保险市场运行机制的应有作用。

6.2.2 农业保险的竞争机制(competitive mechanism)

竞争是商品经济的产物,是一种市场关系,只要有商品经济存在,就必然存在竞争。商品的价值决定,价值规律的实现,都离不开竞争。建立在社会主义市场体制基础上的市场经济不能消除竞争,而是更高一级的文明竞争和联合竞争。市场竞争对于每个企业来说,既是外在的压力,也会变成内在的动力,促使企业通过采用先进技术、更新设备、改善工艺管理、发展联合等,来降低内耗、提高产品质量、开发新产品、调整价格、改善服务、争得荣誉。而且这种面向大市场的竞争,有利于克服企业的短期行为和经营盲目性,强化市场预测,制定长期经营战略,发展系列化生产。改革开放以来大量的事实告诉我们,不参加竞争的企业不会有真正的活力,没有破产之险的企业就不会主动开拓新的生路。生命寓于竞争,竞争可以出人才、出技术、出管理、出新产品、出高效益,一句话,竞争可以创造新的生产力。同时,只有通过市场的充分发展和自由竞争，才能形成平均利润率，同时扼制非正常的竞争。竞争促进联合，而市场经济又使竞争联合国际化，企业直接参与国际竞争将大幅度地提高企业的整体素质。总之，这种竞争与联合机制是企业活力的一个重要源泉。竞争机制是市场机制的内容之一，是商品经济活动中优胜劣汰的手段和方法。竞争机制发挥作用的标准是优胜劣汰，这基于三个基本条件：首先，企业必须是真正独立的商品生产和经营者；其次，企业建立风险机制以追求利益的最大化为目标；再次，公平的竞争环境。

所谓保险市场的竞争机制，是指众多的投保人和众多的保险人从获取自己最大利益出发，采取决策以获得交易中的优势并影响保险价格的行为。目前，我国保险市场已经开放，农业保险市场亦应引入更多的外资公司，如法国安盟保险已经进入四川农业保险市场等。当然，商业行为要求追求利润最大化，而政策性农业保险经营不可能只要求追求利润。保险公司是企业，必须考虑自身的效益。由于农业保险的"三高三低"特性，几乎没有一家保险公司能靠自身的力量开办这类业务，所以保险"投保越多、费用越低、保障越足"的"大数法则"就难以正常发挥。如果违背经济规律，忽视甚至损害投保农民和保险机构的直接利益，立法就不可能得到真正贯彻，农业保险也难以持续发展。

农业自然灾害发生的频率高、范围广，造成的损失大，同时，农业经营是在广阔的地域进行的，因而农业（特别是农作物）保险的费用大，损失率高，费率也很高。从经济学的角度来看，纯商业性的农业保险，除风险损失率较低的雹灾、火灾等单项风险的保险外,农业保险的供给和需求都是极其有限的,以致出现了学界通常所说的"供需双冷"的窘境。因此,农业保险要获得成功,有必要放开农业保险市场,使更多的有意愿、有能力的保险公司进入农业保险市场,利用竞争机制,使保险人愿意和至少能够维持经营,在政府的政策资金投入支持下,逐步达到自我积累、自我发展,也使农户能够承担和接受自己所分担的价格份额。[①] 故而,农业保险经营主体的组织形式、组织体系和业务范围应该有所拓展,不仅包括专业性农业保险公司,还应包括从事政策性农业保险的商业保险公司、外资保险企业,以及互助性农业保险机构等,对它们之间的竞争进行规范和引导,保证农业保险市场的有序竞争,建立完善的农业保险竞争机制。

6.2.3　农业保险的供求机制(supply and demand mechanism)

供求机制是指商品的供求关系与价格、竞争等因素之间相互制约和联系而发挥作用的机制,是调节市场供给与需求矛盾并使之趋于均衡的机制,它是市场机制的主体。如果市场上供应量超过需求量,就是买方市场;反之,则为卖方市场。完善供求机制的重点在完善供求格局,关键是要制定以效益为中心,适当控制增长速度的中长期发展战略,并建立起及时防止消费基金增长过猛和投资超常扩大的需求膨胀制约机制。然而,供求这个市场机制往往不被人们重视。其实,它是一个很重要的市

---

① 这点在国外一些农业保险体系较为完善的国家体现得较为充分。例如,加拿大政府将维护农业保险经营"自我财务平衡"和"农民买得起"作为农作物保险立法所确定的五项原则中的两项。

场机制,价格、竞争、激励等市场机制的作用都离不开它。例如,价格机制就是通过价格与价值的背离及其趋于一致的过程来发挥作用的,而价格与价值的背离即价格与价值的差额,以及价格与价值的趋于一致,都是由供求决定的。没有供求机制作用于价格与价值的相互关系之间,价格机制就不能发挥它的作用。供求联结着生产、交换、分配、消费等环节,是生产者与消费者关系的反映与表现。供求运动是市场内部矛盾运动的核心,其他要素(如价格、竞争、货币流通等)的变化都围绕供求运动而展开。企业集团的成长与发展受到供求机制影响。企业集团既是市场供应者,又是市场需求者。充分利用市场需求调整自身的经营方向、战略、产品、技术、营销等是集团抓住机遇、避开威胁的重要内容。

　　农业保险供求机制对农业保险机制的运行和发展具有重要功能,它可以调节农业保险的价格,调节农业保险的供给(生产)与需求(消费)的方向和规模;供求结构的变化能调节供给(生产)结构与需求(消费)结构的变化。供求机制起作用的条件是,供求关系能够灵活地变动,供给与需求背离的时间、方向、程度应当是灵活而适当的,不能将供求关系固定化。农业保险供求机制也应向着这一条件优化和改进,使农业保险供求关系在不断变动中取得相对的平衡,这也是供求机制作用的实现形式。农业保险供求机制的直接作用具体表现为:第一,调节农业保险的总量平衡。供不应求时,费率上涨,从而吸收更多的供给主体进入;供过于求时,农业保险的部分险种的价值得不到实现,迫使部分农业保险供给主体减少或退出生产(供给)。第二,调节农业保险市场结构平衡。农业保险供求机制通过"看不见的手"使农业保险资源在不同部门之间合理转移,诱致农业保险市场结构的平衡运动。第三,调节农业保险区域间的平衡。农业保险供求机制促使统一大市场的各个地区调剂余缺,互通有无,使总量平衡和结构平衡得到具体落实。

6.2.4　农业保险的激励机制(motivate mechanism)

所谓激励机制,是通过一套理性化的制度来反映激励主体与激励客体相互作用的方式,其内涵就是构成这套制度的几个方面的要素,它是市场机制的动力机制。企业生产经营要以利益为激励,推动企业开展竞争,追求经济效益。根据激励的定义,激励机制包含以下几个方面的内容:首先,诱导因素集合。诱导因素就是用于调动员工积极性的各种奖酬资源。对诱导因素的提取,必须建立在对队员个人需要进行调查、分析和预测的基础上,然后根据组织所拥有的奖酬资源的时期情况设计各种奖酬形式[①]。其次,行为导向制度。它是组织对其成员所期望的努力方向、行为方式和应遵循的价值观的规定。在组织中,由诱导因素诱发的个体行为可能会朝向各个方向,即不一定都是指向组织目标的。同时,个人的价值观也不一定与组织的价值观相一致,这就要求组织在员工中培养统驭性的主导价值观。行为导向一般强调全局观念、长远观念和集体观念,这些观念都

---

① 奖酬形式主要包括各种外在性奖酬和内在性奖酬(通过工作设计来达到)。需要理论可用于指导对诱导因素的提取。

是为实现组织的各种目标服务的。[1]　再次,行为幅度制度。它是指对由诱导因素所激发的行为在强度方面的控制规则。[2]　通过行为幅度制度,可以将个人的努力水平调整在一定范围之内,以防止一定奖酬对员工的激励效率的快速下降。第四,行为时空制度。它是指奖酬制度在时间和空间方面的规定。这方面的规定包括特定的外在性奖酬和特定的绩效相关联的时间限制,员工与一定的工作相结合的时间限制,以及有效行为的空间范围。这样的规定可以防止员工的短期行为和地理无限性,从而使所期望的行为具有一定的持续性,并在一定的时期和空间范围内发生。第五,行为归化制度。行为归化是指对成员进行组织同化[3]和对违反行为规范或达不到要求的处罚和教育。关于

---

①　勒波夫博士(Dr. M. Leboeuf)在《怎样激励员工》一书中指出,世界上最伟大的原则是奖励;受到奖励的事会做得更好,在有利可图的情况下,每个人都会干得更漂亮。他还列出了企业应该奖励的 10 种行为方式:(1)奖励彻底解决问题的,而不是仅仅采取应急措施。(2)奖励冒险,而不是躲避风险。(3)奖励使用可行的创新,而不是盲目跟从。(4)奖励果断的行动,而不是无用的分析。(5)奖励出色的工作而不是忙忙碌碌的行为。(6)奖励简单化,反对不必要的复杂化。(7)奖励默默无声的有效行动,反对哗众取宠。(8)奖励高质量的工作,而不是草率的行动。(9)奖励忠诚,反对背叛。(10)奖励合作,反对内讧。勒波夫所列举的这些应该奖励的行为方式,对很多企业来说,都可作为其员工的行为导向。

②　根据弗鲁姆的期望理论公式($M = V \times E$),对个人行为幅度的控制是通过改变一定的奖酬与一定的绩效之间的关联性以及奖酬本身的价值来实现的。根据斯金纳的强化理论,按固定的比率和变化的比率来确定奖酬与绩效之间的关联性,会对员工行为带来不同的影响。前者会带来迅速的、非常高而且稳定的绩效,并呈现中等速度的行为消退趋势;后者将带来非常高的绩效,并呈现非常慢的行为消退趋势。

③　组织同化(organizational socialization)是指把新成员带入组织的一个系统的过程。它包括对新成员在人生观、价值观、工作态度、合乎规范的行为方式、工作关系、特定的工作机能等方面的教育,使他们成为符合组织风格和习惯的成员,从而具有一个合格的成员身份。

各种处罚制度,要在事前向员工交代清楚,即对他们进行负强化。[①] 以上五个方面的制度和规定都是激励机制的构成要素,激励机制则是五个方面构成要素的总和。其中诱导因素起到发动行为的作用,后四者起导向、规范和制约行为的作用。一个健全的激励机制应是包括以上五个方面、两种性质的完整的制度。农业保险市场运行机制中的激励机制亦概莫能外,且由于农业保险自身的特殊性和复杂性,使农业保险激励机制更为复杂。激励相对的是约束,激励与约束相伴相生,这就延伸出农业保险的激励约束机制,它将对农业保险运行机制进行调整和规范,本书将在第 8 章中进行系统研究,以下仅对农业保险激励机制本身在市场运行机制中的内涵、作用与功能作简单的概括和总结,以保证本章行文的平行性和完整性。

农业保险激励机制一旦形成,它就会内在地作用于农业保险组织系统本身,使农业保险组织机能处于一定的状态,并进一步影响着农业保险组织的生存和发展。农业保险激励机制对农业保险组织的作用具有两种性质,即助长性和致弱性,也就是说,激励机制对农业保险发展具有助长作用和致弱作用。首先,农业保险激励机制的助长作用表现在农业保险的发展应该融入对农业保险行为主体的全方位考虑,在鼓励更多的供给主体参与的同时,使得农户的潜在需求转化为有效需求。在这样的激

[①] 若违反行为规范和达不到要求的行为实际发生了,在给予适当的处罚的同时,还要加强教育,教育的目的是提高当事人对行为规范的认识和行为能力,即再一次的组织同化。所以,组织同化实质上是组织成员不断学习的过程,对组织具有十分重要的意义。

励机制作用下,农业保险市场供给主体不断发展壮大,不断成长,农业保险需求将得到切实改进,这将在一定程度上进一步改变我国农业保险长期以来的"供需双冷"的尴尬局面。我们称这样的激励机制为良好的农业保险激励机制。当然,在良好的激励机制之中,也会有负强化和惩罚措施对农业保险行为主体的不符合农业保险发展期望的行为起约束作用[1]。其次,农业保险激励机制的致弱作用表现在:由于激励机制中存在去激励因素,农业保险各个行为主体所期望的行为不能全面表现出来。尽管我们进行农业保险激励机制设计的初衷是希望通过激励机制的运行,能有效调动农业保险行为主体的积极性,实现农业保险发展的终极目标。但是,无论是激励机制本身不健全,还是激励机制不具有可行性,都会对一部分市场主体积极性起抑制作用和削弱作用,这就是农业保险激励机制的致弱作用。在农业保险发展实践中,当对某个行为主体积极性起致弱作用的因素长期起主导作用时,农业保险的发展就会受到限制,直到走向衰败。因此,对于存在致弱作用的农业保险激励机制,必须将其中的去激励因素根除,进行适时的调整和改进,代之以有效的激励因素。这在农业保险机制设计理论研究中以及农业保险发展实践中都是极为重要的。

6.2.5 农业保险的风险机制(risk mechanism)

风险机制是指风险与竞争及供求共同作用的原理,在利益

---

① 笔者将其归为约束机制,将在本书第 8 章"我国农业保险发展的激励约束机制设计"展开详细论述。

的诱惑下,风险作为一种外在压力同时作用于市场主体,与竞争机制同时调节市场的供求,它是市场运行机制的基础机制。[①]在市场经营中,任何企业在从事生产经营中都会面临着赢利、亏损和破产的风险。建立健全风险机制是完善市场机制最重要的任务,企业必须真正面向市场才能发展壮大,自负盈亏,并切实实行破产制度或完善的市场退出机制,优胜劣汰。在此环境中,真正使企业感到生产经营的风险性,从而努力改进技术,改善经营管理,提高产品质量,开拓新产品、新品种。农业保险经营组织大多在政策性的庇护下发展,缺乏创新理念,这是农业保险风险机制存在的基本现实依据。

农业保险的风险机制是其市场运行的约束性机制[②],建立起以竞争可能带来的亏损乃至破产的巨大压力,鞭策农业保险市场主体努力改善(农业保险业务)经营管理,增强农业保险市场竞争的整体实力,提高自身对农业保险经营风险的调节能力和适应能力。尽管需要构建农业保险的政府支持体系,但农业保险供给主体必须认识到,独立的经济组织必须承担与其对应的风险,政府的财政补贴和政策支持不是万能的,农业风险则是普遍存在的,而且是多元化且日趋复杂。

[①]　风险机制作为市场运行机制的一种约束性机制,对市场运行无疑具有约束功能,市场运行机制的推进也离不开风险机制。但风险机制并不是一般意义上的约束机制,约束机制是与激励机制相辅相成的,存在激励是否相容的问题。因此,本章中对农业保险激励机制的研究也是基于现代经济理论的一般分析,在第8章中笔者将基于激励(约束)理论对约束机制进行较为详尽的论述。下同。

[②]　这里所讲的风险机制并非前文所述的"约束机制",风险机制仅仅具有约束性,其内涵与约束机制存在根本区别。

农业风险管理需要各方的参与,包括农业生产经营者,也包括各级政府和龙头企业。农业保险风险机制的建立健全也必须使农业保险各个行为主体参与其中,尤其是农业保险市场供给主体必须认识到农业保险经营风险的复杂性和独特性,提高风险防范意识,改进农业风险管理技术,创新农业保险产品,实施区域农业保险战略。当然,由于当前我国的农业生产经营者特别是广大农民的风险意识仍然十分淡薄,知识层次还比较低,收入水平低下,其在农业保险的风险机制中处于被动地位,因此各级政府和农业保险市场供给主体应在农业保险的风险机制中发挥主导作用,进一步建立和完善我国农业保险的风险机制。

6.2.6 我国农业保险市场运行机制的运行机理

由于价格信号在市场机制中所起的重要作用,人们往往也把市场机制称为价格机制。哈耶克曾深刻地指出价格制度是一种使用知识的机制。农业保险价格机制在农业保险市场机制中居于核心地位,农业保险市场运行机制要发挥作用必须通过价格机制来实现。农业保险竞争机制是农业保险市场运行机制中重要的经济机制,它反映竞争与供求关系、价格变动等市场活动之间的有机联系,它同价格机制等紧密结合,共同发生作用。我们从农业保险价格机制与其他机制的关系来看,虽然各种机制在农业保险市场机制中均处于不同的地位,但价格机制对其他机制都起着推动作用,在市场机制中居于核心地位。农业保险的价格机制能影响农业保险的风险机制,价格涨落能推动企业敢冒风险,去追逐(长期或短期)利润。

　　竞争既包括买者和卖者双方之间的竞争,也包括买者之间和卖者之间的竞争。农业保险竞争机制应充分发挥行为主体间的竞争的有效性,竞争手段应规避竞相采取低廉的价格战。农业保险竞争机制充分发挥作用和展开的标志依然是优胜劣汰,是农业保险市场运行机制的关键机制。在市场经济中,有竞争才会促进社会进步、经济发展,农业保险运行亦是如此。农业保险价格机制又对竞争机制起推动作用,农业保险价格(费率)涨落促进农业保险供给主体开展各种竞争,推进产品创新、技术创新和管理创新,乃至制度创新。

　　农业保险供求机制是农业保险市场运行机制的保证机制。在农业保险市场运行机制中,首先必须有供求机制,才能反映农业保险价格(费率)与供求关系的内在联系,才能保证农业保险价格(费率)机制的形成,保证农业保险市场运行机制的正常运行。反过来,农业保险价格机制对其供求机制起着推动作用,农业保险价格(费率)涨落推动农业保险供给主体增加或减少供给量,推动消费需求主体(农户)减少或增加需要量,不断调节农业保险市场供求关系。同时,农业保险市场的供求关系受农业保险价格(费率)和供给主体竞争等因素的影响;而供求关系的变动,又能引起农业保险价格(费率)的变动和供给主体竞争的开展。农业保险市场运行机制中的供求机制与价格、竞争机制紧密相连,且后者以前者为转移。农业保险竞争机制的作用离不开供求机制作用的发挥,同时,具备供给略大于需求这个条件时,竞争机制才能发挥促进农业保险市场主体改善经营管理水平和提高经营绩效的作用。

农业保险价格机制能影响农业保险激励机制效用的发挥，农业保险价格（费率）变动发出信号，激励农业保险市场主体决定设计推出什么样的险种（即生产经营什么）或者改进险种的相关条款，摒弃哪些不适宜的险种（即不生产经营什么）。农业保险激励机制一旦形成，它就会内在地作用于农业保险组织系统本身，对农业保险市场运行各机制产生作用，并进一步影响农业保险市场主体的生存和发展。农业保险价格机制和风险机制的作用关系表现在，农业保险价格（费率）的高低会影响农业风险的大小。农业保险市场主体设计的险种如果卖不出去，供给主体所遭受的损失越大，它们所承担的风险就越大。而如果所设计的险种被农户适时购买，由于农业保险价格（费率）较高，加上效益与成本的比率较小，风险同样也会比较大。对于农业保险市场主体来说，风险越大的产品，希望价格（费率）越高；而对于需方（农户）来说，风险越大的产品，则希望农业保险价格（费率）越低越好。农业风险严重制约农业保险价格（费率）[①]。

综上，笔者对农业保险市场运行各机制之间的作用关系进行了简要分析，目的在于认清农业保险的价格机制、竞争机制、供求机制、激励机制和风险机制间的内在逻辑联系（见图6-1）。

---

① 风险与竞争密不可分，没有竞争就不会有风险，没有风险也不需要竞争。竞争存在着风险，风险预示着竞争，两者密不可分，以至于有时人们把它们合在一起，统称为风险竞争机制。

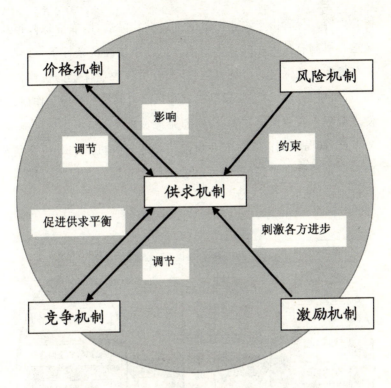

图 6 - 1　我国农业保险市场运行机制的运行机理

6.3　我国农业保险发展的市场运行机制 的框架性设计

　　传统经济理论认为，市场最大的风险来自市场运行机制的缺陷。从某种程度上说，现代农业风险的多元化发展引致了现代农业保险制度的变迁，农业保险也日益成为农业风险管理的核心内容。尽管由于农业保险的准公共物品属性,农业保险市场运行机制有其内在的重大缺陷。但在市场经济条件下,必须充分发挥农业保险的市场有效性,充分发挥农业保险的价格机制、竞争机制、供求机制、激励机制和风险机制等的功能和作用,使之服务于农业保险发展,构建和完善农业保险市场运行机制。基于此,同时根据前文对农业保险市场运行各机制的分析及其内在联系的综合考察,我们可以尝试构建我国农业保险市场运行机制(见图 6-2)。

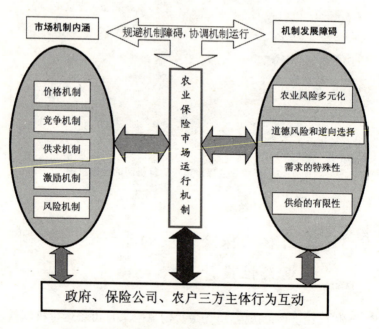

图 6-2 我国农业保险市场运行机制的框架设计

6.4　本章小结

我国农业保险试点取得了很好的成效,各种组织形式的农业保险经营主体逐步凸显,但农业保险发展的市场运行机制依然没有得到很好的构建。毋庸置疑,在市场经济环境下,市场运行机制是农业保险机制设计的重要组成部分,也是今后在条件成熟后主推的农业保险运行机制选择。现有文献大多从农业保险发展模式的角度对农业保险进行探讨,未能从农业保险与市场运行机制相结合的角度对该问题进行认识。基于此,本章有必要对这方面的研究进行拓展,从市场运行的角度,对农业保险发展的市场运行机制进行系统研究,探索构建我国现实背景下的农业保险发展的市场运行机制,也为以后各章进行农业保险机制设计提供参考。

第7章 我国农业保险发展的政府诱导机制设计

在现实社会生活中,诱导性制度变迁与强制性制度变迁是很难划分开的。它们相互联系、相互制约,共同推动着社会的制度变迁。我们曾提出农业保险应进行政府诱导变迁(或创新),是基于考虑政府应在农业保险发展变迁中起主导作用,但不能过分强调行政指令,必须在界定农业保险为"政策性保险"的前提下,以农业保险发展变迁的客观规律为指导,合理并充分发挥和利用政府在农业保险中的作用和地位。许多国家和地区对推动和发展农业保险表现出极大的热情。在农业保险市场失灵,市场机制无法主导和推动农业保险发展时,更多国家在政府强大的财力支持下,发展政策性农业保险。政府的直接经营或大量的资助补贴,无疑对农业保险的发展起着重要的推动作用,但同时也应看到,政府运行机制也存在很多问题,而且极易导致政府失灵现象。为了规避政府失灵,以及避免重蹈农业保险市场运行机制市场失灵覆辙,我们有必要对农业保险实施政府诱导机制进行趋向性研究,对农业保险的市场运行机制和政府运行机制各自的优缺点进行理性扬弃,切实提高农业保险的发展绩效。

7.1　我国农业保险政府诱导机制设计的若干基本认识

农业保险运行机制主要是指主导或支配农业保险运行的机制,焦点集中在政府和市场问题。大量的农业保险理论研究和发展实践表明,由于农业的特殊性和农业保险的复杂性,使农业保险的运行机制成为一个十分复杂的问题,这也是长期制约我国农业保险发展的关键问题。政府或市场在农业保险运行中的主体地位,以及二者结合的方式差异,都直接影响农业保险的正常运行和健康发展。由于农业保险市场失灵问题的存在,客观上需要政府介入以规避市场失灵;同时,政府运行机制难以发挥市场的有效功能,且其运行的社会成本和风险太大,导致该机制绩效的缺失,难以取得合理的预期收益。这两方面的具体表现,使农业保险政府诱导机制成为一种必要和必须。当然,由于农业保险政府诱导机制要考虑农业保险运行机理的实际运作,涉及的层面比农业保险的市场运行机制和政府运行机制更为复杂,有其内生的障碍性因素。

张应良等(2007)在初步考察了我国现行农村公共物品供给制度安排及绩效的基础上,提出转轨体制背景下应构建一种“政府诱导、市民参与、第三方介入”的“公导民办”的以“民营化”配置理念为核心的“政府诱导型”农村公共物品供给新制度,分析了政府诱导型农村公共物品供给制度的选择依据、供给范围、运行模式、制度安排等基本内容框架。[①] 以此为借鉴,并以农业保险的准公共物品属性为基础(黄英君,2007)[②],构建我国农业保险发展的政府诱导机制。

7.1.1 农业保险政府诱导机制的内涵与外延

谢家智等(2006)认为,政府诱导型农业保险机制是指政府从农业保险经营主体中退出,让位于商业保险,同时改变政府对政策性农业保险直接补贴的形式和手段,通过为商业保险公司提供平台,创造经营环境和条件,降低经营成本和控制风险水平等手段,以建立对商业保险诱导机制为主,最终引导农业保险走上市场化发展模式为目标。政府的退出将给商业保险留下发展空间;政府的科学合理引导和诱导机制的建立,有助于商业保险克服市场经营的障碍。农业保险政府诱导机制既非市场化的运行机制(即商业化的农业保险模式),也非政府运行机制(即政策性农业保险),更不是政策性和商业性的简单混合。

在此基础上,我们认为,农业保险政府诱导机制是指针对农业保险的消费与生产正外部性,政府分别给予农户和保险公司适当的保费补贴和经营管理费用补贴(根据财政能力且不超过农业保险的边际外部收益);同时为保持市场的竞争性和效率,农业保险市场由商业保险公司占主导地位,政府专门的农业保

---

①　参见张应良、丁惠忠、官永彬:"政府诱导型农村公共物品供给制度研究",《农村经济》2007年第5期。

②　参见黄英君:"农业保险属性、税赋差异及供给的非均衡",《改革》2007年第7期。

险机构起辅助调节作用。政府介入农业保险既可通过政府补贴弥补农业保险的生产性、消费性边际外部收益,又可克服直接利用行政手段配置资源导致的低效率。农业保险政府诱导机制的宗旨在于在一定的机制模式下,充分发挥政府和市场的作用,不主张由政府代替市场机制而由政府直接经营农业保险。当然,更不主张政府不作为,完全由市场机制决定农业保险发展,而是依赖于政府与市场的合理分工和科学的结合。需要政府的介入来引导和诱导农业保险市场机制的发育,促进农业保险市场的发展。

农业保险政府诱导机制能否正常运行的关键是政府引导农业保险发展的方式和手段,即政府和市场的结合点和结合方式问题。由于农业保险市场失灵的普遍性,市场机制难以发挥应有作用。政府诱导机制的主要作用在于创造和改善农业保险市场机制运行的条件,而不是简单地代替市场机制。政府的作用应该被限制在为私人农业保险的出现和发展创造合适的政策环境及法律制度(Hazell,1986),即"有限政府"角色。从诱导市场机制的发育来看,政府在支持农业保险的发展过程中,应该从台前走到台后,从直接补贴到间接支持,为商业保险公司搭建良好的平台和运行环境,鼓励商业保险公司积极经营农业保险。

7.1.2 农业保险政府诱导机制运行的合理性和必要性

农业保险的准公共物品属性,决定了我国农业保险供给形式的多元化。新一轮农业保险试点由于受到政府财力及其自身经营效率的限制,又使得商业保险经营模式的必要性更为突出。

但从我国近三十年来农业保险实践的曲折发展历程,以及国外实践来看,农业保险完全由私人供给有其致命的缺陷,即供求的非均衡性,并导致市场失灵。同时,农业保险市场及其机制的失灵,为政府运行机制的运作提供了空间,但政府运行机制与市场运行机制存在类似的致命缺陷,即同样存在政府失灵现象,这也为众多理论研究和实践发展所证实。事实上,只有辅之以必要的政府支持的供给,才能实现我国农业保险市场供求的良性互动发展,关键问题在于政府和市场以何种形式发挥作用,发挥什么样的作用。在市场失灵的前提下,政府调节显得很有限,甚至导致政府失灵,并最终引致农业保险的双重失灵陷阱。而规避双重失灵的有效手段必须同时考虑政府和市场共同作用的发挥,政府对农业保险市场进行利益诱导,包括对农户和保险公司的双重诱导,政府和市场重新进行角色定位。在此基础上,我们有必要对农业保险的政府诱导机制进行全面可行的科学设计。

(一)农业保险政府诱导机制的运行具有理论支撑

农业是具有公共福利性的产业,从农业的稳定和发展中受益的不仅是农民,而是惠及全社会(或最终消费者群体),农业保险发展受益者更不仅是投保农户和保险公司,而是最终消费者。[1] 因此,农业保险是一种具有正外部性的准公共物品,其正外部性体现在农民对农业保险的消费(或需求)与保险公司对农业保险的生产(或供给)两方面。外部性的存在及其矫正,是市

---

[1]　笔者曾以"农业保险农户投保 政府买单 消费者受益"为副标题,对日本农业保险的发展作了介绍。

场机制自身难以解决的,这也正是农业保险供给和需求的双重正外部性,导致农业保险"需求不足,供给有限"(冯文丽、林宝清,2003)[①]。农业保险正的外部性表明,农业风险损失全部由农民和保险公司承担是不公平的,应部分转嫁或分摊于社会,在全体受益者范围内进行合理分摊,而分摊的具体执行则必须通过政府的利益诱导机制来实现。在市场经济制度下,资源配置和国民收入分配都是通过市场机制来实现的,而福利经济学则把对市场经济的运行和市场机制的功能缺陷进行评价纳入其研究范围。根据传统福利经济学理论,政府作为收入分配的调节者,自然有义务而且有必要调节国民收入,用于扶持农业保险发展。通过分析市场经济制度的缺陷,福利经济学提出如何通过政府的作用及其相应的政策措施纠正这些缺陷来实现社会福利的最大化。同时,福利经济学试图利用他们提出的道德标准和福利理论作为政府制定经济政策的指导原则。福利经济学家一致认为,实现资源最优配置是增进社会福利的根本途径。从这种意义上说,农业保险政府诱导机制的运行具有基于福利经济学的科学理论依据。当然,实施农业保险政府诱导的形式或机制是值得考究的,这也是本章研究的重点和最终落脚点。

(二)政府诱导机制的运行是缓解农业保险市场失灵的现实需要

农业风险及农业保险市场具有相当的特殊性和复杂性,在

---

① 冯文丽、林宝清:"我国农业保险短缺的经济分析",《福建论坛》(经济社会版)2003 年第 6 期。

现有的保险经营环境和保险技术条件下,农业保险市场的发展相当困难和缓慢。就我国许多农村地区的现实情况而言,单纯依靠市场机制,农业保险根本无法启动。笔者也曾就农业保险供给不足与税收政策的关联性分析展开论证,纯商业性农业保险难以实现,我国农业保险近三十年的发展变迁也进一步佐证了我们的论证。因此,我国农业风险管理方式依然只能停留在传统和原始的农业风险管理方式。市场经济条件下,对政府的定位应该是"弥补和矫正市场缺陷"的有限政府角色。以美国为代表的国外农业保险的发展,主要就是通过政府运行机制弥补了农业保险市场运行机制的缺位,使农业保险得到发展。我国农业保险发展面临"供需双冷"的窘境,以及由此导致的政策性农业保险已成为农业保险理论研究和农业保险发展实践的共识,我国农业保险的发展运行迫切需要政府介入。

尽管农业保险的市场运行机制符合市场效率原则,又能减轻政府负担并降低社会成本,增加社会福利,但我国农业保险的现实情况根本无法满足市场运行机制的条件,市场运行机制短期内难以启动,目前只能停留在理论层面。此外,农业保险政府运行机制在欧美国家已经得到例证,随着我国对"三农"问题的重视,农业保险政府运行机制目前具有一定的实现条件和政策基础。但同时,该机制运行的社会成本和风险过大也被欧美国家农业保险发展实践所证实。农业保险政府运行机制所耗用的是社会资源,但难以达到社会福利最大化。只有通过分析农业保险市场运行机制的缺陷,通过政府的作用及其相应的利益诱导等政策措施来纠正这些缺陷,以实现社会福利最大化,或者进行帕累托改进[1]。因此,农业保险运行机制的设计至关重要,这直接关乎农业保险的运行方式和发展模式,最终影响农业保险的发展绩效。农业保险政府诱导机制应运而生,它能够充分发挥政府运行机制和市场运行机制的比较优势,同时可以规避二者存在的严重缺陷。

(三)我国农村经济的现实情况和矛盾也为农业保险政府诱导机制提供实践依据

长期以来,我国农业和农民为国家积累资金和提供生产剩余,支持我国工业化和城市化优先发展战略,农村的基础设施和农业发展条件较差。农村是全社会贫困人口最集中的地区,农民的积累能力十分薄弱,长期处于低收入的大多数农民难以承受市场机制下的较高的农业保险费,这掩盖了农民保险意识较为落后的表面现象。根据福利经济学理论,现实背景下农业保险政府诱导机制不是否定和阻碍市场机制,而恰恰是弥补农业保险市场运行机制的严重缺陷和不足。特别是在农业保险市场尚未形成和供给严重不足时,农业保险政府诱导机制有其存在的合理性和必要性。近年来,我国政府采取一系列重大的促进农村经济发展政策,中央政策逐步向农村倾斜,这对推动农村经济的发展、改善农民的生存状况和农业的发展能力起了重要的

---

[1]　作为新福利经济学的理论基础,帕累托标准有一个缺陷,即它只是一个关于效率的标准,根本不涉及分配问题。我们这里引述帕累托改进,仅仅是阐述政府所应追求的社会福利最大化目标。

促进作用。[①]

自始至终,我们一直强调,农业保险的发展应注重运行机制的培育和设计。农业保险政府诱导机制尤其适合我国国情,应重点坚持发展。从国内外农业保险发展实践来看,处理好政府和市场的关系是农业保险政府诱导机制建立和完善的核心和关键。农业作为国民经济的基础产业,具有公共福利性,农业保险具有准公共物品属性,这都为政府支持和参与农业保险提供了理论依据;同时,我国农业保险实践中面临的供需双冷、市场失灵等突出矛盾,也对政府提出了介入农业保险的强烈需求。农业保险政府运行机制有其合理性,但往往存在效率低下的矛盾和弊端,极易引致农业保险发展的政府失灵陷阱;另一方面,农业保险市场运行机制具有效率优势,但农业保险的特殊性决定了商业保险难以克服市场化经营的障碍,国内外农业保险实践也证明纯商业性农业保险经营无一例外的失败。基于此,我国应发展政府诱导型农业保险机制,这也是符合国内外农业保险发展实践的。

农业保险的发展是一个十分复杂的经济问题,良好的发展愿望不能代替残酷的现实。农业保险的市场运行机制在短期内无法启动。政府运行机制有实现的条件和基础,但运行的社会成本和风险太大,政府运行机制所耗用的是社会资源,用于资助和补贴的资金是纳税人的财富。因此,农业保险运行机制的设

---

① 例如农业保险发展项目。2007 年开展的能繁母猪保险和生猪保险很好地规避了我国猪肉价格持续增长,实现了猪肉价格的稳定,避免了更大范围内的通货膨胀。

计至关重要,这直接关系到农业保险的运行方式和发展模式,更影响农业保险的发展效率。合理的农业保险运行机制应该充分发挥政府机制和市场机制的优势,建立起政府诱导型的农业保险运行机制。

7.1.3 我国农业保险政府诱导机制运行的现实障碍

农业保险政府诱导机制的运行,由于机制本身涉及众多的行为主体,而且需要对各个主体进行合理规制。主体越多,受限越多;规制愈繁,规范愈细。尤其是在当前我国政府财力支持有限的情况下,其效用的发挥难以取得更为广阔的发展空间。基于我们前期的调查研究,以及上文对农业保险政府诱导机制固有特性的简要分析,现实发展中的农业保险政府诱导机制的发展亦将受到一定的限制,即发展中将面临诸多现实障碍。

(一)农业保险法律法规缺失导致政府诱导机制难以获得长足发展

长期以来,立法缺失一直是制约我国农业保险可持续发展的"瓶颈"。近年来,我国提出的建立政策性农业保险制度一直没有取得突破,一个重要因素是农业保险相关法律法规的缺位,而只是仅仅停留在对农业保险发展方向的政策性规制,缺乏实际可行的操作规范。农业保险的发展亟须法律规制,引导(或诱导)农业保险各行为主体以合适的方式参与农业保险发展。

根据新制度经济学理论,国家的强制性属性和特征决定了其在保险制度及其变迁中的特定地位和作用,而农业保险特有的准公共物品属性更是决定了政府在农业保险制度变迁中的关键作用。从农业保险制度变迁的需求来看,保险人可以通过改变产品和要素的相对价格等利益诱导机制,来引导和促进制度变迁,且更多地表现为一种诱致性制度变迁。此外,我们从世界各国①农业保险立法的背景和农业保险法律制度变迁也可以得出,其立法意义远超出了一般的商业规范性法律制度。因此,农业保险法律法规缺失将无法为农业保险政府诱导机制运行提供保障,也成为农业保险可持续发展的现实障碍。为了规避这一障碍,我国应进一步加大对农业保险的支持力度,要尽快制定、颁布《农业保险法》及其配套法规、规章,加快农业保险补贴的法制化进程,规范农业保险行为,尽快将农业保险纳入法制化轨道。法律条文的明确界定和法律系统化是农业保险制度立法支持的基本体现。加快农业保险的立法,明确农业保险的政策性,以法律形式规范农业保险的经营主体、参与主体、受益主体的权利和义务关系,明确政府在开展农业保险中应发挥的作用和职能,从法律法规和政策制度上,保证农业保险政府诱导机制的运行。

(二)政府诱导机制可能扭曲农业保险本应具有的保险职能和功能

保险基本职能是实现风险分散和经济补偿,通过集合众多同质性风险单位,建立风险基金(保险费)用于补偿被保险人合同约定的保险事故所致的经济损失,本质上属于"千家万户帮一

---

① 包括发达国家和发展中国家对农业保险的立法规范,如以美国、加拿大、日本等为代表的发达国家,以及以菲律宾、毛里求斯等为代表的发展中国家。

家",即投保人之间的互助行为。从保险的基本职能可以看出,保险是一种有效的风险管理方式,它不但能分散风险损失,而且能够降低损失程度。政府诱导型的农业保险运行机制由于存在政府的补贴和政策支持,将会使农业保险原有的功能逐渐淡化,使农业保险从风险管理功能向收入转移功能转化,成为财政对农业单位实现收入转移支付的工具。从全社会的角度看,非但不能有效提高农业风险管理能力,而且由于道德风险和逆向选择的原因,更容易"诱导"农业风险发生方式的多样化和损失程度的扩大化。因此,农业保险对保险基本职能和功能的扭曲成为农业保险政府诱导机制运行的理论障碍。

(三)农业保险对商业性保险的挤出效应

国内许多学者认为,政府的介入可以规避农业保险市场失灵问题,但没有论证政府如何介入或者以什么方式介入,才能规避市场失灵。近年来,国外学者在争论和探讨:究竟是因为市场的失灵才导致政府的进入,还是因为政府的介入,将商业保险挤出或者限制商业性保险进入农业保险市场? 但从国外农业保险发展实践来看,各国因农业保险发展情况不同,有着各自不同的佐证,如美国、加拿大等国农业保险的发展是因为纯商业保险经营的失败,迫使政府不得不介入农业保险市场;菲律宾等国则是基于农业政策的考虑,直接采取政府干预的农业保险发展政策,导致商业性保险公司进入农业保险市场受限。追溯保险的起源,最开始也是一种民间的非政府互助行为,可以肯定,政府的直接经营或参与必然将排挤纯商业保险的参与度。笔者从公共物品理论的角度,对我国保险税收制度与农业保险供给非均衡的关联性进行了研究和分析,验证了政府的参与(以税收优惠的形式)对商业保险的排挤效应。因此,农业保险政府诱导机制的运行必须选择政府参与农业保险的力度和效度,进行适度性研究,将农业保险对商业性保险的挤出效应降到最低。

(四)农业保险政府诱导机制本身的复杂性引致其发展运行的曲折性

农业保险政府诱导机制应对政府参与农业保险的力度和效度进行适度性研究,而适度性的界定是非常复杂的问题。不仅要考虑适度性指标体系构建的技术性问题,还应考虑农业保险政府参与的制度问题。而且,后者可能较前者更为复杂和具体,这也在一定程度上加重了农业保险政府诱导机制本身的复杂性。同时,根据福利经济学,资源配置追求效用最大化的原则,政府直接或参与农业保险经营极易引致"寻租"和低效率现象,政府的各种直接或间接补贴难以对保险人产生激励作用,相反还可能抑制农业保险创新,使保险人对政府的补贴和政策支持产生依赖。此外,由于农业保险中普遍存在道德风险和逆向选择问题,以及农业保险从风险管理功能向收入转移功能的扭曲效应,政策性农业保险更易于促使投保人将有限的资源配置于高风险的经营项目,风险越高,意味着可能获得的转移支付的力度越大。如,美国在 20 世纪 90 年代为刺激农业保险的发展,政府在不断加大支持保险补贴的同时,农业保险的覆盖面和深度并没有明显的提高(Goodwin,2001)。在全面考查了世界上许多国家农业保险政府运行机制的实践后,彼得和黑兹尔(Petter and Hazell et al.,1995)对农业保险的政府运行机制提出了强烈的批评,反对政府对农业保险进行资助和补贴,告诫并希望发展农业保险的发展中国家政府应谨慎推进政府主导型的农业保险发展模式。[①]基于福利经济学理论,农业保险应是一种社会福利制度的变革,其效益必须通过与变革成本的比较来衡量。

7.1.4　农业保险政府诱导机制的运行机理及政府的主导作用

农业保险政府诱导机制是指政府从农业保险的原保险经营主体中退出,让位于多元化的农业保险原保险人,通过提供相对完善的农业保险经营环境,通过建立对商业保险的诱导机制,最终引导农业保险走上市场化的发展道路。我国较低的经济发展水平决定了农业保险不能完全由政府主导,但农业保险的政策性又决定了农业保险不能完全进行商业化的经营,这就决定了我国同大多数发展中国家一样,必须寻求一条新的农业保险发展道路。农业保险具有的外部性与准公共产品的特征和世界各国农业保险发展的实践已经证明,农业保险具有极强的政策性,我国构建农业保险政府诱导机制并不改变农业保险的政策性,但是在业务内容上和政府作用空间上又不同于简单意义上的政策性农业保险。

农业保险是一种政策性很强的保险,客观上要求发挥政府的主导作用,采取适宜的利益诱导机制。世界上许多国家或由政府组建国家农业保险公司,政府出资建立初始资本和准备基

---

① 参见度国杜、C.F.弗瑞明翰主编:《农业发展的作物保险:问题和经验》,中国农业出版社1995年版,第23页。

金,直接经营农业保险;或由政府与私营保险公司合作经营农业保险。现阶段我国政府建立科学合理的引导和诱导机制,有助于商业保险组织克服市场化经营的障碍,有效解决农业保险发展中的市场失灵问题,为其参与农业保险经营提供发展的空间。农业保险政府诱导机制的总体思路是:在市场经济体制下,政策性农业保险尽管有干预,但基本立足点不能脱离市场配置资源的范畴。以市场为基础有助于充分发挥市场机制的竞争和激励功能,充分调动市场主体的自我发展能动性,提高效率,减少社会交易成本,这是缓解我国目前财政负担的现实选择,通过这种方式有助于运用公共资源(政府等公共部门)调动社会资源,提高资源配置效率,从而通过有限度的政府补贴,推动公共财政资源发挥最大限度的政策效应。美国、加拿大、瑞典、智利、墨西哥等由国家设立专门的农业保险机构,经营大部分政策性农业保险业务;日本模式中,经营农业保险的机构则是不以营利为目的的民营保险相互会社——市、町、村农业共济组合与都、道、府、县农业共济保险组合联合会,日本中央政府的干预表现在对农业保险进行监督与指导方面,中央政府还提供再保险以及保费补贴和管理费补贴。

由于农业保险的供给将面临高风险、高损失、高成本、高赔付等的特殊性和复杂性,农业保险的有效供给离不开政府的大力支持。虽然国内外对政府办农业保险或政府直接补贴保险费和管理成本有很多反对的呼声,但必须明确,反对者不是反对政府对农业保险的支持,而是反对传统的支持方式、范围和手段。我国农业保险的政府支持应由直接支持向间接支持转变,实施相应的利益诱导机制，一般不主张采取直接的费用和费率补贴，可以采取财政支持、金融支持、税收支持、技术支持等手段。[①]

我国经济体制由计划经济向市场经济转变，政府干预经济的手段也必须转变。就农业保险而言，改变目前困境的重要突破口在于转变政府干预农业保险发展的方式。政府要改变计划经济体制的经营方式，采取市场手段干预农业保险的发展，不能采取过去简单粗暴的行政命令，而是要进行更具人性化的政府诱导，以人为本，基于农业保险政府诱导机制的运行机理，构建和完善农业保险政府诱导机制。

政府诱导农业保险市场主体积极性的效果好坏与政府诱导机制的优劣成正比。一般来说，农业保险政府诱导机制是指农业保险诱导主体（农户和保险公司）运用多种诱导手段，遵循一定诱导原则，使之规范化和相对固定化，与诱导客体（政府）相互作用、相互制约的结构方式、关系及规律的总和。政府诱导的过程则是政府运用一定的诱导手段，通过政府的主导性甚至是强制性的作用力，把农业保险各行为主体的积极性凝聚在一起，从而起到推动农业保险健康持续发展的过程。政府诱导在农业保险运用过程中起到关键性作用的因素、关系及规律之和构成了农业保险的政府诱导机制。这种诱导机制一旦形成，就会使政府诱导有一个良好的诱导运行环境，对政府诱导机制的效果起到事半功倍的效果，从而得以实现农业保险政府诱导机制。图

---

① 例如，上海安信成立以来，农业保险业务得到很大发展并逐步趋于稳定。应该说，这与上海市各级政府的直接和间接支持是分不开的。

7 - 1勾勒出我国农业保险政府诱导机制的运行机理,基本说明了农业保险政府诱导最终实现的过程,始终贯穿农业风险管理思想。如政府未完成诱导任务,则应遵循政府诱导原则的基础上,立足政府诱导的社会环境,政府使用一定的诱导手段来调节诱导客体(即市场主体及其行为),不断在试验中完善农业保险政府诱导机制,构筑新的诱导方式,对农业保险政府诱导机制进行重构,促进农业保险的健康持续发展。

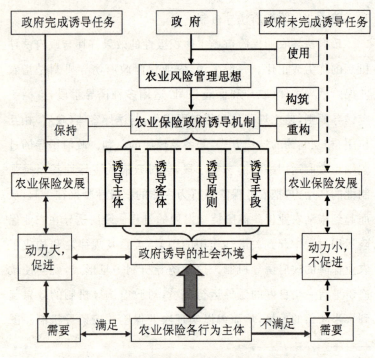

图 7 - 1　我国农业保险政府诱导机制的运行机理

7.2　我国农业保险发展的政府诱导机制的主体内容构建

笔者认为,农业保险政府诱导机制需要着手解决农业保险的供需双冷的市场失灵窘境,同时应注意避免政府失灵现象的发生,从而规避由于政府参与而引致的农业保险双重失灵现象,这是农业保险政府诱导机制存在和发展的基本目标。但由于农业保险政府诱导机制本身的复杂性,要实现这一基本目标,必须从更多方面着手加以考究。因而,我们试图从以下六个方面对农业保险发展的政府诱导机制进行主体内容构建。农业保险政府诱导机制具体包括:建立法制体系以规范约束市场主体行为,鼓励和引导商业保险参与竞争,组建农业保险政府管理机构提供服务和进行监管,建立政策性农业再保险公司和巨灾农业风险基金支持体系,财政分层次、有重点的适度补贴,适时调节的农业保险体系。

7.2.1　推进立法规制发展

国内外农业保险发展的实践证明,农业保险法及相关法律法规是开展农业保险的保证和依据。在世界范围内,各国在举办农业保险时,基于农业保险的准公共物品属性,一般适用于商业保险的《保险法》从本质上不适用农业保险的特性和规范。许多国家都在立法层面不同程度地给予农业保险相应的地位,以保证农业保险体系的顺利建立和业务的协调运作。而我国目前对这项涉及农业基础地位的政策性保险业务,尚无一套完整的法律法规予以规范和扶持。因此,国家应加强农业保险的立法,用法律的形式明确政府在开展农业保险中所应发挥的职能和作用,避免政府支持农业保险的随意性。不难看出,我国《保险法》是一部商业保险法,明确指出农业保险由法律、行政法规另行规定。① 而农业保险不论在发达国家或是在发展中国家一般都明确地列入政策性保险。因此,我国现行《保险法》并不适于农业保险。2002 年,我国修订的《农业法》第 46 条中规定:"国家建立和完善农业保险制度。国家逐步建立和完善政策性农业保险制度。鼓励和扶持农民和农业生产经营组织建立为农业生产经营活动服务的互助合作保险组织,鼓励商业性保险公司开展农业保险业务。农业保险实行自愿原则。任何组织和个人不得强制农民和农业生产经营组织参加农业保险。"虽然新的《农业法》清楚地界定了农业保险的政策性保险性质,国家鼓励和支持建立互助合作性保险组织,鼓励商业性保险公司开展农业保险业务,但对如何建立互助合作性保险组织,明确相互制保险公司的法律地位,如何鼓励商业性保险公司开展农业保险业务,并没有

---

① 1995 年颁布、2002 年修订的《中华人民共和国保险法》第 2 条规定:"本法所称保险,是指投保人根据合同约定,向保险人支付保险费,保险人对于合同约定的可能发生的事故因其发生所造成的财产损失承担赔偿保险金责任,或者当被保险人死亡、伤残、疾病或者达到合同约定的年龄、期限时承担给付保险金责任的商业保险行为。"此外,第 155 条规定:"国家支持发展为农业生产服务的保险事业,农业保险由法律、行政法规另行规定。"2009 年 3 月修正的《中华人民共和国保险法》仍未对此作出进一步规范。

新的法律法规进行明确规定。对于政府从哪些方面支持政策性
农业保险并没有明确规定,农业保险开展得比较好的发达国家
对农业保险的目的、性质、基本原则、组织形式、国家的支持方
式、国家对农业保险的监督管理等各方面政策都详细具体地作
出规定,并且及时增补、修订。我国在新一轮的农业保险试点
中,必须及早制定法律,从而规范我国的农业保险的运作,确保
农业保险发展的可持续与可操作性。

7.2.2 拓宽经营范围

传统的农业保险将其经营范围严格限制在狭义的农业种植
养殖业之内,这是限制农业保险商业化经营的重要因素(谢家智
等,2003)。我国农村经济发展较为落后,尤其是中西部农村,没
有一家保险公司能够依靠单纯的种养两业险保持经营稳定或持
续赢利。即使在农业保险开展比较好的上海和新疆地区,保险
公司能够维持经营,关键是通过"以险养险"方式,即将种养两业
险以外的财产保险、短期人寿保险和意外伤害险等这些赔付率
较低的保险纳入保险公司经营范围,才能保证保险公司不亏损
甚至具有赢利的能力。从目前我国农业保险发展进展的现实情
况来看,把农业保险定义在狭义的范围,值得探讨,需要在政策
上进行认定以规范农业保险发展。事实上,考察发达国家(如美
国、加拿大等),农业保险的经营范围已经扩大到整个农村家庭
的所有财产收入。毕竟,没有一家商业性的保险公司能够长期
忍受持续亏损地经营一种保险产品,农村经济单位对风险保障

的需求也绝非仅仅限于种养殖业。[①] 同时,由于农业保险风险过大、成本过高,商业性保险公司人力财力有限,无力经营或不能持续经营,只能通过政府来提供或支持保险供给。现阶段,政府的农业保险政策的制定应将农业保险的对象拓展到整个农村领域。

此外,对于农业保险的经营范围,联合国贸易与发展委员会作了如下定义:"总的说来,它(指农业保险)涉及农业的整个过程,它包括农作物收割后储藏、加工以及将农作物运输到最终市场。进一步讲,它并不局限于耕种农作物,园艺、种植园、森林等都是。其次,农业生产过程中所使用的财产包括房屋、机器、设备、工具和加工厂等都需要得到保护。再次,从事这些活动的人的保险,也是完备意义上的农业保险的必备内容。第四,对农户来说,各种手工业和家庭产品通常是一种重要的收入来源。所有这些都包括在农业保险的范围。"[②] 长期以来,由于我国农业保险发展所限,其经营范围不能如此宽泛,但依然为我们拓展农业保险业务经营提供了借鉴。此外,根据 2002 年修改后的《中华人民共和国农业法》第 46 条规定,农业保险可以分为政策性农业保险和商业性农业保险。政策性农业保险是指国家给予财政、税收、信贷等政策扶持的农业保险,这是准公共物品的根本供给模式;商业性农业保险是指国家不给予财政补贴,由保险公

[①] 就全国而言,保险结构发展矛盾突出的问题在农村尤为明显,这也是为什么保险发展的城乡差异如此巨大的重要原因之一。

[②] 转引自谢家智、蒲林昌:"政府诱导型农业保险发展模式研究",《保险研究》2003 年第 11 期,第 32 页。

司按照商业化原则经营的农业保险,这也是准公共物品的市场
供给和非营利组织的自愿供给两种模式的具体表现。政策性保
险可以在一定程度上补救农业保险的不充分状况,不以营利为
目的,借助于税收杠杆的财政积累来补贴农业保险,为农业生产
提供保险保障,而这些必然要求国家有完备的农业保险立法,有
必要进一步确立农业保险的政策性法定保险的主导地位。同
时,各地应根据目前试点的进展情况,因地制宜,可以将农业保
险从商业保险中分离出来,成立专门经营农业保险业务的政策
性保险公司;其他商业性经营主体亦可从事农业保险业务。①

7.2.3 适时推进产品与经营技术创新

农业保险较之传统保险业务的经营和管理技术更复杂,而
这恰恰是我国农业保险的最薄弱环节,单纯依靠保险公司自身
力量相当有限。政府可以通过人才培养、专项科研立项等手段,
资助农业保险技术研究,人才培养和产品开发,为农业保险公司
提供智力支撑。很显然,政府的大力支持对农业保险的供给激
励是很直接的和有效的。农业风险多,农业保险难,长久以来被
认为是世界性难题,原因就是其风险处理技术要求甚高。就目
前我国农业保险发展的现实情况来看,保险公司经营农业保险,
实际上经营的都是"三农"保险,即农民保险、农村保险和农业保
险,且主要是前面的两种保险,很少经营纯粹的农业风险,这与

---

① 国内目前已成立的政策性保险公司有上海安信、吉林安华、黑龙江阳光互
助、安徽国元农业保险公司等,浙江成立了农业保险共保体,法国安盟成都分公司已
升格为中国总部,作为外资主体经营农业保险。

经营城市的人身保险和财产保险没有本质差异。而农业保险不是"三农"保险,农业保险技术要创新,才能从根本上解决长久以来的农业保险世界性难题。显然,农业保险技术水平落后问题是"瓶颈"。其根本原因就在于农业风险不满足大数法则,可保性较差,传统的保险理论技术上行不通。因此,用传统风险与保险技术不能真正转移农业风险,这是长久以来农业保险经营难的根本原因。农业保险发展需要运用新的风险管理技术,通过保险市场和资本市场的互动,开发设计出新的金融衍生产品来化解和转移农业风险,以前不能经营的农业风险也可以经营了。因此,我们需要建立一套农业保险产品设计技术体系,因地制宜地开发设计新产品,基于风险区划在试点地区应用于农业保险。这对推动农业发展、农村繁荣和农民增收是很有现实意义的。

诚如我们所知,传统保险是以大数法则为理论基础的,面临同类风险的保险标的数量充分多时,且风险标的彼此独立,在一定时间内实际发生的风险事故的标的数量占总保险标的数量的比例就一定会收敛于该风险事故的发生概率。然而巨大的农业自然灾害风险和经营中的各种意外风险达不到一般意义上的可保风险条件。根据中心极限定理,当独立标的数量足够多时,总损失趋向于正态分布。保险公司只要按照这个标准收费,几乎要在 100 年以上才可能会有一年的入不敷出的情况发生。这就要求保险公司盈余的年份足够多,则多年的盈余很可能已经足够弥补某一年的可能赤字。因此,传统的经营与管理技术无法满足农业保险所要求的保险条件,难以吸引商业保险资本进入农业保险市场,农业保险经营与管理技术的创新缓慢就成为农业保险发展的"瓶颈"。[①] 因此,传统保险转移风险的方式是根本无法满足类似自然灾害和意外风险造成损失的补偿需求,这种供求缺口使人们开始寻找一种比传统的保险更有效的方法来解决农业风险的损失补偿问题。既然农业风险问题不可能在传统保险行业内得以解决,人们便把希望寄托于融资能力极强的资本市场,通过资本市场和保险证券化设计解决农业风险的保险问题。

巨灾风险证券化是指运用各种创新性金融工具及其变换、组合以实现保险市场与资本市场的有机结合,利用资本市场的力量来处理巨灾风险的一种融资方式。[②] 自 1992 年美国芝加哥证券交易所推出巨灾保险期货以来,已有数百亿美元的财产风险通过证券化的方式得到处理,而且这一进程大有加速之势。理论和实践表明,我们可以设计出满足不同投资者要求的金融保险混合产品,借助资本市场分散保险风险,这种金融工程技术就是非传统风险转移技术(ART)。据此开发设计的金融保险产品是经过精算技术处理后的产物,具有价格公道合理、低廉稳定的特点。我国现有的农业保险产品大多是国外引进来的,自主设计较少,经过多年发展,鲜有改进,条款陈旧,产品单一。迫切需要农业保险产品设计技术的创新,因地制宜地开发设计农险产品,满足广大农村地区保险保障的需要,服务于建设社会主

---

① 关于经营管理技术创新的问题我们将在本书第 10 章进行讨论。在此不再赘述。

② 巨灾风险证券化的工具主要有巨灾保险期货、巨灾保险期权、巨灾债券、巨灾互换、看跌巨灾股权、意外准备期票等等。

义新农村的大局。基于此,我们可以运用新的风险管理技术,通过保险市场和资本市场的互动,开发设计出适合各地发展的金融衍生品来化解和转移农业风险。农户每年可能面临的风险损失就能得到足够的经济补偿,而政府每年面临的农业灾害损失救助的财政困难问题就能减少甚至免除,而商业保险公司原来用传统方法不能承保的业务,现在也可以承保,特别是农业巨灾风险。这是一个政府、保险公司和农户三方共赢的技术方案。无论对政策性农业保险公司,还是商业保险公司,这个技术方案进一步拓宽农业保险业务范围的功效是显而易见的。可以利用金融创新的各种衍生金融工具,结合资本市场和保险市场的现实情况,开发设计出规避农业产业化风险的金融衍生品,解决现实经济问题。①

借助资本市场雄厚的资金支持和保险业资产证券化的成功经验,将巨灾风险从保险市场向资本市场转移,不仅可以解决我国保险公司承保巨灾风险资金短缺问题,缩短巨灾保险业务成熟周期,而且有助于增加抵御巨灾的资金。我国是一个农业大国,同时也面临着巨大的自然灾害,每年都会因洪涝灾害、病虫灾害、干旱等灾害遭受巨大损失,农业风险的高度关联性,很容易促成农业巨灾风险损失的发生。一旦发生农业巨灾损失,往往会吞噬掉农业保险供给主体的所有准备金和资本金,严重地冲击农业保险供给主体的财务稳定。巨灾损失日益成为保险公

---

① 由笔者主持申报的 2010 年度国家社会科学基金重点项目"我国农业巨灾风险管理制度创新研究"(批准号:10AGL010)获得立项,关注的正是农业巨灾风险管理问题。

司破产的重要原因。传统的应付巨灾风险损失的手段是建立巨灾损失准备金和实施再保险手段。因此,必须建立政府主导下的农业巨灾风险基金,对遭遇巨灾损失的农业保险供给主体提供一定程度的补偿,从而稳定保险供给主体的经营状况,诱导商业性的保险公司经营农业保险。农业巨灾(专项)风险基金,是用以应付特大灾害发生而积累的专项基金,用于发生巨灾时的大额保险赔付,基金来源主要包括:中央财政补贴和拨款;各级地方政府每年拿出的部分支农资金和救灾款;社会捐赠;基金的资金运用收益;其他资金来源。

从产品设计和经营技术创新的角度,建立农业风险估量预测模型,设计农业保险产品风险管理技术体系。目前国内外解决农业风险的技术手段仍然是传统的,这是导致商业保险公司不敢也不能做纯粹农业保险的根本原因。农业风险的商品化技术解决方案在实务中是否有效,还要看保险的组织制度和文化意识是否良好。如果具有良好的保险组织制度架构,保险机制则会高效率地发挥保障作用。

7.2.4　基于农业风险区划实施区域保险战略

农业风险区划就是按照区内相似性和区间差异性的原则,根据各地不同的风险状况和保险标的的损失状况,把全国或一定区域范围内划分为若干个不同类型和等级的农业保险风险区域。保险的本质是多数人的同质风险的集合与分散的过程,农业保险风险区划的经济学理论就是同质风险分散原理和费率与风险等价交换原理。保险人通过订立契约合同将众多损失风险集于一身而又分摊给众人,将少量被保险人的损失在大量被保险人之中分摊。众多同质风险集合是风险能够在空间上分散的前提条件。保险的另一个原理就是风险责任和保费负担相一致的原则,具有相同损失概率的被保险人,在一个较长的时间内,各保险单位得到赔款的机会是均等的,这就要求风险必须是同质的。农业风险区划一方面为科学合理地厘定保险费率提供基础,同时有利于农业保险补贴的公平性。农业风险区划要在调查农业保险标的的基础上,研究各区域的保险标的现状和风险特点以划分区域,为开展和稳定农业保险经营提供科学依据。不论是种植业还是养殖业都存在风险区划的问题。农业保险的费率是由纯费率加附加费率构成,主要是根据保险标的长期风险损失数据计算出来的,而且要不断地进行修改,以适应损失情况的变化。

划分农业保险风险区域也是农业保险自身发展的客观要求。一方面,各地的农业实践千差万别,各地经济发展水平不同,各地农业灾害具有明显的区域性,这些都是农业保险风险区划的依据。划分农作物保险风险区域,就是将农作物生产面临的风险,依据其种类、发生频率和强度以及时空分布的分异特征,以及对农作物产量的影响程度,按照一定原则在地域上区别开来,以便于科学合理地确定保险责任、厘定费率,使支付相同价格的投保人可以购买同质的农作物保险单,也就是坚持保费负担与保险责任相一致。对于保险人来说有利于对风险进行科学管理,提高公司经营水平,有效分散风险。实际上,在养殖业中,也同样存在保险的风险区划问题,由于畜禽的生产力同时受遗传和环境内外因素决定,环境表现出明显的区域性,因此,环境对畜禽的生产状况也表现出明显的区域性,比如,一些地区就是某种畜禽以及某种疾病的易感区和高发区,划分保险风险区域一样具有重要的意义。

国外农业保险发展实践表明,要成功开办农业保险,进行农作物保险区划工作是必要的。美国、加拿大和日本等不论是开展单一责任保险(如雹灾、火灾保险等)还是开展多种风险的保险,都按照灾害发生规律和风险程度进行了风险区划。

7.2.5 促进农业再保险的有效供给

一般而言,通过为商业保险公司提供价格合理的再保险,从而降低商业保险的再保险成本,提高商业保险公司应对风险的能力,吸引更多商业保险公司参与农业保险的经营,再保险成为政府引导调节农业保险市场供求的间接支持和调控手段。当然,农业再保险的发展需要合理规制,是政府给予一定补贴的国家农业再保险,抑或引入商业性再保险机构的商业性运作。再保险作为"保险的保险",是一种有效分散和分摊保险公司风险损失的经营形式,它对提高保险公司的风险保障能力以及增强保险业的可持续发展水平起着重要的作用。将政策性险种列入法定的再保险,对经营政策性保险的保险人进行再保险费和经营管理费用的补贴,鼓励保险公司开发农业保险产品,并按照微利的原则给予补贴,有利于促进农业保险的供给。当前,我国应及早建立政策性的农业再保险体系,通过再保险,向商业保险公司提供技术、信息和必要的政策引导,也有利于规范私人农业保险市场的发展。

7.2.6 市场主体多元化并逐步放开市场

商业行为要求追求利润最大化,而政策性农业保险经营不可能只追求利润。保险公司是企业,必须考虑自身的效益。由于农业保险的"三高三低"特性,几乎没有一家保险公司能靠自身的力量开办这类业务,所以保险"投保越多、费用越低、保障越足"的"大数法则"就难以正常发挥。国内外农业保险实践证明,利益诱导机制对自愿保险是必要的,政府须在农业保险中有所作为。如果违背经济规律,忽视甚至损害投保农民和保险机构的直接利益,立法就不可能得到真正贯彻,农业保险也难以持续发展。

在我国,保险市场的发展严重滞后于商品市场的发展,保险由国家垄断转向市场经营,无论是保险的供求双方,都需要一个培育和成长的过程。我国的保险市场随着"入世"已经加快了开放进程,市场完全放开,外资和合资保险公司的数量与经营规模快速增长,尤其是在东部地区。但是,我国的保险市场存在严重的城乡发展失衡状态,东中西部的区域差距并没有得到明显改进。一是由于我国的农村经济基础薄弱,市场化程度低;二是我国东中西部地区经济格局未得到改善,区域保险意识差异较大,农村地区更甚;其三,也与我国现行的一些保险经营政策与法规对农村保险发展的制约有关。相比而言,西方发达国家的保险资本相对过剩,市场竞争激烈,许多实力雄厚的国外保险公司普遍看好我国保险市场巨大的发展潜力。政府应积极开放农村保险市场,从保险发展政策、市场准入等多方面积极引导和鼓励支持外资或合资保险公司进入我国农村保险市场。充分利用国外公司丰富的农业保险业务经营经验,通过制定优惠政策和积极引导,吸引国外保险公司进入我国的农村保险市场。

同时,政府要积极培育农业保险合作社和农业相互保险组织,通过政府的引导和扶持建立起农村基层的微观保险组织,从而为商业性保险组织进入农村保险市场建立通道,进一步促进商业保险资本进入农村保险市场。由于农业自然灾害发生的频率高、范围广,造成的损失大,同时,农业经营是在广阔的地域进行的,因而农业(特别是农作物)保险的费用大,损失率高,费率也很高,而且农业保险的终端消费者又是收入较低的农民。从经济学的角度来看,纯商业性的农业保险,除风险损失率较低的雹灾、火灾等单项风险的保险外,农业保险的供给和需求都是极其有限的,以致出现了农业保险供需双冷的尴尬局面。农业保险要获得成功,就必须借助政府的力量,利用利益诱导机制,使保险人愿意和至少能够维持经营,在政府的政策资金投入支持下,逐步达到自我积累、自我发展,也使被保险人能够承担和接受自己所分担的价格份额。

因而,一般意义上讲,经营农业保险业务,必须是依照法律、行政法规设立的保险公司、互助合作保险组织①等保险机构,其

---

① 这里,我们有必要对互助合作保险组织进行界定:互助合作保险组织是指由农业生产者自愿联合、民主管理,为农业生产者提供特定保险服务的互助性经济组织。互助合作保险组织经营农业保险业务,应当具有与其经营区域和经营规模相适应的保险服务能力,对农业生产者及时提供灾后损失补偿。其业务范围由国务院保险监督管理机构核准。

他单位和个人不得经营农业保险业务,国家应鼓励(商业性)保险公司和互助合作保险组织经营农业保险业务。

7.3 我国农业保险发展的政府诱导机制的框架性设计

根据经济机制设计理论,一个经济机制要解决的一个关键问题,是如何调动人们积极性的问题。政府诱导机制能在政府的积极引导甚至主导下,把相关行为主体的自利和互利有机结合起来。一般来说,农业保险政府诱导机制设计是指政府为了实现自己的目标,根据诱导客体的需要,制定适当的行为规范和分配制度(诱导手段使用的方式),以实现资源的最优配置,实现诱导客体和诱导主体利益的一致,推动农业保险的健康发展。首先,农业保险政府诱导机制设计的直接出发点是满足被诱导者(保险人和投保农户等)的需要,设计各种各样的外在激励形式,并设计具有诱导特性的活动,从而形成一个诱导因素系统,以满足诱导客体(农业保险市场主体及其行为)的需要。其次,农业保险诱导机制设计的直接目的是为了调动被诱导者的积极性,其最终目的是为了实现农业保险经营组织的目标,谋求组织利益和被诱导者利益的一致,应有一个组织目标系统来指引被诱导者的努力方向。而政府社会福利最大化效用目标,则使政府成为农业保险组织目标系统的主导者。其三,诱导机制设计的核心是分配制度和行为规范,分配制度将诱导因素系统和目标系统连接起来,即达到特定的组织目标将会得到相应的奖酬,农业保险政府诱导机制亦不例外,只是其分配和规范显得更为复杂。农业保险具体行为规范将被诱导者(保险人和投保农户等)的内在因素与组织目标系统连接起来。行为规范规定了被诱导者以一定的行为方式来达到一定的目标。最后,农业保险诱导机制运行的最佳效果是在较低成本的条件下达到诱导目标,即同时实现了被诱导者目标与组织目标,使被诱导者利益和组织利益方向一致,这也是农业保险政府诱导机制所追求的终极目标。

承前文,现代农业风险多元化的发展引致了现代农业保险制度,农业保险也日益成为农业风险管理的核心。由于农业保险的准公共物品属性,政府参与成为必要和必须,农业保险政府诱导机制则成为农业保险发展最为关键的运行机制,但依然应该对其发展的现实障碍予以规避。在政府诱导作用机理和条件下,必须充分发挥农业保险的政府主导作用,同时注意发挥市场的有效性。今后很长一段时期内,我们应积极推进农业保险立法规范;进一步拓宽农业保险经营范围;进行农业保险产品与经营技术创新,融入资本市场,建立农业巨灾损失基金;进行农业风险区划,实施区域农业保险战略;扩大农业再保险的有效供给,使农业风险的风险保障范围进一步扩大;进一步放开农业保险市场,培育多元化市场主体,实施良性的竞争机制。这样会尽快使政府诱导机制服务于农业保险发展,构建和完善农业保险政府诱导机制。基于此,同时根据前文对农业保险政府诱导机制较为深入的分析及其内在联系的综合考察,我们可以尝试构建我国农业保险政府诱导机制(见图 7-2)。

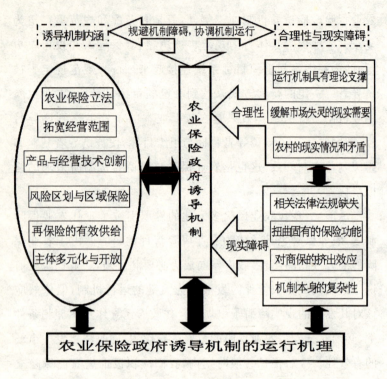

图 7-2 我国农业保险政府诱导机制的框架设计

7.4 本章小结

政府诱导机制是农业保险机制设计的核心,自始至终应体现政府的主导作用,但不能过分夸大政府的影响,规避过多行政指令。本章基于农业保险准公共物品属性的角度,对我国农业保险发展的政府诱导机制进行了较为系统的研究。从农业保经营范围的拓展、经营管理技术的创新、农业巨灾损失基金的建立、农业再保险的有效供给、开放农业保险市场等层面,探索构建我国现实背景下农业保险发展的政府诱导机制,为缓解我国农业保险市场失灵提供理论支持。

第8章　我国农业保险发展的激励约束机制设计

目前看来,经济学在很大程度上已经成为研究激励问题的学科,如何设计机制给经济主体提供适当的激励和约束已成为当代经济学的一个核心问题(陈学彬等,2006),农业保险激励约束机制的设计也就成为农业保险机制设计的重要内容,是研究农业保险的一个极为重要的视角。农业保险发展最难解决的问题是供给不足,需求有限,农业保险发展一直缺乏足够的动力。因此,推动农业保险的发展必须十分重视激励机制的建设问题。

农业保险发展最难解决的问题是供给不足,需求有限,出现了供需双冷的窘境,导致农业保险发展缺乏足够的动力。因此,推动农业保险的发展必须十分重视激励机制的建设问题。农业保险发展中不容忽视而又往往被忽视的原因是在抓农业保险时对农业保险机制的激励问题重视不够(周赛阳等,1998)。经济机制设计的核心在于激励约束问题的有效解决,农业保险激励约束机制设计成为必要和必须。农业保险的激励应该贯穿于农业保险活动的全过程,农业保险激励机制的建设应包括组织激励、供给激励、需求激励和减灾激励等方面。然而,(农业)保险业的稳健运行有赖于建立科学的约束机制。农业保险作为一项特殊的保险业务,更有必要健全经营行为和风险管理全过程的约束机制,特别是当前我国农业保险市场主体尚在发育初期,农业保险体系尚待建立,市场机制很不健全,政府机制由于种种原因也难以有效发挥作用,以及由此引致的双重失灵,使得农业保险约束机制的构建显得十分重要。

8.1　我国农业保险激励约束机制设计的若干基本认识

农业保险发展最难解决的问题是供给不足,需求有限,农业保险发展缺乏足够的动力,因此,推动农业保险的发展必须十分重视激励机制的建设问题。农业保险的激励应该贯穿于农业保险活动的全过程。据此,农业保险激励机制的建设应包括组织激励、供给激励、需求激励和减灾激励等方面。

保险业的稳健运行有赖于建立科学的约束机制。农业保险作为一项特殊的保险业务,更有必要健全经营行为和风险管理全过程的约束机制,特别是当前我国农业保险的市场主体尚在发育的初期,农业保险市场机制很不健全,政府机制也难以有效发挥作用,在此背景下,对农业保险约束机制的构建显得十分重要。

8.1.1　农业保险激励约束机制的内涵与外延

在我国,最早使用"激励"一词的文献是《资治通鉴》,意指激发、鼓动、鼓励。与"激励"对应的英文是 motivation,该词源于拉丁文 movere,意思是"动"。近代以来,"激励"一词作为心理学的术语,指的是持续激发人的动机的心理过程。将"激励"这一概念用于管理,就是通常所说的调动人的积极性的问题。激励的实质就是以人的需要状态为心理依据,激发人的动机,引发人的行为,取得更高的工作绩效。

在现代企业组织中,所谓激励机制,是指企业所有者(激励主体)通过激励因素与企业员工(激励客体或对象)相互作用的形式;约束机制则是指企业所有者(约束主体)通过约束因素与企业员工(约束客体或对象)相互作用的形式。这些相互作用的形式既表现为企业的正规制度(一系列相互配合的激励和约束企业员工行为的制度的集合),又表现为企业的非正式制度(对企业员工行为有激励和制约作用的价值观念、文化传统和道德标准)。激励或约束企业员工的行为目标、诱导或约束企业员工行为的因素以及这些因素作用的时间、条件和程度,构成了一套企业员工激励约束的完整机制。从某种程度上讲,激励本身也是一种约束,某种因素的激励作用越大,约束作用亦越大,这主要是基于员工时间精力的有限和机会成本的考虑。从理性假设出发,"参与约束"条件成立是约束机制发挥约束作用的前提,企业员工之所以约束自己的机会主义行为,是因为得到、保障现有"职业"的期望效用不小于其任何其他职业选择的期望效用。"激励相容"约束表达了激励机制的作用机理,在信息不对称情况下,所有者的利益最大化必须通过调动员工追求其自身利益最大化的积极性实现。经济机制的"激励"和"约束"作用是不可分的连续统一体。基于此,陈学彬等(2006)总结出薪酬机制、控制权机制、声誉机制和市场竞争机制四大激励约束机制。

　　显然,上述关于激励约束机制的研究是基于公司内部的职工行为主体的研究。而我们对农业保险激励与约束机制的考察是基于农业保险行为主体的激励与约束的考察,与一般意义上的经济机制的"激励"和"约束"问题存在较大差异。这里我们有必要对农业保险的激励与约束机制进行界定和规范。所谓农业保险的激励机制,是指通过激励因素,使农业保险供给主体提供农业保险险种与需求主体购买产品的相互作用的形式;农业保险的约束机制,则是指通过约束因素,使农业保险供给主体(保险公司和政府)提供险种与农业保险需求主体(农户)购买险种的相互作用的形式。农业保险的激励约束机制都应贯穿于农业保险活动的全过程,对于农业保险险种的设计及其经营技术创新应贯彻农业保险发展始终。

8.1.2　农业保险激励约束机制的必要性及其障碍

　　农业保险的激励应该贯穿于农业保险活动的全过程,农业保险激励机制成为农业保险活动开展的动力机制。在农业保险活动中,农业保险的约束同样也是必要和必需的,且农业保险约束机制与农业保险的激励机制相辅相成。但构建农业保险激励机制和约束机制的必要性尚需进一步深化,障碍因素直接影响农业保险激励约束机制的健全,更需深入分析。

　　(一)农业保险激励机制的必要性及其障碍

　　农业保险发展最难解决的问题是供给不足,需求有限,农业保险发展缺乏足够的动力,因此,推动农业保险的发展必须十分重视农业保险激励机制的建设问题。农业保险的激励应该贯穿于农业保险活动的全过程。对于许多经济学家而言,目前经济学在很大程度上已经成为研究激励问题的学科。如何设计制度(或机制)给经济主体提供适当的激励已成为当代经济学的一个核心问题。相应地,激励机制应成为农业保险发展的机制设计中不可或缺的重要环节。在一定程度上讲,对农业保险激励机制重视不够已成为我国农业保险发展滞后的诱因之一,更进一步凸显了农业保险激励的重要作用。因此,农业保险激励机制的探讨已不是必要性如何的问题,而应成为如何构建的问题。探讨农业保险激励机制的构建首先要摒除其发展障碍。摒除农业保险激励机制的障碍首先应该解决几个重要问题,那就是激励的因素所在。

(二)农业保险约束机制的必要性及其障碍

保险业的稳健运行有赖于建立科学的约束机制。农业保险作为一项特殊的保险业务,更有必要健全经营行为和风险管理全过程的约束机制,特别是当前我国农业保险的市场主体尚在发育的初期,市场机制很不健全,政府机制也难以有效发挥作用,在此背景下,对农业保险约束机制的构建显得十分重要。约束与激励必然是相辅相成的,仅有激励而无约束的农业保险机制是断然不能长久的,这也是一般社会和经济组织发展的共性所在。农业保险作为一种特殊的保险业务,有别于其他一般意义上的商业保险,由于农业生产的高风险性与低收益性、农业风险的相关性和灾难性、农业保险固有的准公共物品属性,以及农业保险行为主体(主要表现为投保群体)过高的逆向选择与道德风险问题,使得农业保险的约束机制的构建显得更为重要。然而,约束机制的构建必然有损于农业保险业务大规模开展,这也使得开展农业保险必须有赖于科学的约束机制的设立,摒除不必要的障碍。

8.1.3 政府在农业保险激励与约束机制中的作用

政府应该发挥其在农业保险中的主导作用,激励与约束机制的构建离不开政府政策、制度供给的支持。而我们的研究将农业保险界定为政策性保险,就必然要发挥政府应有的作用,方可规避我国农业保险市场的双重失灵现象,但政府仍要以"有限政府"①的角色参与农业保险市场作用的发挥。这是政府角色在农业保险发展中的共性要求,具体到农业保险激励约束机制的构建,政府在其中发挥的作用更为明显和具体。

多数新古典主义经济学家认为政府的任务不仅是保证市场自由化和减少扭曲,而且还应采取积极干预的措施,在市场机制无法发挥作用的地方行使职能,用政府的干预来弥补市场的缺陷。② 而目前我国农业保险出现的市场、政府双重失灵现象必须找到适宜的政策加以规避。在市场失灵的情况下,应更多地倾向于选择政府规制加以规范;但政府在规制农业保险发展时,

---

① "有限政府"理论即市场应主导资源配置,政府只纠正市场失灵问题,提供市场无法真正解决的(准)公共物品(服务),政府的作用则是有限的,即政府必须是"有限政府"或"小政府"。否则,如政府过度干预,则有可能产生政府失灵现象,并最终产生政府和市场的双重失灵。

② 最早指出市场与政府边界的约翰·穆勒同时提出了政府职能边界的确定原则——便利原则。

应注意方式和方法,防止滋生政府失灵。

　　经济学家们还认为市场与政府边界是由两者在资源配置方面的效率极限构成的,且具有动态性、交错性和模糊性。它会由于不同的国家的不同的政治体制、经济结构与发展水平以及社会历史文化而相应不同;它也会由于同一个国家内不同时期的经济、技术和社会发展程度不同而相应地移动。通常,政治经济越发达的地区或国家其市场调节范围越大,政府调节范围越小,反之则相反。而且,该边界具有一定的交错性和模糊性,在政府和市场的临界处,两者并非是非此即彼、泾渭分明的,而是相互渗透、相互作用的。在西方经济学家的理论成就基础上,我国的经济理论工作者也对我国当前的市场与政府边界作了大量的研究工作。有观点认为,我国正处在经济转型时期,与成熟的市场经济国家相比,政府应当在更多的领域里发挥作用,政府直接或间接参与农业保险也是基于该理论实施的。这种现象是可以理解的,而且也是必需的。总之,政府所起的作用应该是举足轻重的,且需要进一步界定和规范政府在农业保险激励约束机制所应发挥的作用。

8.2　我国农业保险发展的激励约束机制的主体内容构建

　　一般地,"激励"是通过奖励等相关手段激发行为主体采取某种行为的内在积极性,诱导某种所期望的行为发生;"约束"是指不允许某种行为发生,一旦发生则对行为主体进行惩罚。按照系统论观点,机制是指系统内各子系统、各要素之间相互联系、相互作用的形式。激励和约束农业保险行为主体行为的目标、条件和程度,构成了农业保险激励约束机制的整体,也成为农业保险激励约束机制的主体内容。

8.2.1　农业保险的激励机制

激励机制运行的过程就是激励主体与激励客体之间互动的过程。承前述,农业保险的激励应该贯穿于农业保险活动的全过程。基于此,谢家智等(2006)曾将农业保险的激励机制分为组织激励、供给激励、需求激励、减灾激励四个方面,并分而述之。在此基础上,本书从农业保险主体行为的目标、条件和程度这一新的研究视角,对农险经营主体、投保农户和政府三个层面就农业保险激励机制的组织激励、供给激励、需求激励、减灾激励等进行探讨。

(一)对农业保险经营主体的激励

根据组织理论,有组织的行为优于无组织的行为,因此在一个组织内部,目标产生信息,并依此形成一定的假设和态度,从而影响决策。[①] 作为一种具体的组织形式,包括决策、信息传递和调节方式、财产所有以及激励方式四个基本要素。不同的农业保险组织形式,将产生不同的交易成本、激励水平和风险分散与管理能力。同时也应看到,农业保险组织形式必须与农村经

---

① 参见杨生斌:"论中国农村保险组织制度安排",《当代经济科学》1994 年第5 期,第25 页。

济发展水平、农村产业组织化程度以及农民的保险意识等相适应。保险组织水平或层次过高，对低水平的农村经济来说是一种奢侈品，难以为继；保险组织水平过低，或者无组织，则又难以满足农村经济发展的保险需求，阻碍保险的发展。从现有的农业保险组织形式来看，一般包括互助型、合作型、股份型和国家型四种农业保险组织形式。我国目前应鼓励农业保险经营主体根据当地经济发展水平，因地制宜地采取适宜的组织形式，实施组织激励，从而在体制上达到对农业保险经营主体的激励。从另外的角度看，这也是一种供给激励。

世界保险发展史说明了保险经营范围伴随保险经营技术的创新而不断拓展，现在已涉及人类生活的方方面面。就农业保险而言，可充分利用现代科学技术，提高对农业风险的识别、计量以及损失控制的水平，这样有利于保险公司预测风险事故的发生，进行积极的防灾防损，降低甚至规避损失。此外，具有相关性的农业风险同时也具有局部性，基于保险的"大数法则"，可通过大范围的承保来分散风险。从新制度经济学的角度，保险公司具有充当农业保险制度变迁初级行动团体的技术优势。但就现实情况看，农业保险长期以来亏损严重，保险公司在追求利润最大化的目标下都不愿主动经营，甚至视农险为负担，不会主动充当制度变迁的初级行动团体。在政府提供的优惠条件下，保险公司则有可能充当次级行动团体，配合政府的制度变迁并获得相应收益，甚至可能只会充当农业保险制度变迁中"免费搭车者"，享受制度变迁的成果。同时由于农业保险的准公共物品属性，政府必须对保险公司给予一定的政策支持和财政补贴，激励保险公司扩大农业保险供给的规模和范围。同时,国家应主动投资农业保险,建立起保险公司和农业经营者互担风险的机制,并积极筹建农业再保险保障体系,逐步扩大农业保险的基础设施投入,进一步扩大农业政策性保险试点范围。无疑,这是一种供给激励。

(二)对投保农户的激励

近年来,一些省份的农业和农村经济在实施战略性结构调整中稳步发展,走出了一条独特的农村工业化道路。农业产业结构调整极大地促进了农业经济的发展,加快了农民致富的进程,同时也使农村标的物价值更为集中,加大了风险分散的成本。这个进程一方面增加了农户对农业保险的潜在需求;另一方面,它也提升了农民对农业保险产品的购买力。但就农村经济发展现实来看,农户购买能力依然极为有限,尤其是中西部地区。这就要求对投保农户给予适当的财政补贴,激励农户扩大农业保险的有效需求,是一种需求激励。

从国外农业保险发展实践和立法来看,农业保险的补贴主要分为两个方面:一是由政府提供一定比例保费补贴;二是由政府对农业保险经营者提供业务费用补贴,即经营费用补贴。从我国现实情况来看,为解决农民支付能力低这一农业保险发展中的主要矛盾,强化保险公司的经营责任,应以保费补贴方式为主,经营费用补贴为辅,兼顾二者的比例额度。对于保费补贴水平,可以选择按保险标的单位给予固定额度的保费补贴,如按农民参加保险的种植面积给予每亩地固定额度的保费补贴。这种方法不受保险机构保费价格水平差异和变动的影响,比较有利于防止保费补贴的失控(庹国柱等,2005)。

(三)对政府的激励

基于农业保险的准公共物品属性,农业保险存在很强的外部性,最终受益者是全社会的终端消费者,农业保险的开展无疑会扩大整体社会福利,这也是政府产生激励的基础条件。政府必须充当农业保险制度变迁的初级行动团体,为农业保险发展提供技术、研究资料和防灾减损扶持。自古以来,我国就是一个自然灾害频繁的国家,主要有洪水、干旱、地震、台风、泥石流等,这些灾害事故的发生大多有一定的气象或地质征兆。政府应集中必要的财力和人力进行深入研究,从而提供准确的预测信息,提前做好防灾准备;同时政府还应该积极修建防洪抗旱工程,为商业保险公司提供防灾减损扶持。这样可以减轻和缓解我国一直以来对农村采取单一的救助救济方式带来的财政压力,成为一种变相激励。可以看出,对政府的激励实质上是供给激励和减灾激励的有机结合。

8.2.2 农业保险的约束机制

海和莫瑞斯(Hay and Morris,1991)对企业增长理论进行了拓展,表述了决定企业增长的四个主要因素:需求约束、管理约束、财务约束以及经理所追求的目标。基于此,我们对农业保险约束机制作出如下细分:农业保险的供给约束(含公司追求目标的约束)、政策需求约束、管理约束。

(一)农业保险的供给约束

农业保险的供给约束,亦即对农业保险经营主体的约束。

农业保险经营主体承担农业保险的具体业务经营,在农业保险的有效供给和发展中担当重要角色。在当前农业保险市场主体缺位的情况下,扶持培育一定数量的农业保险经营主体对增强农业保险供给和促进农业保险市场发育具有积极意义。毫无疑问,农业保险经营主体有别于其他保险经营主体,它一般是在政府的支持和帮助下成立,必然会享受许多其他保险经营主体难以获得的政府资源优势。为有效激励农业保险经营主体的经营积极性和责任感、充分发挥政府的效能、促进农业保险市场机制的发育,在制度设计和政策供给上,应该对农业保险经营主体进行必要的约束。

首先,应对农业保险经营主体的经营行为及其追求的目标进行约束。就农业保险制度供给本身而言,农业保险的核心问题是解决农业风险问题。但实践中,在保险市场准入较为严格的情况下,投资人易于以经营农业保险为由,获取政府的保险经营许可。进入保险行业以后,弱化农业保险而主要经营其他保险业务。更为严重的是,这部分农业保险公司同样会获得政府的各种直接和间接补贴,占用公共资源。因此,应从市场的准入到经营的业务范围都作出较严格的约束。当然,商业性保险公司进行涉农业务的经营则不应受到任何制约,而应对其进行鼓励和支持,并可享受农险业务应有的补贴支持。

其次,应对农业保险经营主体进行财务约束。国际上许多农业保险研究的权威专家在考证世界农业保险发展实践的基础上,告诫发展中国家政府应谨慎考虑发展农业保险问题。对各种组织形式的经营主体,必须规范其内控经营机制,建立良好的风险控制制度和财务约束机制。对于公司型的农业保险公司，还应建立健全现代企业制度，完善公司治理结构，同时应处理好与政府的关系。

（二）农业保险的政策需求约束

农业保险的政策需求约束作为一种约束机制，是由农业保险的准公共物品属性和我国农业保险市场发育的阶段性所决定的。国内外农业保险发展实践表明，农业保险相关法律法规的制定与完善，保证农业保险具有一定的补贴支持，并辅之以必要的行政手段，构成了农业保险发展的基础。首先是法律支持。农业保险的产生和发展作为一种诱导性的制度变迁，其立法意义比一般商业保险制度变迁要重要。从国内农业保险试点看，由于各地情况差异很大，目前国家立法的条件尚不成熟，应先由各地根据辖区内的农业保险试点情况，制定相应的农业保险地方性法规；国务院根据中国保监会等部委拟定的《条例》草案，尽快出台《农业保险条例》，对农业保险进行权威性规范；立法部门要尽快研究，待条件成熟后，适时制定和颁布《农业保险法》。其次是经济支持。具有准公共物品属性的农业保险带有明显的正的外部性（即公益性），是国家农业和农村发展政策的有机组成部分，国家应该给予足够的经济支持。同时，由于农业保险经营风险高、费用高、赔付率高，没有政府经济上的支持是不可能持续经营的。第三是行政支持。农业是一个准公共部门，农业保险的发展具有极强的公共性和外部性，因此，建立对农业的支持保护体系需要探索建立政策性农业保险制度，并实施对农业保险的一定程度的行政保护。

(三)农业保险的管理约束

迄今为止最为著名的管理约束方面的检验工作是由彭罗斯(E. Penrose)完成的。[①] 而我们所述农业保险的管理约束则主要体现在对农业风险保障范围和保障程度控制的约束。

首先,就农业风险保障范围的约束而言,农业保险作为一种专业化和社会化的风险管理手段,对于保险产品的开发和设计应加以选择。在一定的保险经营和管理技术条件下,必须对风险进行分类、识别。这一过程在保险产品的设计、开发和承保等环节尤为重要。现代保险经营技术在不断突破可保风险的界限,传统的不可保风险条件在弱化,但许多保险产品经营的失败,在相当程度上是由于风险保障范围界定不科学所致。能导致农业保险标的损失的风险复杂多样,仅涵盖单一风险的保险方案是不完全的,必须对风险保障范围加以规范(Bharat and Terry,1992)。理论上,农业保险的风险保障范围与保险费率、保险人与被保险人的利益紧密相关:风险保障范围越宽,保险人承担的责任越大,投保对象的保障程度越充分,但保险费率就越高,投保人的保费负担越重。从促进我国农业保险可持续发展角度,应对农业保险的风险保障范围作必要的约束。

其次,就农业风险保障程度的约束而言,农业保险中普遍存在的道德风险和逆向选择严重影响了其经济绩效和市场的培育。但由于农业风险保障程度的约束,使农业投保人无法将全

---

① Edith Tilton Penrose,*The Theory of the Growth of the Firm*,Oxford:Oxford University Press,1959,p.22.

部风险责任转嫁给保险公司,这一风险缺口要求投保人不得不进行"自保",正是因为"自保"风险的存在,使农户与保险公司在保险标的的农业风险管理中形成利益共同体,在一定程度上可以控制道德风险及逆向选择发生。而在农业保险实践中,农业风险保障的程度可根据实际情况作出规定和调整。在存在道德风险的条件下,部分保险(不足额保险)将是最优的均衡结果(Dionne,1982)。此外,最优保险合约应明确规定把保障程度作为损失发生额的非递增函数,即小的损失可以足额保险,当损失超过一定限度后则实行部分保险。这些为保障程度的约束提供了理论支持。此外,农业风险保障程度的约束也很容易得到投保人的支持。

此外,农业保险经营主体作为公司组织形式必然有其追求的公司目标,即便是政策性农业保险公司或者商业性保险公司的政策性业务,也应该尽可能追求农业保险业务收支平衡的非营利经营模式,将费用尽可能控制到最低,以较小的成本获得更大的保险保障,否则农业保险经营将会难以为继。因此,农业保险经营主体追求的目标将在一定程度上限制农业保险供给规模的无限扩大。这也是笔者将公司追求目标的约束归为农业保险供给约束的根本原因。

8.2.3 农业保险激励与约束机制的综合考察

一个经济机制要解决的一个关键问题,是如何调动人们积极性的问题,即如何通过某种制度或规则的安排来诱导人们努力工作,激励机制能够把人们的自利和互利有机地结合起来。

激励和约束是科学激励机制内在不可分割的有机组成部分。由于农业保险自身的特殊性和复杂性,农业保险激励约束机制的两个方面更是不可或缺的。概括来说,仅有激励没有约束的激励手段是缺乏效率的;仅有约束没有激励的措施则是难以持续的。

事实上,激励和约束是一个问题的两个方面,二者缺一不可。构建农业保险激励机制就必须建立相应的农业保险约束机制。因而,农业保险约束机制的建立是农业保险激励机制问题的关键。农业保险经营主体必须完善考评、监督体系,对不规范的农业保险行为给予相应的处罚。同时,对农业保险行为主体的激励也是相当重要的。按照激励理论,可以把人的需求大致分为物质需求和非物质(主要是精神方面的)大类,于是激励则对应分为物质激励和非物质激励,二者共同影响员工的行为,激发员工的努力。农业保险激励约束机制也需要对农业保险行为主体进行物质和非物质两方面的激励,互为促进,完善农业保险激励约束机制。

8.3　我国农业保险发展的激励约束机制的框架性设计

有效的激励约束机制既能有效调动经营者的积极性,又能防止其不顾风险盲目追求利益的不负责任行为。激励与约束已成为现代市场经济发展中的核心问题,农业保险激励约束机制是农业保险机制的核心组成部分。农业保险激励约束机制理论

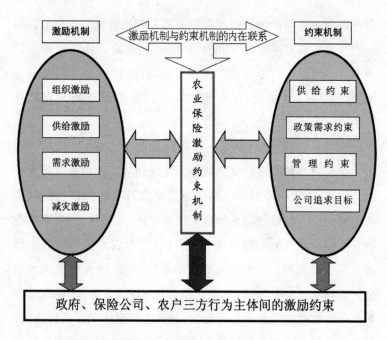

图 8‐1　我国农业保险激励约束机制的框架设计

所研究的问题是,对于给定的政策性农业保险目标,在自由选择、自愿交换的分散化决策条件下,能否并且怎样设计一个经济机制对农业保险三方行为主体的目标进行激励和约束,使其个人或群体利益和设计者既定的目标一致。它要解决的一个关键问题是,如何调动政府、保险公司、投保农户等行为主体积极性的问题,即如何通过某种制度或规则的安排来诱导他们参与其中,激励机制能够把人们的自利和互利有机地结合起来;另一个关键问题是,如何规制农业保险行为主体的行为目标,约束机制则可以把人们的行为目标与农业保险经济福利的最大化目标进

行有效规范。基于此,同时根据前文对农业保险激励机制和约
束机制及其联系的综合考察,我们可以尝试构建我国农业保险
激励约束机制(见图 8-1)。

8.4　本章小结

　　激励约束机制是农业保险机制设计的重要组成部分。本章
以新的研究视角,从政府、保险公司、农户三个层面对农业保险
的组织激励、供给激励、需求激励、减灾激励等进行分析;研究指
出农业保险约束机制涵盖供给约束(包括公司追求目标的约
束)、政策需求约束、管理约束等若干方面。进而探索构建现实
背景下我国农业保险发展的激励约束机制,为缓解农业保险市
场供给乏力提供理论支持和政策导向。

第9章　我国农业保险发展的
再保险机制设计

近几年我国农业保险发展取得了比较可喜的成绩,但由于长期以来缺乏再保险支持和巨灾风险转移分摊机制,风险无法在更广的范围内分散,保险公司的经营积极性和经营能力受到较大影响,农业保险试点的进一步发展受到严重制约。农业保险试点过程中出现了很多问题,其中保险公司担心农业保险的业务扩张太大而出现赔付困难是较为突出的。如何化解农业保险的经营风险,是促进我国农业保险持续健康发展面临的重要问题。因此,为推动农业保险加快发展,国家必须建立多层次保险与风险分担、政府与市场共同参与的农业保险和风险防范机制,当前应该尽快建立和完善政策性农业再保险体系。为确保政策性农业保险试点的稳步推进,中国保监会组织有关单位,在认真研究试点地区农业风险分布特征的基础上,确定了以赔付率超赔分保模式为基本框架的政策性农险再保险安排。[①] 在我国逐步建立多层次体系、多渠道支持、多主体经营的具有中国特

① 参见卢晓平:"保监会:政策性农业再保险框架协议签署",《上海证券报》2007年5月30日。

色的农业保险支持体系是一项重大的系统工程。同时,由于农业保险具有风险大和不确定性等特征,经营农业保险的保险公司容易亏损,迫切需要再保险构筑分散保险公司风险的有效机制。农业保险的再保险机制成为农业保险可持续发展的一道风险保障屏障,其作用毋庸置疑。

9.1 我国农业再保险机制设计的若干基本认识

9.1.1 农业保险再保险机制的内涵与外延

再保险也称分保(reinsurance),是保险公司在原保险合同的基础上,通过签订分保合同,转嫁其所承担风险和责任的方式。再保险机制的建立对于保险业的稳定发展十分重要,对于农业保险尤为关键。农业保险是以大数法则为基础,并以此实现对农业风险的分散,其分散方式(尤其对于农业自然风险来说)有两种:即从时间上分散和空间上分散。根据再保险的一般定义,我们认为,农业再保险又称为农业分保,是指农业保险人将其所承保的农业保险业务的一部分责任金额,按照农业再保险合同规定,转让给其他保险人承担,以减轻保险人自身直接农业保险业务风险的方式。农业保险的再保险机制是指农业保险必须有相应的农业再保险提供支持,以使农业保险在更大范围内规避农业(巨灾)风险,补充和完善农业保险运行的一种机制。农业再保险机制应成为我国纠正农业保险市场失灵的重要制度安排,其基本职能是分散农业保险人承担的风险责任。当农业保险人承担的风险过大,威胁自身的经营稳定时,农业保险人可以利用农业再保险机制,将风险在多个保险人间分散和转移。在我国,农业再保险机构需要由中央政府出资建立,并按照经济区域设立分支机构。再保险公司的资金来源有四:一是财政出资形成资本金;二是农业保险人交纳的保费收入;三是农业巨灾风险基金支持一部分;四是财政对其亏损进行的补贴。再保险公司既可以对关系国计民生的农业种养两业原保险和巨灾风险的农业原保险提供再保险,也可以对市场主导的商业性农业保险提供再保险业务。

再保险作为"保险的保险",是一种有效的分散和分摊保险公司风险损失的经营形式,它对提高保险公司的风险保障能力以及增强保险业的可持续发展水平起着重要的作用。再保险是现代保险业快速、稳健发展的重要因素,是对传统保险经营技术的突破。私人农业保险市场化的发展对价格合理、方便快捷的农业再保险有强烈的依赖。但由于农业风险的特殊性,现行再保险组织难以接纳农业再保险业务。强有力证据表明,国际保险和再保险业不愿或不能对系统相关的风险提供便利的保险(Miranda,2000)。我国的再保险市场发展较为滞后,农业再保险发展更为缓慢。2003年以前,我国农业再保险以法定分保的形式运作。1997—2003年业务年度数据表明,我国农业再保险赔付率为79%—89%,若加上30%—35%的手续费和管理费,则完全处于亏损状态。2003年后,在中国保监会的指导下,中国再保险(集团)公司向试点农业保险公司提供商业再保险,该业务仍处于亏损状态。农业再保险业务的亏损,不利于我国农业再保险保障基金的积累,并将导致农业再保险承保能力的不足,从而长期制约农业保险的发展。严重滞后的农业再保险供给成为影响我国农业巨灾风险分摊以及农业保险有效供给的重要因素。

9.1.2　农业保险再保险机制构建的必要性

再保险最主要的作用就是帮助原保险人在其赔付资金和风险之间达到平衡,通过再保险业务,风险从原保险公司转移到再保险公司,其中包括进程风险(即预期结果的正常波动)、参数风险(即用于定价和承保的重要参数出现错误)和在某一特定区域内的累积风险。各个农业原保险经营主体不敢扩大农业保险经营规模和范围的一个重要原因就是我国农业再保险机制的匮乏,这使得农业再保险的构建显得必要和紧迫。

(一)扩大农业保险直接业务的承保能力和范围

任何保险公司都有一定的资本额,它所经营的业务量都要受它所拥有的资本和准备金等自身财务状况的限制,农业保险概莫能外。一家资本较薄弱的保险公司不能承保超过自身财力的大额业务,即使是资本雄厚的保险公司,其承保的业务量也要受其拥有的资本总准备金的影响。按照《保险法》的有关规定,农业保险原保险人的承保能力是受其资本金、公积金等财务状况所限制的,保险人承保能力必须与其财务能力相匹配,不能超过其承保能力。在农业保险赢利的情况下,大多数农业保险原保险人都不希望受到自身资金的限制,尽量多承保保险标的,增加业务量,既可以进一步获得利润,也可以将风险进一步分散。同时,在面对巨额农业保险标的时,原保险人也不愿意因自身资金的限制而无法对其承保。有了农业再保险,保险人将其承保的业务分给其他保险公司一部分,在不增加资本的情况下,接受其他较大、较多的业务,扩大了保险公司的承保能力,同时办理再保险与保险公司之间互通有无,可使承保公司放心,大胆地接受超过自身财力的大额危险,尽可能多做业务,承保更多的农业保险标的,这对农业巨灾风险尤为重要。农业再保险可以有效解决农业保险原保险人的承保能力与财务能力之间的矛盾。

(二)控制保险责任,稳定农业保险经营

保险公司是经营风险的企业,当其承保的业务赔款和费用支出超过保险费收入时,就要出现亏损;反之,当赔款和费用支出小于保费收入时,就会出现赢利。由于农业风险的多元化特性和高度相关性,农业保险标的损失率不规则的变动,造成保险人的各年经营成果极不稳定,而再保险的作用是减少这种损失的波动,使农业保险业务的经营更趋于稳定,虽然在损失较少的年份,由于分保付出分保费,而减少了赢利金额;但在损失较多的年份或发生巨额损失时,则可以及时向分保接受人摊回赔款,减少赔款金额的支出,通过分保控制损失,稳定保险人的业务经营,使每年获得的利润趋于均衡。

如果保险公司承保巨额风险而不办理分保或者划分危险单位不当,发生巨额损失后,不但保险公司无力承担,以致最后破产,同时也会损害被保险人的利益。因此,很多国家的保险管理机构,对保险公司偿付能力、经营管理、是否恰当地安排再保险以及再保险接受人的资信等都有严格的规定。

在农业保险实务中,由于农业保险自身的特殊性,常常会出现农业保险原保险人在非经济因素作用条件下,不得不接受一些风险大、可保性差的农业保险标的。如当地政府的行政干预,与投保人的长期合作关系,或者为了换取一些较大的保险项目等,为此,农业保险原保险人可以利用不同的农业再保险合同,对每个风险单位的责任加以控制,也可以对一次灾害事故中的累计农业风险加以控制,还可以对某一农业保险险种的赔付率加以控制,这样原保险人可以通过农业再保险的方式将农业风险转给其他保险人,使风险控制在合理的范围之内,以达到稳定农业保险经营的目的。通过再保险可以使再保险人对原保险人给予赔付和费用上的支持:一是直接支持,即当农业保险赔款发生时,原保险人可以向农业再保险人分摊赔款,减轻了实际赔款的压力;二是间接支持,即有了农业再保险的支持,原保险人可以进一步扩大承保能力,增加业务量和保险费收入,有利于分散风险,降低赔付率,同时也产生了规模效应,将一些固定的营业费用摊薄。

此外,办理农业保险分保还可以避免非常损失,控制所承担的责任。任何保险公司即使根据其自留额严格限制其责任,但其所承担的风险在特殊情况下还可能发生一次事故或一系列事故,造成大量危险单位的损失,造成自留额的责任积累过大,如遭遇农业巨灾风险更是雪上加霜。

(三)均衡原保险人业务结构,分散经营风险

根据保险理论中的大数法则,保险人承保的标的越多,保险金额越均匀,保险公司经营的稳定性越好。在我国农业保险实务中,农业保险原保险人承保的保险标的往往达不到保险金额均匀的要求。而通过农业再保险,原保险人则可以将同类农业保险业务中超过平均保险金额水平的业务分给其他保险人,以促使农业保险金额的相对均匀,减少农业保险经营中的不稳定因素,以达到分散风险的目的。同时,农业再保险通过向原保险人支付分保佣金和盈余佣金的方式可以增加原保险人的佣金收入。考虑到原保险人管理费用等因素,再保险人支付的分保佣金一般高于原保险人营业费用的开支,这样,原保险人就获得了额外的佣金收入。若原保险人分出的业务产生盈余,再保险人还应支付盈余佣金,以作为对原保险人经营业绩的鼓励。

此外,农业风险具有系统性特征,而系统性风险常使投保人的风险组合失效,但通过保险人的"投保"行为(即再保险),寻求更广阔范围内的组合,就可以分散系统性风险。再保险也是世界各国规避农业系统性风险的最普遍做法。同时,我们还应从立法、确定主体、建立农业再保险规则和相应的优惠政策等方面建立我国农业再保险体系,这也是使农业保险走向良性循环的制度安排。李有祥等(2004)也有类似的观点。

(四)促使原保险人加强管理,减少风险损失

商业性保险公司或政府机构直接经营农业保险,都容易产生道德风险和逆向选择问题,由此需要投入较高的监督成本。农业保险中的逆向选择和道德风险也被再保险人所关注,所以

再保险人在与原保险人进行交易前和交易后,会采取种种措施督促原保险人加强管理,减少逆向选择风险和道德风险向再保险人传递的程度。由于农业再保险业务的开展,农业保险原保险人之间的联系和合作得到进一步加强,不仅形成了联合的巨额保险基金,增强了整个保险业应对农业巨灾风险的能力,而且形成了全社会风险分散的网络,使风险在更大的范围之内得以分散。新进入农业保险业务的原保险人,可以得到农业再保险的支持和技术指导,保证业务的稳定发展。并且有利于加强与国际保险业的联系,获得技术支持,共享信息资源,进一步在全球范围内分散农业风险。

9.1.3　我国农业再保险机制运行的制约因素

(一)对农业再保险存在保险意识不足的障碍

首先是政府的认识不到位。由于我国再保险发展不足,农业再保险的发展一直比较滞后。尽管国家已经出台了相关文件,而且很多试点地区也充分认识到了再保险的重要作用,但目前仍只是停留在文件中,并没有付诸实施。一些部门认为,只要对农民给予了保费支持就足够了,保险经营机构应该有能力来购买再保险,如果支持再保险就显得有些重复。还有些部门认为,再保险应该由保险经营机构自己来决定是否购买,政府只要在发生巨灾以后对规定赔付率以上的赔付提供兜底即可。

其二,农业原保险经营机构对此认识不足。各试点地区的农业保险经营机构普遍担心农业保险的前景,对农业保险的经营缺乏长远规划。很多保险机构首先考虑的是政府应该给予农民一部分保费补贴,尚没有考虑到如何获得农业再保险补贴。另外,一些全国性保险公司认为,其业务风险已经在全国范围内的不同业务间分散了,所以再保险的意义不大。事实上,各公司因其保险责任在区域、时间和险种集中度上的不同,仍有相互分保的必要性。

其三,再保险机构对此认识不足。面对迅速壮大起来的直接保险市场,目前我国只有一家再保险(集团)公司,无论是主体的质量、数量,还是其客体的规模,都无法满足国内农业保险市场的分保需求。根据我国加入世贸组织的承诺,再保险市场是开放最彻底的一个领域:法定再保险在 2003 年以后以每年 5%的比率递减,4 年内取消法定再保险,国外再保险公司可以在华设立全国性分公司,没有经营地域和业务范围的限制。而中国再保险(集团)公司一方面代理行使国家再保险公司的职能,接受国内各分公司的法定分保业务;另一方面其作为商业性再保险公司却基本垄断了国内再保险市场。这种缺乏竞争的、滞后的再保险组织构架无疑阻碍了国内再保险市场的发展。

(二)农业再保险自身的经营制度障碍

农业再保险自身的经营制度障碍主要包括,农业再保险经营的诚信体系尚没有建立;农业再保险投保人信息保护体系不健全;缺乏对农业再保险的扶持政策;等等。

其一,农业再保险投保人信息保护体系不健全。《保险法》第 145 条规定,在再保险中原保险人就其分保业务负有告知义务;同时,分出人在再保险业务洽谈中,为取信接收人,降低再保险费支出,必定要向接收人介绍自身业务的整体情况和有关经验、技术。由于缺乏农业再保险投保人信息保护制度,分出公司的客户资源、承保技术等商业机密难免会泄露给经营同样保险业务的其他分出公司。在缺少专业再保险公司的情况下,很多国内保险公司宁愿暂时和自己无利害冲突的外国公司做分保业务,也不愿"和同室分杯羹"而危及自己的发展。

其二,国家缺乏对农业再保险的扶持政策。目前,国家缺乏对再保险业发展的引导和扶持政策,在农业再保险领域这一现象更为突出,目前仅有中国再保险(集团)公司一家国内主体开展农业再保险业务。由于国内再保险市场的承保能力有限,导致我国的农业再保险安排不得不面对比较大的困难。另外,部分农业保险试点项目采取了货币形式以外的业务补贴形式,如开辟以险养险业务等,而再保公司并不能直接分享此类非货币形式的政府补贴,从而也在一定程度上制约了再保公司的积极性。

(三)农业再保险经营的技术障碍

确定农业风险造成的损失比较困难;从事农业再保险的技术人才缺乏;缺乏有效的信息披露机制;等等。

其一,确定农业风险造成的损失比较困难。对农业风险造成的损失而言,其损失的时间、地点是能够加以确定的;对损失金额而言,大多数标的在理论上是可以确定损失金额的,但在实际操作上则存在一些技术性的难点,农业风险损失原因的确定,相对于一般财产保险而言具有较大的难度。例如雹灾一般来说会给农作物造成损失,但如果在干旱地域发生雹灾,则不仅能缓解旱情,而且能够将空气中的氮等营养元素带入土壤,增加土壤肥力,可能出现受灾反而丰产的情况。对农作物损失,究竟是按收成损失加以赔偿,还是按投入成本损失加以赔偿?因此,要准确衡量损失存在着诸多技术困难。

其二,从事农业再保险的技术人才缺乏。办理农业再保险,比经办直接保险业务涉及面更广泛,所需知识更为专业和精深,尤其是在风险的评估、危险单位的划分、自留额的确定、超额赔款再保险费率的厘定等方面,都要求保险人不仅要懂农业保险,还要懂得农业。由于农业生产周期和公司业绩的计算周期不一致,而各参与再保险业务的公司却十分重视当年利益,没能从长远角度来看待再保险,从而丧失了许多通过再保险业务的开发来造就一批专业人才的机会。

其三,缺乏有效的信息披露机制。农业保险的发展离不开对数据资源的整合和开发,而我国目前尚没有建立全国性的农业生产数据、天气数据等重要数据资源的整合平台,使农业风险的研究和农业保险、再保险的产品研发举步维艰。农业再保险的经营中还涉及重大动物疫病的信息,而这些情况往往是必须经过国务院有关部门充分研究以后才能向外公布,再保险经营机构往往也对此无能为力。

农业再保险与保险业以及其他行业一样,市场的竞争归根到底还是人才的竞争、技术的竞争。尤其是面临农业巨灾风险等时,在选择保险、再保险时,农业保险公司通常会首先选择风险管理水平高、服务良好的再保险公司,其次才会考虑价值的高低。尽管国际专业再保险公司对高科技、建设等项目都有专家研究其风险管理技术,以满足客户的需要,但(农业)巨灾风险依然面临严峻考验,需要进一步开发衍生性金融产品以规避农业巨灾风险等带来的灭顶之灾。在我国,从事再保险业的人员本就不过二三百人,其中既熟悉再保险市场又掌握了风险管理等再保险技术的人才则更是屈指可数,农业再保险问题更会面临前所未有的困难。这一局面尚需社会各界的共同努力,以构建新时代背景下的农业再保险体系。

9.1.4　农业再保险的运行机理及政府所起的作用

　　笔者多次强调政府应发挥其在农业保险中的主导作用,农业保险的再保险机制构建同样离不开政府政策的支持,必要时需提供农业再保险制度供给。从某种程度上说,农业保险的再保险机制设计与政府的态度和作为有很大关系,具体表现为政府决定采取何种模式的再保险。我国再保险业供给主体的单一使得农业保险的需求并不能得到满足,而国外公司对分出业务的苛刻管理使得我国的农业保险很难寻求到再保险支持。我国农业再保险的不能完全按照商业化运作,政府必须负起农业再保险的相关责任,实施多层次的农业再保险保障体系。刘京生(2006)认为,现阶段我国农业再保险保障体系可由三个层次构成,在目前商业运作模式基础上,逐步向政策性农业再保险基金管理模式过渡,并提出了相应的基本模式。

　　但是,谁来供给、怎样供给农业再保险又成为核心与关键。其实,在再保险市场上,农业再保险面临与农业原保险同样的问题和烦恼,例如,道德风险、逆向选择和巨灾风险问题。这些问题的存在,使农业再保险的成本提高,导致私人农业再保险退出。事实上,市场化的农业再保险几乎不存在。邓肯和迈尔斯(Duncan and Myers,2000)专门对农业巨灾风险的再保险机制建设问题进行了深入研究。他们的研究结论表明:农业再保险能够促进保险市场的发育,刺激保险的参与度,特别是在农业再保险受到政府资助情况下。而且,资助的水平与农民的参与度、农业风险保障水平呈正相关的关系。从国外农业再保险发展实践来看,如美国原联邦作物保险公司,1993年以后称为美国农业风险管理局,一直承担美国的农业再保险业务,直接由政府经营,并承担巨额的财政补贴,在美国的农业保险发展中充当十分重要的角色。如果风险的相关性太高,唯一的办法可能是转移农业风险到一个非常大的、风险充分多样化的保险公司(再保险公司)或政府(Miranda and Glauber,1997;Quiggin,1994)。从我国农业保险发展实践来看,笔者认为,我国建立政策性农业再保险公司可能更符合我国农业保险发展的现实情况。承第7章所述,农业保险机制运行分析的研究结论表明,我国农业保险的运行机制应该建立政府诱导型的农业保险发展机制,政府的作用则主要体现在农业保险市场的平台和基础的建立,政策性农业再保险体系构建是诱导型机制的重要组成部分。我们不主张在全国建立政策性的农业原保险,但是坚持发展政策性的农业再保险,这两者之间并不矛盾,恰恰相反,两者相辅相成,共同形成我国农业保险的运行机制。一方面,再保险是农业保险的重要组成部分,可以大大提高农业风险的分散能力和范围,促进农业保险的供给和需求;另一方面,政府直接支持和发展农业再保险,有利于农业保险市场机制的培育,而且与直接资助和补贴农业原保险相比,财政资金的使用效率将大大提高,发挥再保险的乘数效应。当然,作为政府经营的政策性农业再保险公司,也存在再保险人激励不足,效率低下等问题,但是,与全国众多分散的政策性农业保险公司相比,政府管理的难度相对下降,可以将效率损失降低到相对低的程度。从农业保险发展的长远来看,在我国成立政策性的农业再保险公司符合我国农业保险发展的国情,政府应该积极推进这一构想的实施。在目前尚没有建立政策性农业再保险公司的情况下,必须充分发挥商业再保险公司的职能,由中国再保险(集团)公司代行其职能,政府予以必要的扶持,切实改变我国目前农业保险的境况。因此,基于再保险自身的运行机理,同时根据胡炳志等(2006)再保险及转再保险流程模式①,我们嵌入转再保险形式,并引入政府的介入,形成了我国农业再保险机制的运行机理(图9-1)。

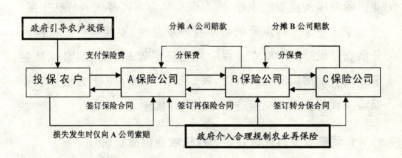

图9-1　我国农业再保险机制的运行机理

---

①　参见胡炳志、陈之楚:《再保险学》(第二版),中国金融出版社2006年版,第8页。

9.2 我国农业保险发展的再保险机制的主体内容构建

农业保险作为农村社会风险保障体系的一部分,同时作为农村金融体系的一部分,承担着贯彻国家支农政策的职能。自2004年农业保险试点拉开序幕后,各地以不同的经营模式展开了农业保险试点,进行了有益的探索和尝试,然而在取得阶段性成果的同时,各农业保险公司也遭遇了相同的难题——农业再保险的缺失。农业保险离不开再保险支持。农业风险的不确定性造成保险公司经营稳定性较低,通过再保险安排,可以有效分散一般性农业风险,同时将自然灾害和疫病等巨灾风险对保险公司的威胁降到最低限度,保证农业保险的长期稳定。作为农业保险制度的重要组成部分,再保险具有不可替代的特殊作用。但由于农业保险再保险机制本身的复杂性,要实现更大范围内分散农业风险和保障农业保险经营稳定等基本目标,必须从更多方面着手加以考究。因而,我们试图从以下几个方面对农业保险发展的再保险机制进行主体内容构建。

9.2.1 明确农业再保险并着力推进农业保险立法

建议在《农业保险法》或《农业保险条例》里,通过法律形式明确界定政策性农业保险和再保险的适用范围,对政府在农业再保险中的作用、农业再保险模式定位、农业再保险的交易规则和支持政策等原则性的内容加以明确,使农业再保险体系的运作有法可依、有章可循。还要在有关法律条款的解释内容里明确,农业保险经营主体因自然灾害造成亏损时,通过再保险方式从再保险公司分摊赔款,而对于农业保险经营主体在经营中因管理不善造成的亏损,则由经营者自行负担。

9.2.2 建立健全农业再保险的财政税收支持体系

国家要以类似补贴等形式对农业再保险给予一定的财政支持。支持的具体内容和方式:一是对农业保险机构在投保农业再保险时,给予一定比例的再保险费用补贴,帮助农险公司减轻分保的财务负担。补贴资金来源于中央财政,补贴比例视情况而定。二是在经营初期对农业再保险经营机构给予一定比例的经营管理费用的补贴。补助资金来源于中央财政,当农业再保险费用积累到一定程度以后,中央财政可以不予补贴。三是鼓励农业保险经营机构将所经营的其他保险业务向再保险机构投保,增强再保险机构的其他业务能力。

再保险保险机构在经营农业保险再保险时,国家应对其提供税收优惠。具体来说,即对农业保险再保险业务实行减免营业税、企业所得税,将所减免的税收直接转入农业再保险费的收入中去。在可能的情况下,还可以对提供农业再保险的保险机构的其他业务,实行适当的税收优惠,以吸引和支持保险机构提供农业保险再保险支持,增强国内再保险机构的经营实力。

9.2.3 逐步设立农业保险再保险基金

农业保险试点开办期间,在市场条件和业务管理水平不很成熟,政策支持未能到位的情况下,可以考虑暂时以商业再保险的方式进行过渡,为建立政策性农业再保险体系积累经验,培育市场。然后在众多的经营较好的商业再保险机构中,由政府指定的专业再保险机构与农业保险经营机构签订农业保险成数合同、巨灾超赔合同或赔付率超赔合同。在专业再保险机构内部设立农业再保险专项基金,并开展运作,以提高农业再保险的自身造血功能,降低国家补贴的频率和幅度。

9.2.4 建立农业再保险经营的风险防范机制

一方面,要委托专业的再保险公司或资产管理公司发行农业巨灾风险债券,作为农业再保险的补充,提高巨灾风险转移的效率和成效。另一方面,要保证农业再保险的健康发展,必须制定严密的制度性措施以防范道德风险和逆向选择。从农业保险发展的具体实践来看,关键在如何调动农民自律的积极性。建议可以参考日本等农业保险比较发达的国家的经验,立法推动基层农村保险组织建设,以此加强对政策性农业保险的管理。

9.2.5 开放农业保险再保险市场

在我国,保险市场的发展严重滞后于商品市场的发展,而再保险市场的发展更为滞后,(再)保险的供求双方都需要一个培育和成长的过程。长期以来,由于我国仅有中国再保险(集团)公司一家经营再保险业务,尽管国家政策规定的法定分保等限制已取消,但其目前仍处于绝对垄断地位。我国的保险市场随着"入世"已经加快了开放进程,市场完全放开,外资和合资保险公司的数量与经营规模快速增长,尤其是在东部地区。西方发达国家的再保险资本相对过剩,世界再保险巨鳄(如瑞士再保险公司、慕尼黑再保险公司)普遍看好我国保险市场巨大的发展潜力。但目前我国农业再保险市场尚未开放,政府应积极开放对农业保险的再保险市场,充分利用国际再保险市场在更大范围内分散农业(巨灾)风险。

9.2.6 农业保险再保险机制与模式的进一步考察

由于农业生产的特性以及目前农业保险试点地域狭小性与农业(自然)灾害广泛性之间的矛盾,为推动农业保险加快发展,国家必须建立多层次保险与风险分担、政府与市场共同参与的农业保险和风险防范机制。基于此,我们应该尽快建立和完善农业再保险体系。建立法制体系以规范农业再保险发展;建立农业再保险的财政补贴机制,并提供一定的税收优惠支持;逐步设立农业保险再保险基金;建立和完善农业再保险经营的风险防范机制;在以上基础上,逐步放开农业再保险市场,适时调节农业再保险框架体系。这五个层面是互相促进、互为补充的,而且具有递进性。基于国内外农业保险发展实践,龙文军(2007)总结了农业再保险的五种模式,即农业保险机构内部建立起再保险体系、国家建立农业保险公司承担再保险职能、农业保险机构之间协商联合开展再保、完全商业化经营的农业保险再保险、国家指定专门再保机构承担农业再保。而我国倾向于国家指定专门再保机构承担农业再保,中国再保险(集团)公司是目前我国唯一的再保险企业,以前在农业再保险上也积累了一些经验,完全可以探索这种模式,并在发展的基础上不断完善农业保险的各项工作。通过指定的专业再保险机构提供政策性的农业再保险,可以充分调动国内农业保险市场的承保能力,为农业保险公司提供保障,并由这家再保险机构根据需要在国际市场安排进一步的再保险保障。

9.3　我国农业保险发展的再保险机制的框架性设计

　　龙文军(2007)总结了农业再保险的五种模式,同时分析了它们各自的优缺点,还进一步指出了倾向性的再保险模式,即国家指定专门再保机构承担农业再保。就目前我国农业保险发展现实来看,这种提法具有一定可取性。笔者认为,农业保险的再保险机制必须基于农业再保险的运行机理,发挥政府和商业保险公司的主观能动性,构建适合我国国情的农业再保险机制。

　　一个经济机制要解决的一个关键问题,是如何调动人们积极性的问题。但仅仅调动人们的积极性有时是远远不够的,需要有相应的制度做保障。就农业保险运行机制而言,农业再保险机制无疑成为农业保险发展的有效保障,也是农业保险的一道有效防线。一般来说,农业保险的再保险机制设计是指政府为了实现自己的目标,根据农业保险发展的现实需要,确立农业再保险经营主体的经营地位,关键是制定适当的行为规范和分配制度,以实现农业保险资源的最优配置,保障农业保险发展的稳定性和可持续性。

农业风险由于其时间和空间的高度相关性,一旦发生可能会在短时间内跨越几个县甚至几个省的保险对象同时发生灾害事故,造成巨灾损失,这使得保险公司不能通过集合大量标的来分散农业风险,保险公司承保的标的越多,风险越集中,保险人的经营风险就越大。因此各国在开展农业保险时都建立有效的农业风险分散机制,通过再保险或者农业风险基金等形式来分散农业保险经营者的风险,对政策性农业保险的分入保费设立专项基金,盈余之年基金滚存,大灾之年则用滚存基金实施赔付,差额部分由政府补贴,从而实现不同地区和不同年份之间的互济作用。① 通过合理的再保险机制分散农业保险的经营风险,同时财政承诺给予经营农业再保险的超赔兜底或者是通过融入国际再保险市场进行农业巨灾风险的合理规避。

现代农业风险多元化的发展引致了现代农业保险制度,农业保险也日益成为农业风险管理的核心,农业再保险则成为保障农业保险机制运行的有效屏障。由于农业保险的准公共物品属性,政府参与成为必要和必需,农业再保险机制则成为农业保险发展具有保障作用的运行机制,但依然应该对其发展的现实障碍予以规避。在农业再保险机制的运行机理作用下,必须充分发挥农业再保险的政府引导作用,同时注意发挥国际再保险市场的有效性。今后很长一段时期内,我们应积极推进农业保险立法,明确农业再保险;建立农业再保险的财政补贴机制,提

---

① 在美国,政府通过联邦农作物保险公司对参与农作物保险计划的各种私营保险公司、联营保险公司和再保险公司提供再保险支持;日本则由都、道、府、县的共济组合联合会和中央政府为市、町、村的农业共济组合提供两级再保险。

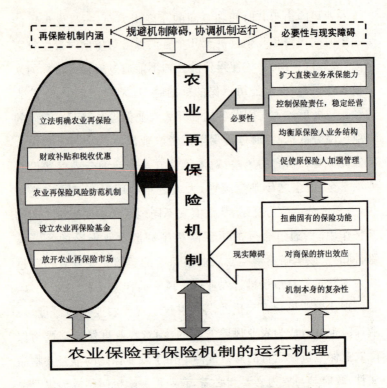

图 9 - 2　我国农业保险再保险机制的框架设计

供税收优惠;逐步设立农业保险再保险基金;建立农业再保险经营的风险防范机制;进一步放开农业保险再保险市场,培育多元化市场主体,并积极融入国际再保险市场。这样会尽快使再保险机制服务于农业保险发展,建立和完善农业保险的再保险机制。基于此,同时根据前文对农业保险再保险机制与模式的分析及其内在联系的综合考察,我们可以尝试构建我国农业保险的再保险机制(图 9 - 2)。

9.4 本章小结

国内外发展实践证实,农业保险的顺利开展需要强有力的再保险支持,农业再保险是农业保险制度的重要组成部分,农业再保险必须与农业原保险同步推进。因此,再保险机制是农业保险机制设计的重要组成部分,为农业保险提供一道必要屏障。本章从归纳农业再保险机制的内涵与外延、构建的必要性、运行的制约因素、运行机理及政府所起的作用等基本认识入手,对农业保险发展的再保险机制进行系统研究,探索构建我国现实背景下的农业保险发展的再保险机制。

第 10 章　我国农业保险
发展创新及其路径优化

　　大量的理论研究和实践探索都证明了农业保险的发展将面临诸多的困难和矛盾,推进可持续的农业保险发展必然要求循序渐进地推进各种配套的发展环境和条件。就我国的农业保险发展情况来看,由于全国保险发展的大环境相对较差,特别是保险市场发育较为滞后,农业保险市场发展更为薄弱;农业和农村的经济社会发展基础较薄弱,农民收入水平不高;国家对农业和农业保险发展投入较为有限,以及农业保险理论研究滞后,农业保险的政策和法规建设进程缓慢等,诸多因素的制约使我国农业保险发展的矛盾尤为突出。如果将农业保险作为一个社会工程来推进,我们认为这项工程在规划和设计时,既要注重这项工程与其他工程的共性,又要特别研究其个性;既要重视微观问题研究,更要关注其宏观的整体发展方向;既要着力解决当前发展的现实矛盾和问题,更要特别注重建立有效的长效发展机制。总之,我国农业保险发展迫切需要创新思路。我们认为,市场经济条件下,建立农业风险管理机制对于促进农业可持续发展至关重要,农业风险管理机制的核心是建立农业保险制度,我国农业保险发展创新既要立足于市场经济体制的基本要求,又要立

足于我国的具体国情和生产力发展的现实水平,坚持发展政府
诱导型的农业保险运行机制的整体思路,积极试点和探索适合
我国国情的农业保险组织形式和发展模式,不断规范和完善农
业保险运行机制,并通过建立健全制度和实施立法规范,加强技
术和管理创新,促进我国农业保险的可持续发展。

10.1　农业保险发展创新和路径优化的理论探索

农业风险比其他行业更复杂,时常面临巨灾风险的威胁,而
农业自身的承灾能力却极为有限,因此,我们必须对农业保险的
发展创新和路径优化进行深入的探讨。

10.1.1　新制度经济学与我国农业保险发展创新和路径优化

制度是经济增长的源泉,农业保险的持续发展有赖于科学
的制度供给,并不断推进制度创新。农业保险制度是农业保险
发展的重要保障和后盾,保险制度的供给必须与农业及农村经
济社会发展环境和条件相适应。我国是一个农业文明悠久、农
业传统深厚的农业大国。伴随着农业的发展和演变过程,我国
的农业保险制度已经历了巨大的变迁,这从本书第 3 章的研究
可窥一斑。从古代朴素的农业保险思想到近代、现代逐渐形成
的农业保险制度的过程都表明,农业保险制度是当时经济社会
制度的组成部分,并受到当时经济和社会发展环境与条件的制
约。在计划经济时期,政府在农业保险制度的供给中处于垄断

地位。农业保险制度是相关各方利益博弈的结果。市场经济条件下的制度供给和创新,应该由强制性制度变迁向政府诱导型制度变迁转变,充分尊重并发挥市场主体的制度需求以及它们在制度创新中的积极作用。就现阶段我国的农业保险制度供给来看,应该强调政府诱导型的制度创新方式,既要发挥政府的作用,更要充分调动农民和保险公司的积极性,积极探索我国的农业保险制度,推进制度的创新。

一般地,新制度经济学认为制度是关于交易活动的规则。基于科斯定理(Coase's theorem),并基于此引入熊彼特在《经济发展理论》中提出"创新理论"(innovation theory),新制度经济学认为制度创新(institutional innovation)是指制度的变革、改革,其结果是制度总体或基本特征的变化,即用新的更有效率的制度来代替原有的制度以取得更大的制度净收益,也就是通过提供更有效的行为规则而对经济发展作出贡献。制度创新不同于制度改良,制度改良是不涉及制度总体或基本特征基础上的制度改变。制度创新可能导致制度变迁(institutional change),即对构成制度框架的规则、准则和实施的组合所作的边际调整或制度的替代、转换与交易过程(Douglass C. North,1994),也即现有制度作为起点模式转变为另一种效率更高的作为目标模式的制度或目标模式对起点模式的替代。但这并不是必然,只有当制度创新引入后"对旧的价值体系带来干扰,这种价值的扰动产生两个结果:首先受到扰动后产生了投入与产出的价值差,即利润或亏损;其次是若出现利润,大家就会争相模仿最后导致利润消失。在这一过程末了,新的价值体系确立,向零利润经济复归,从而形成了变迁"(汪丁丁,1995),也就是说只有当制度创新被大多数人所接受并模仿,才有可能产生制度变迁。不然制度创新产生的新要素将被旧的制度同化,吸收,甚至扼杀。制度就不但不能变迁,反而可能被锁定,更谈不上创新。制度创新是制度创新者为了获得追加的或额外的收益而对现行制度进行的变革。同样,制度通过界定或限制交易主体的选择,减少交易活动的不确定性,从而降低交易费用,获取预期收益,在存在明显过高的交易费用时,制度变迁与创新的欲望就会产生,而这又取决于制度变迁与创新的成本,制度变迁与创新的动力就是来自于这种新制度带来的净收益,只有当制度变迁与创新主体的预期收益大于其成本时,制度变迁与创新才能实现。因此,在这里,制度变迁与创新被看做是制度主体对获利机会自发和渐进反应的演进过程,是需求诱致的结果。潜在利润的形成是制度变迁与创新的前提条件,预期收益大于预期成本是其必要条件。

在社会实际生活中,诱导性制度变迁与强制性制度变迁是很难划分开的。它们相互联系、相互制约,共同推动着社会的制度变迁。笔者曾提出农业保险应进行政府诱导变迁(或创新),是基于考虑政府应在农业保险发展变迁中起主导作用,但不能过分强调行政指令,必须在界定农业保险为"政策性保险"的前提下,以农业保险发展的客观规律为指导,合理并充分发挥和利用政府在农业保险中的作用和地位。[①]

---

① 参见黄英君:《中国农业保险发展机制研究:经验借鉴与框架设计》,中国金融出版社 2009 年版。

　　显然,运用制度变迁理论分析框架和工具来解释对本研究将是积极有效和必需的。但笔者也意识到该理论尤其是其中的制度设计理论,本身还处于不断发展、完善和探索之中,而且还容易将制度变迁与发展创新分析引入"构建主义"误区。因此,本书在黄英君(2009)[①]分析研究的基础上,将综合运用发展经济学的理论成果,进一步拓宽对我国农业保险发展创新的研究视角,从另外一个理论层面探索我国农业保险发展创新理论。

10.1.2 发展经济学与我国农业保险发展创新和路径优化

　　发展是当今世界各国的共同主题,各国都为发展而进行不懈的努力。发展,作为人类社会进步的基础,同和平一道是当今世界的两大主题之一。中国作为一个发展中的社会主义大国,"发展才是硬道理",发展是头等大事和第一要务。发展经济学就是探讨由较落后状态向经济发达状态发展转变的一般趋势和规律的科学。它是研究财富和福利增长的经济学,是研究经济数量和质量相统一发展的经济学科,涉及经济增长、经济发展和可持续发展三大核心。其中,经济增长是出发点,经济发展是核心,可持续发展是目标。发展经济学作为一门独立的学科分支,兴起于 20 世纪 40 年代。当时一批亚非拉国家刚刚摆脱殖民主义统治,缺乏适宜的经济发展理论;而世界另一端,发达国家迫于经济和政治的需要,开始重新考虑它们与发展中国家之间的关系。传统的西方经济学产生于市场经济高度发达的西方国

---

　　① 黄英君:"中国农业保险制度的变迁与创新",《保险研究》2009 年第 2 期。

家,难以直接应用于发展中国家的一些发展问题。出于增强国家之间经济联系以及本国自身发展的需要,一个以发展中国家经济发展为研究主题的经济学分支学科呼之欲出。同时,联合国和世界银行等国际机构和组织,组织了各类应用经济学分支领域的专家,到发展中国家实地考察,担任政府顾问和咨询工作;各种各样的发展模式和理论观点相继提出,发展经济学逐步形成和发展起来。

发展经济学是研究贫穷落后的农业国或发展中国家如何实现工业化和现代化的问题,其真正的理论价值在于对现实经济生活的指导作用。发展经济学的兴旺,正在于它适应了当时民族国家独立自主发展经济的需要。而此后的发展经济学却偏重于追求理论上的完美、范式化与模型化,在理论上光彩照人而在实际应用中却显得苍白无力。当前,发展中国家经济发展的最大特点就是迎来了新经济。新经济的产生和发展给发展中国家的经济生活带来了深刻的变化,也给传统的发展经济学带来了严峻的挑战。

简单地讲,发展经济学是关于发展中国家如何由贫穷落后走向发达繁荣的经济学,也称"贫困经济学"、"穷人经济学"。通俗地说,发展经济学是研究"什么是发展、为什么发展、为谁发展、怎样发展"的经济学。我国是当今世界上最大的发展中国家,正处在由贫困落后走向发达繁荣的过程之中,特别需要发展经济学的指导。而农业保险市场发展更与我国农村经济发展不相适应,发展滞后,层次较低,机制建设极为匮乏,因此更需要发展经济学的指导。发展经济学必须研究发展中的问题,探寻发展的规律,提出有效解决问题、促进发展的对策建议。发展经济学研究的问题,不仅有所有发展中国家在发展过程中都会遇到的普遍问题,而且还有不同发展中国家在发展过程中碰到的特殊问题(简新华,2008)。后一方面的问题,在中国显得特别突出,也特别重要。中国是世界上正处于经济转型过程中的人口最多的最大的发展中社会主义国家,人口最多国家、发展中国家、经济转型国家、社会主义国家,这四大基本的国情特征决定中国在发展过程中会碰到许多别的国家碰不到的特殊问题。中国是发展过程中面临的特殊问题较多的国家。

二元结构下无限剩余劳动供给模型的提出者、诺贝尔经济学奖获得者刘易斯 1979 年在一篇题为《农业对经济发展的重要性》的论文中明确地说:"农业一直是发展链中最脆弱的一环。发展中国家工业每年以大约 7% 的速度增长,儿童入学人数增加了 4 倍,国内储蓄率已上升到 3 个百分点,在我们把目光转向农业之前,到处都是一片光明景象。就总体而言,发展中国家农业的基本情况是,粮食生产赶不上粮食的需求,从而引起并激化了一系列的其他问题。"作为经济学的一个分支,发展经济学历史还很短,但经济发展思想却源远流长,其理论渊源一直可以追溯到 15 世纪的重商主义。18 世纪的重农学派也含有经济增长理论。古典经济学的奠基人威廉·配第和布阿吉尔贝尔,都曾研究过经济增长和经济发展问题。总体而言,从 19 世纪中叶到第二次世界大战后约 100 年间,经济发展理论呈现出停滞甚至消失的状态。但在这期间有两位西方经济学家明确地论证了经济发展问题。

发展经济学自诞生以来,关于经济发展问题的学说繁多,观点不一。迄今为止,除了立足于像中国这样的发展中国家本土的农业国工业化理论外,在西方影响较大的发展理论主要包括:新古典主义的经济发展理论、结构主义的经济发展理论、激进的和新马克思主义的经济发展理论,以及新近盛行的新制度主义发展理论等,都有其长处,同时也有其局限性。

10.2　我国农业保险发展创新的基础:机制框架下的制度创新

大量的理论研究和实践探索都证明了农业保险的发展将面临诸多的困难和矛盾,推进可持续的农业保险发展必然要求循序渐进地推进各种配套的发展环境和条件。但我国现存的诸多因素的制约使我国农业保险发展的矛盾尤为突出,农业保险发展创新性明显不足。如果将农业保险作为一个社会工程来推进,我们认为这项工程在规划和设计时,既要注重这项工程与其他工程的共性,又要特别研究其个性,尤其是要基于农业保险的复杂性考虑农业保险发展的运行机理和机制框架,实施我国农业保险发展创新,而且应作为其发展创新的基础;既要重视微观问题研究,也要关注其宏观的整体发展方向;既要着力解决当前新一轮试点进程中的现实矛盾和问题,更要特别注重建立有效的长效发展机制。为此,本书将专门探讨我国农业保险发展创新问题,旨在推进我国农业保险发展创新沿着一个有效路径发展。

　　笔者在过去的相关研究中一直强调,政府和市场的关系是农业保险可持续发展的重要制约因素,而我国农业保险发展更为复杂的外部环境使得这一进程始终难以获得健康持续发展(黄英君,2009)。农业保险三方行为主体在价格、风险、利益等因素的制约下互相制约,难以获得可持续发展的长效机制。农村经济发展的区域性、农业风险和灾害损失的区域性、农业生产布局的区域差异性等特征,决定了我国农业保险发展必须走区域化的发展战略,创新农业保险发展路径,尽可能规避大一统农业保险模式。这主要是因为,集中统一的发展模式具有扭曲农业保险价格机制、弱化保险发展的激励机制、抑制农业保险的创新机制等弊端,从而阻碍我国农业保险的发展创新,甚至偏离农业保险正常发展轨道。笔者曾对农业风险的可保性进行了较为深入的分析,如果将农业风险这一理论上的不可保风险或弱可保性风险进行"保险",那就必须解决保险的经营与管理技术的创新,尤其要设计适合各地农村经济发展情况和地形特征的农业保险产品。[1] 长期以来,农业保险经营技术的落后,这已成为世界性难题,简单机械地套用传统的财产保险经营管理技术,是农业保险难以走出发展困境的因素之一。因此,应加快包括农业风险监测技术、农业保险精算技术、农业保险理赔技术、风险证券化技术、农业再保险技术在内的保险技术创新,在国家的支持下,并依靠社会力量,成立专门的农业保险研究机构,培养农

---

　　[1]　参见黄英君:《中国农业保险发展机制研究:经验借鉴与框架设计》,中国金融出版社 2009 年版。

业保险专业人才,加快农业保险产品的设计和创新,规范和引导农业保险发展。

首先,技术和管理创新是推进农业保险不断深入发展的根本动力。美国农业保险发展了近一个世纪,积累了不少发展经验,其中最重要的一条就是不断进行技术与管理的创新以及法律法规的规范和完善。众所周知,制约农业保险公司发展的一个重要因素是资金问题。美国把农业保险通过多重系统性风险分散与资本市场连接起来,通过发行自然灾害期权和债券,以及指数合约,将农业风险往金融市场进行了有效的转移,开辟了一条风险转移的新途径。这是我国农业保险发展值得借鉴的。笔者在基于准公共物品属性探讨我国农业保险运行机理的研究中(黄英君,2007),已经突出金融市场的重要作用,充分利用合适的金融衍生工具实施投资组合策略(Replicating Portfolio Strategy,简称 RPS),将农业保险经营技术的创新和新型产品的设计与开发作为农业保险发展的突破口。充分运用风险管理模型与资产证券化理论,将农业保险的发展与资本市场的结合进行开拓性的研究,在更大层面内进行风险分散。并将此与农业保险运行机制的设计紧密结合起来,贯彻风险共担的整体思路。其他国家的农业保险发展也不乏有益经验,这些都是我国发展农业保险值得借鉴的。

其次,积极探索农业保险的技术创新体系是我国农业保险发展的基石,引进国外先进的技术和经营管理经验是非常重要的举措。农业风险的特殊性导致运用传统保险经营技术经营农业保险必然承担高的赔付率、高的交易成本和无法分散的巨灾风险损失。因此,往往造成保险人提高费率,而提高费率必然抑制保险需求,减少投保单位和数量:一方面使农业保险更难满足大数法则,难以有效分散风险;另一方面,保险公司为抵补成本和损失,又不得不再次提高费率,加大逆向选择的市场空间,形成一个恶性循环。此外,从国外农业保险发展历程可以断言,按照传统保险经营技术,农业保险的纯市场化经营几乎不可能,私人保险更是无一例外地失败。走出这一困境的关键在于农业保险技术的创新,解决制约农业保险发展的瓶颈。而现代的气象技术、卫星遥感技术、通信技术和迅速成长的资本市场为农业保险技术的创新提供了有利的条件和基础。我国农业保险的发展应积极跟踪世界农业保险技术创新的最新成果,并加以研究和引进。政府还应进行有效的制度供给和政策引导,发展和创新符合我国国情的农业保险技术支撑体系。正如农业气象指数保险、农业保险证券以及近年来发达国家广泛使用的卫星遥感监测农业灾害损失的新兴技术,都将为我国农业保险经营技术的发展和创新提供重要的启示。

再次,因地制宜、循序渐进、不断创新是农业保险生生不息的必要条件。国外的农业保险发展并不是一步到位的,而是根据各自不同的发展阶段、不同的国情选择了不同的发展模式。而这些模式的根本区别在于政府介入的程度有所不同。尽管目前美国和日本是政府介入农业保险最深的国家,但在早期,它们的农业保险发展基本也处于市场自由决定的状态,私人保险在农业保险发展历程中充当了重要角色。美国更是经历了三个阶段:前期的市场主导、中期的政府主导和现在的政府与市场共同主导,险种的保障范围也经历了一个由窄到宽的渐进过程。我国经济发展水平低下,市场经济体制发育尚未成熟,政府的财力有限,农业的基础设施薄弱,农业占 GDP 的比重相对较高。在此背景下,显然农业保险的险种设置不能过宽,农业保险的发展也不能过度依赖政府,而应该在政府的诱导下,动员全社会的力量,积极推动新一轮农业保险试点,动员更多的市场主体进行探索。随着经济发展水平和政府财力的提高,政府介入的方式以及农业保险险种设置都可以进行相应的改革,通过保险技术与管理创新来获得进一步发展的原动力。换句话说,由于我国与国外发达国家的国情与所处的经济发展阶段和水平不同,我国不能完全照抄照搬国外发展模式,而必须立足国情,不断探索适合自己的农业保险发展模式,为避免走弯路,认真吸取国外的经验教训是十分必要的。

10.3　新型农业保险产品设计与经营管理创新

　　某一类保险业务发展的关键是对风险的识别和产品的开发,起着支撑作用的是保险技术的运用。可保风险与不可保风险的划分是相对的,并且在一定条件下可以实现不可保风险向可保风险的转化,这个条件就是保险的经营与管理技术。事实上,伴随保险经营技术的不断创新,保险业可保风险的条件正在被不断弱化,这就进一步增强了过去作为不可保风险的可保性。同时,随着经济全球化和金融一体化的深入发展,保险技术的发展对保险业的深化和可持续发展起着越来越重要的作用,农业保险的发展更是如此。现行(传统)的农业保险利用普通的财产保险技术来开发和经营农业风险业务,忽视了农业风险的复杂性和农业保险的特殊性。传统保险转移风险的方式根本无法满足类似自然灾害和意外风险造成损失的补偿需求,这种供求缺口使人们开始转向寻找一种比传统的保险手段更为有效的方法来解决农业风险的损失补偿问题。理论和实践表明,我们可以设计出满足不同投资者要求的金融保险混合产品,利用证券市场分散保险风险,这种金融工程技术就是非传统风险转移技术(ART)。开发设计的保险金融产品是经过精算技术处理后的产物,具有价格公道合理、低廉稳定的特点。因此,从事农业产业化经营者可以以低于传统保险的价格实现风险转移。在发达国家业已形成的"国家保障—社会保障—商业保险"的农业风险防灾防险的风险管理体系与制度,各种防范和规避农业风险的技术手段相当丰富。而我国农业长期靠"天",还缺乏完善的农业风险的保险保障机制,无论农业风险管理的理论研究,还是风险管理实务技术都落后于发达国家。尽管近年已经开办了政策性农业保险试点并取得了一定成效,但这只是传统解决农业风险的技术,而多数农业风险靠传统风险管理技术是解决不了的。因此,农业风险保障实际需求缺口依然巨大。另外,现在我国保险市场上的农险产品大多是国外引进来的,自主设计较少,条款和费率等都极为陈旧。我国农业保险经过多年的探索和发展,农业保险产品(费率、条款等)鲜有改进,产品单一。迫切需要农业保险产品设计技术的创新,因地制宜地开发设计农业保险产品,满足广大农村地区保险保障的需要,服务于建设社会主义新农村的大局。因此,我们运用新的风险管理技术,在农业保险运行机制设计的框架内,通过保险市场和资本市场的互动,开发设计出适合当地情况的金融衍生产品来化解和转移当地特色的农业风险。那么,农户每年可能面临的风险损失就能得到足够的经济补偿,而政府每年面临的农业灾害损失救助的财政困难问题就能减少甚至免除,而商业保险公司原来用传统方法不能承保的业务现在也可以承保,特别是农业巨灾风险。这是一个政府、保险公司和农户等农业保险三方行为主体共赢的技术方案。这种方案无论对政策性农业保险公司,还是商业保险公司,进一步拓宽业务范围的功效也是显而易见的,而且可以以农业保险为平台拓宽保险渠道,带动其他相关保险业务发展。

农业保险被国外学者称为是保险业发展的尖端难题,主要是因为较之其他保险业务,农业保险业务具有特殊性。利用传统的保险经营与管理技术来操作具有特殊性的农业保险业务,很难促进农业保险的发展。农业保险的发展必须要大力培育创新机制,包括保险产品的创新、保险组织形式的创新、保险经营管理的创新等。全国统一的发展模式与发展政策,一方面抑制了创新所需具备的外在环境与条件;另一方面,大一统的发展模式往往容易忽略区域利益(特别是保险发展较为滞后地区),这也有悖于我国农业风险区划的显著差异性。同时,由于利益机制是创新机制形成与发展的重要前提,因此集中统一的发展模式通常会弱化农业保险创新机制形成的内在动力。由于经济地理环境、风险标的状态、发生频率、损失程度等都不尽相同,全国各地的农业风险、农村经济发展状况、农民生活与文化意识等方面都具有各自的特色。因此,在今后较长一段时期内,我们应积极探索农业保险产品设计和经营技术的自主创新,设计适合我国农业特色的农业保险金融衍生产品,因地制宜,循序渐进,才能真正实现不断创新。这里要特别注意的是,尽管国外这样类似的农业保险产品已经有了,但这些产品与其所处的经济地理环境相对应,风险标的状态存在很大差异,风险发生的频率、风险发生所导致的损失程度、涉及的范围大小也不尽相同。因此,探索这样的保险产品设计与经营技术,仍然是一种自主创新,实施农业风险区划,尤其要考虑到各地的具体情况。

10.3.1 我国农业保险产品创新与人才需求

我国目前开办的农业保险业务主要是由中国人民保险公司、中华联合财产保险公司等少数几家公司作为"副业"的方式来发展。在保险业全面商业化转轨过程中,农业保险业务发展逐渐萎缩,与我国高速发展的财险与寿险业务形成鲜明对比,农业保险发展的深度与密度都下降到一个最低点。尽管这几年随着农业保险试点的推进,稍有起色,但仍难与我国农村经济发展水平相适应。虽然其中原因很多,但我们认为全国"一刀切"的集中统一发展模式是困扰农业保险发展的主要原因。因为这种农业保险的发展方式存在扭曲保险发展的价格机制、弱化保险发展的激励机制,特别是抑制农业保险发展的创新机制等诸多弊端。

产品(尤其是创新性产品)是技术的载体,新型农业保险产品是农业保险技术创新的最主要形式。笔者前期的研究也表明,传统农业保险产品很难解决经营中面临的矛盾和问题,必须积极推进农业保险产品的创新(黄英君,2009)。近年来国外农业保险在产品创新方面作出了许多积极有益的探索,并取得了良好的经济和社会效益,特别是在农业风险证券化方面的研究与创新,将农业风险和资本市场进行嫁接,不但大大提高了农业风险损失的分散能力和范围,而且创新了资本市场的投资产品,这些新型产品的设计使逐渐走进"死胡同"的传统农业保险"柳暗花明"。虽然这些产品在现有的损失分摊中所占的比重还非常有限,但其积极意义主要在于拓宽了农业风险保障理念,创新了农业保险发展的思维和方向。

我国农业保险的产品设计非常滞后,甚至为满足农业保险精算技术需要的农业损失数据都还没有系统地建立。农业保险产品的开发还仅仅停留在风险范围、保障程度、保险费率等传统财产保险产品的设计环节上。我国的农业保险产品必须重视新产品的设计开发。虽然,我国农业保险风险证券化还停留在理论研究阶段,我国的市场环境也还有待发展,但不管怎样,我们应该充分借鉴发达国家农业保险技术创新的最新成果,结合我国的国情,加快新产品的设计和开发。

同时,应进一步加快推进农业保险人才培养和技术创新,这样才能加快农业保险产品的设计和开发。通过农业保险自身的理论创新和实践探索,会使农业保险成为现代农业风险管理的核心手段。值得特别关注的是近年来农业保险公司积极探索和创新了许多以资本市场为依托的灾害风险证券化产品(如灾害债券和股票、气象指数保险等),将风险损失与资本市场结合起来,为巨灾损失基金的筹集与风险在全球的分散提供了一个十分巨大的发展空间,使市场化的灾害补偿机制进一步深化,显现出这种机制的强大生命力。

农业保险的复杂性对农业保险经营人才及技术提出了特殊的要求。而我国农业保险发展过程中面临的突出矛盾是专业人才匮乏,经营技术非常落后,严重制约农业保险的发展。从保险人才的培养角度,应通过多种方式、多种渠道,培养农业保险发展中所需要的各种人才。农业保险需要大量的理论研究人才、技术人才、经营管理人才。一批热爱农业保险,具有经济学、保险学、金融学、农学和管理学等学科知识背景的复合性研究人才积极投身到农业保险的理论和政策的研究,有助于提高我国的农业保险理论研究水平,为我国的农业保险发展提供更为有力的理论支撑。该领域的研究应该充分依托高等院校、科研单位等在理论研究和人才培养方面的优势,实现政、产、学、研的密切配合。国家和各级政府、研究基金应向农业保险类的研究项目实施一定的倾斜政策,以吸引更多的研究人才进入这一领域,并通过重大专项研究培养研究队伍,影响学科的发展;从现有保险公司、应届大学毕业生和社会单位等多渠道积极引进农业保险的技术和管理人才,稳定和发展农业保险人才队伍,这是农业保险发展的基础。保险本身是一个技术含量很高的产品,专业人才和技术创新在农业保险中具有非常重要的作用。近年来,国外农业保险在技术创新和产品设计方面进行了积极的探索,特别是农业风险证券化产品、农业巨灾风险管理工具的创新,为农业保险提供了崭新的思路。我国的农业保险也应该在这方面进行探索与创新,增强农业保险的自我发展能力。

　　传统的农业保险费率机制和保险方式不利于保险需求的激励,特别是抑制了低风险的农业投保人参加农业保险。因为统一的保险费率一般是根据过去一定时期(例如过去 5 年)损失的平均资料估算出来的平均数。这种按照平均损失程度计算的费率显然有利于高风险投保人,农业保险市场上逆向选择的结果可能是大量低风险投保人的退出,而使农业保险市场的发展越来越困难。这是格雷欣法则①在农业保险市场中的典型体现。而且投保后的道德风险更难控制。传统的农业保险方式和产品设计很难摆脱信息不对称这一复杂问题的困扰,难以有效激励多数农户参与投保的热情。近年来,西方国家在农业保险发展方面进行了大量富有成效的理论研究和实践探索,对保险方式和保险产品的创新在一定程度上缓解了这一难题。而我国则显得较为滞后,这正是我们今后努力的方向和动力。

10.3.2　我国农业保险经营管理技术创新

　　农业保险由于普遍存在风险的相关性且容易发生巨灾损

---

　　①　所谓格雷欣法则是一条经济法则,又叫"格雷欣定律",也称"劣币驱逐良币法则",是由 16 世纪英国金融家、商人托马斯·格雷欣提出来的。当时,市场上流通的是金属铸币,时间长了,人们发现足值与不足值的铸币可以一样使用,于是,人们就把成色好的足值货币(良币)储藏起来,而把不足值的铸币(劣币)赶紧花出去。结果,劣币把良币赶出了市场,这样,市场上流通的货币所代表的实际价值就明显低于它的名义价值了。后来,人们用这一法则来泛指价值不高的东西会把价值较高的东西挤出流通领域。据此法则,在保险市场中,对于同一险种,高风险投保人会竭力投保,而低风险投保人由于要承担与高风险投保人一样高的费率,会逐渐退出保险市场。农业保险市场概莫能外,且表现得更为明显。

失、道德风险和逆向选择严重、交易成本很高等问题,要求农业保险必须积极改进经营技术。技术和管理创新是近年来国外农业保险研究的热点问题。具有代表性的是借助于现代科技与管理技术(如卫星遥感技术与金融工程技术)将农业自然风险设计成标准的保险产品(如农业气象指数保险合同),同时还开发出应急准备金债券、巨灾股票与巨灾债券等产品以及其他各种农业风险衍生产品。农业风险证券化促使农业保险产品与资本市场结合,大大增强了农业风险的分散范围与能力。[①] 沿着这一思路,我们可以运用系统工程学、数理统计学和农业经济学对农业自然风险的形成与发生规律、损失程度的概率分布方式进行科学的动态的分析,建立农业的风险的识别、估量和预测等风险管理技术体系模型,设计农业自然风险的识别、估量和防范化解等风险管理技术体系。

在农业自然灾害与意外事故风险的处理方面,从感疫带病家禽家畜与谷物的销毁深埋,到农业政策补贴;从政策性农业保险到商业性农业保险;从传统农业风险处理方式到现代意义上的农业保险制度创新,发达国家已形成较发达而完善的"国家保障—社会保障—商业保险"的农业自然灾害的防灾防险风险管理技术和制度体系。其中,农业保险历来被视为是农业风险的最佳转移机制,因为商品等价交换的市场化转移风险机制是最

---

① 参见 Froot,K.A.,1997,"The Limited Financing of Catastrophe Risk: an Overview,"NBER working paper No. W6025,以及 Duffie,D. Pan,J. and Single-ton,K.,2000,"Transform Analysis and Asset Pricing for Affine Jump-diffusions," *Econometrica*,68,1343 - 1376。

普遍的。当然,先进的风险管理与保险技术则是保险活动开展的关键技术手段。人类社会发展到现在,前者已经不是问题,后者即技术问题就成为开展保险活动的关键因素了。农业风险的特殊性决定了农业保险天然地区别于其他(保险标的)的保险业务。

目前国内外解决农业风险的技术手段仍然是传统的,这是导致商业保险公司不敢也不能做纯粹农业保险的根本原因。其实,我国商业保险公司和专业性农业保险公司现在做的并非纯粹的农业保险,即便是农业保险,也会利用农业保险的平台/渠道优势,带动其他相关险种业务的开展,拓宽其他业务发展的渠道。随着金融自由化和一体化进程的加快,金融行业间的市场互动已成事实,金融业务相互渗透、融合发展已经成为趋势,农业保险的世界性难题有了解决的技术和环境支持。因此,如果我们采用最新的金融工程技术手段,利用资本市场与保险市场互动发展,设计出有别于传统农业保险的新产品,就能让农业风险在更广阔的范围得到分散,使农业风险损失在更大的范围内得到有效补偿。这也是我们在设计农业保险运行机制时所考虑到的关键问题。

此外,农业保险经营管理技术解决方案在实务中是否有效,还要看保险的组织制度和文化意识是否良好。如果有良好的保险组织制度架构,保险机制则会高效率地发挥保障作用,因此,要较好地解决农业风险,立法工作不能滞后。一般地,一国的风险意识越高,保险意识文化越丰富,保险的密度与深度就越高,农业风险就会因为有了保险保障而减轻对社会经济的冲击和影响。总之,在政策法规的制定、组织机构的设置、费率的厘定以及理赔等环节,都应充分按农业的自然规律及农村的实际办事,并随着风险状态的改变而改变风险管理措施和技术,现存的其他保险业务的经营管理方法不能简单套用,且农业保险的发展还要因地制宜,循序渐进。

10.3.3 我国农业保险经营管理技术创新的典范

综观世界各国农业保险发展创新的先进经验和方法,巨灾风险证券和农业气象指数保险是当前较为常见,也是很值得提倡和推动的农业保险经营管理技术创新的典范。

(一)巨灾风险证券化(catastrophe risk securitization)

风险证券化是一种把风险转换成资本市场上的金融有价证券的金融创新活动。我国传统的保险和再保险手段对农业巨灾风险的分散能力是非常有限的,农业保险经营管理技术创新还要重点考虑农业风险分担的重要性和相应解决办法。面对日益严重的巨灾风险损失,再保险的风险管理缺口越来越大。在这种背景下,从 20 世纪 90 年代开始,国际保险市场上创新性地发展了非传统的选择性风险转移方式,其中最具代表性的就是巨灾风险证券①。在资本市场上以证券的方式筹集资金来分散和化解农业的巨灾损失。与农业保险的巨灾损失相比,资本市场资金规模庞大,如果能将资本市场资金引入到农业保险,无疑对

---

① 巨灾风险证券是指保险人将其承保农业巨灾风险与资本市场结合起来,它是在资本市场上保险风险与证券的联姻,从而产生了一种新的金融衍生品——保险连结证券。

推动农业保险具有十分重要的意义。

　　农业保险巨灾风险债券的优势体现在四个方面:一是突破了原保险人、再保险人与被保险人之间转移和分摊风险的限制,而将风险在保险合同当事人与金融市场上其他投资者这一更为广阔的领域内加以进一步的转移和分摊。一个对保险公司来说特大的巨灾风险损失,对庞大的资本市场却微不足道。二是与再保险分散巨灾风险相比,农业保险巨灾债券不存在违约风险。巨灾风险可能会影响到再保险人对原保险人的损失补偿能力,但在巨灾风险债券化之后,则不存在这一问题。简单地说,在巨灾风险债券化的情况下,资金已经预先进入了债券发行者的手中。三是有利于机构投资者进一步分散风险,稳定投资收益。股票、债券等的收益状况在很大程度上取决于经济形势,它们之间具有很强的正向关系,即它们的收益大致是同升同降。而巨灾风险债券的收益状况取决于农业保险巨灾风险损失的发生,其收益与经济形势基本上是不相关的。因此投资农业保险巨灾风险债券对于机构投资者进一步分散投资组合风险、稳定投资收益具有积极意义。四是巨灾风险潜在资源充分。巨灾风险债券是资本市场的创新工具,它的发行对象是活跃于资本市场的各类投资者(唐红祥,2005)。事实上,国外在 20 世纪 90 年代中后期发展的风险证券主要有三类:巨灾债券,应急准备金债券和巨灾股票。通过巨灾债券、巨灾期权、巨灾股票卖权这三种巨灾风险证券化方式,可以有效地将巨灾风险分散到资本市场,大大减少了农业保险市场的系统性风险,从而实现了巨灾风险的有效转移。其一,巨灾债券(catastrophe bond)是保险公司自身

（或委托再保险公司）发行的附上特定条件的标准公司债券。这类债券的特点是利率一般高于市场利率，但是在保险期限内当巨灾损失发生时，投资者的利息甚至本金将随巨灾损失程度的加深而减少，即投资巨灾债券有高概率地获得高的回报率和低概率地减少收益的特征。由于农业巨灾风险与资本市场具有极小的相关性，所以巨灾债券为投资者提供了一个很好的投资风险组合（Froot，1999）。其二，应急准备金债券（contingent surplus notes）是保险公司以支付一定的费用为条件，自身或委托专门的机构（如信托公司或再保险公司）发行、以国债担保的，主要用来筹集巨灾损失准备资金的债券。其基本原理是：保险公司向发行公司支付一定标准的选择费，发行公司在资本市场向投资者发行债券，发行债券所得的资金投资到国债，如果保险公司发生了发行条件所规定的巨灾风险损失，则保险公司就按照预定的发行价格用自己公司的债券代替国债，从而获得应急的资金，投资者可得到按照国债计算的利息、本金以及由保险公司所支付的选择费。因此，应急准备金债券工具是通过资本市场，对未来可能使用的一笔资金，以支付一定数量选择使用这笔资金权利的费用来迅速筹集大量资金，以满足巨灾损失赔偿的支付，而保险公司自身不需要保持大量的闲置准备金。对农业保险公司，将巨灾损失风险与资本市场相结合，扩大了资金来源，提高了分散风险和抵抗风险的能力，同时由于资本市场的全球化特点，易于将一国农业风险通过资本市场向国外转移。1998年，美国 11 家保险公司发行了 32.96 亿美元的巨灾债券（Lewis and Davis，1998）。其三，巨灾股票卖权（catastrophe equity puts)是一种以巨灾损失为触发因素的以保险公司股票卖出期权。保险公司从投资者手中购入这种期权后,有权利在巨灾损失达到期权合约约定的损失水平时将本公司的股票以事先约定的价格卖给投资者。这样,巨灾股票期权就使得保险公司在巨灾发生时可以获得更多的权益资金以弥补巨灾造成的损失。另外,还包括巨灾风险互换、或有盈余票据,等等。

　　虽然农业巨灾风险证券化作为一种新型巨灾风险管理工具,目前在巨灾损失分担中所占的份额还较小,就目前的发展状况而言,还不足以支撑较大的风险损失,但是,作为一种新的管理工具、投融资方式、风险分摊机制,其探索和发展的主要意义并非仅仅局限在其眼前发挥的作用。农业巨灾风险证券化发展还处在探索阶段,在我国的大规模发展还受到很多技术、环境和条件的制约,但它突破了传统的农业风险分散范围,拓展了空间,且更为重要的是,它充分引入了市场机制。这些创新都为农业保险的发展带来更多希望。尽管我国农业保险起步非常晚,但是不断发展和完善的资本市场,以及发达国家先进的农业巨灾风险管理机制与方法,为我国农业保险的跨越式发展提供了较好的环境。

　　(二)农业气象指数保险(regional weather index insurance)

　　农业气象指数保险最先由澳大利亚产业委员会(Australian Industries Commission)提出,很快在学术界引起相当积极的研究兴趣。正如阿克塞尔·莱瓦(Akssell Leiva,2001)认为:"全世界农作物保险数十年的经验表明,那些基于风险损失原因变量本身(例如降雨量)来进行赔偿支付的单风险农业保险项目,较之那些基于实际结果(例如单个农户的作物产量)来进行赔偿支付的多风险农业保险项目更容易成功。"[1]作物的产量与某一气候现象有很密切的关系,例如降雨量(土壤湿度)的过多(水灾)或过少(旱灾)所形成的灾害性气候构成农业生产风险,随着现代气象技术和卫星遥感技术的发展,准确测定过去特定地区某一时期灾害气候发生程度的数据已成为现实。气候指数保险合同是指在特定时期对某一灾害性气候现象对作物的损失程度通过指数的方式反映出来,正如股票价格指数可以反映股票价格和投资风险一样。然后根据灾害性气候出现的频率以及与某一指数大小对应的损失程度计算出费率和赔付标准,形成标准的合同,例如常见的作物干旱保险。

指数保险合同的主要优点是:第一,增强了保险信息的透明度和对称性,有效地控制了农业保险的道德风险和逆向选择问题。所有的投保人以同样的费率购买保险,当灾害发生时获得相同的赔付标准。只要所在地区的平均降雨量低于一个特定的水平,根据气象指数,投保农民都可以得到赔偿。由于投保的农民无法影响降雨量,因此,道德风险得到相当好的控制。第二,大大地降低交易成本。由于指数保险合同的标准性,合同的销售可以通过在当地保险公司或银行网点进行,保险的赔偿也不需非常复杂和烦琐的核赔技术和程序,可以直接在当地网点按

---

① Akssell Leiva,"Drought Risk in Nicaragua: A Crop, Region and Technology-specific Empirical Evaluation," *Journal of Risk Research*, ISSN 1366 - 9877 print/ISSN 1466 - 4461 online ⓒ 2001 Taylor & Francis Ltd.

照所公布的指数领取赔偿金。气象指数保险的赔偿支付只取决于降雨量,而没有必要像常规保险那样去检测作物损失,因此,将大大减少经营成本。而且现代气象卫星遥感技术的运用,可以保证数据提供的及时性和准确性以及保险成本的低廉性。第三,刺激保险需求。一方面是因为低廉的交易成本和便捷的交易方式有利于刺激农民的保险需求;另一方面,指数保险合同的购买不再仅限于农业生产者,而是所有的人都可以购买,这更容易满足大数法则,有利于风险的分散。此外,指数保险合同的标准性和信息的对称性有利于再保险的发展和其他保险技术在此基础上的创新和发展。

当然,气象指数保险也存在一些不足。例如,没有很好地克服农业风险的相关性和系统性问题;承保的是单一风险,而其他的农业风险将由农民自己承担等。虽然如此,气象指数保险相对于传统的农业保险产品和保险方式而言,具有相当的技术先进性,在很大程度上解决了农业保险中最棘手的道德风险与逆向选择矛盾,以及昂贵的交易成本问题,对刺激农业保险需求、促进农业保险的发展具有重要的启示。

10.4　本章小结

本章以笔者前期的分析和研究为基础,基于新制度经济学和发展经济学,研究和分析了我国农业风险发展创新及其路径优化,对我国农业保险发展创新的路径依赖进行理论论证。我国农业保险的发展创新可以理解为我国农业保险制度变迁的未来方向——发展创新和路径优化,机制框架下的发展创新和路径优化是我国农业保险发展的基本方向。同时,我们基于这一分析框架对我国新型农业保险产品设计与经营创新进行研究,从农业保险发展实践上对我国农业保险发展创新和路径优化进行研究和考察。本章重点分析了我国农业保险产品创新及由此带来的人才队伍的更新和升级,同时,对我国农业保险经营管理技术创新进行了更为深入的分析,并重点探讨了巨灾风险证券化和气象指数保险的两个方向和方法。这为我国农业保险发展创新和路径优化提供了有益的理论支撑。今后较长一段时期内,我国农业保险发展创新和路径优化的整体思路是将大型农业风险分散到群体更多的证券市场,通过资本市场和证券化等优化农业保险市场、资本市场和货币市场互动型金融产品等手段等进行有效的风险分散,同时注意创新农业保险经营管理技术,进一步实现和巩固农业保险经营的稳定性,乃至更进一步的收益性,实现农业风险(尤其是巨灾风险)的有效分散和转移,使农业保险实现可持续发展。

第11章 我国农业保险的立法规范

长期以来,为了改变我国农业和农村经济发展的落后现状,政府也在不断地出台政策。[①] 就我国来看,尽管农业长期靠天吃饭,但对于农业自然灾害的防灾防险风险管理的探索始终未停止过。作为经营农业保险的主力军,中国人保为探索农业保险的道路作出了大量努力。但我国农业保险试点总是难以获得可持续发展,其根源就在于农业保险法律法规的缺失。

11.1 我国农业保险的政策性定位

我们仍将农业保险的属性界定为准公共物品。福利经济学认为,对于存在利益外溢的准公共物品,政府要么直接生产,要么提供补贴委托私人生产,从而使该产品的产量提高至社会最佳规模。准公共物品的供给通常有政府供给、市场供给和非营利组织的自愿供给等多种模式。因此,农业保险应给予足够的

---

① 党中央、国务院高度重视发展"三农"保险,服务新农村建设,不断加强对农业保险工作的领导和政策支持力度。中国保监会也在进一步巩固和扩大政策性农业保险的试点成果,落实财政配套支持政策,扩大保险保障范围,让广大农民从保险中得到实惠。

财政支持,但可以采取多种供给形式。我们对于农业保险法律体系构建也是在此基础上的论证。

我国农业保险发展的历史较短,系统的农业保险理论研究和实践的探索还是一个相当薄弱的环节。国内对农业保险的理论研究起始于 1935 年,以王世颖(1935)、黄公安(1936)为代表的农业经济学者对当时国外农业保险的运作制度进行了研究,并结合当时中国的具体情况,对农业保险在国内实施的意义及模式等方面进行了较为深入的阐释,开创了我国农业保险理论研究的先河。然而,农业保险在 20 世纪 80 年代以前的研究由于各种原因而进展缓慢,直到 1982 年,中国人民保险公司重新开办农业保险业务后,学界对各种农业保险理论问题再次进行了深入研究。农业保险的属性问题是一个至关重要的问题,它关系到农业保险到底应由谁来经营的问题,而目前理论界关于农业保险的属性的界定也是说法不一。

综观各类文献,发现国内外理论界对农业保险的属性问题进行了广泛的研究与讨论。从国内来看,李军(1996)提出农业保险具有一定的排他性,同时又明显地具有公共性,首次提出农业保险应属于准公共物品。郭鸿飞(1996)认为,农业保险是商业保险和社会保障两种性质的政策性保险。刘京生(2000)从商品性和非商品性的角度讨论了农业保险的属性,提出了农业保险具有商品性和非商品性二重性的观点。[①] 庹国柱、王国军

---

① 参见刘京生著:《中国农村保险制度论纲》,中国社会科学出版社 2000 年版,第 28 页。

(2002)则从公共物品和私人物品的角度进行了讨论,提出农业保险既不是完全意义上的私人物品,也不是典型的公共物品,而是介于私人物品和公共物品之间的一种物品,但更多地趋近于准公共物品,即准公共物品的观点。[①] 陈璐(2004)从公共经济学的角度,提出了农业保险属于混合产品中的第三种类型,是具有利益外溢特征的产品,且是正外部性的产品。冯文丽、林宝清(2003)从福利经济学的角度,论证了农业保险是一种准公共产品,揭示了农业保险具有生产的正外部性和消费的正外部性,并认为这是导致农业保险需求不足、供给有限的根本原因,因而政府应适当予以补贴。张跃华等(2005)也有对农业保险准公共产品性质的类似论证。此外,在农业保险的外部性以及农业保险过程中的道德风险和逆向选择问题(庹国柱、王国军,2002;龙文军,2004)等方面,许多文献对农业保险的属性以及由此导致的政策性保险进行了较为深入的探索(郭晓航,1986;庹国柱和王国军,2002;皮立波、李军,2003;史建民、孟昭智,2003)。近年来,国内更多学者将我国农业保险研究集中在农业保险发展模式的探讨,主张建立政策性的农业保险公司,同时大力发展合作保险业务(刘宽,1999;龙驰,2001),而这些研究恰恰是建立在界定农业保险为"政策性"险种的准公共物品基础上。

在国外,赛厄瓦拉和瓦尔德斯(Siamwalla and Valdes,1986)利用消费者盈余和生产者盈余的概念进行成本—收益分

---

① 参见庹国柱、王国军著:《中国农业保险与农村社会保障制度研究》,首都经济贸易大学出版社 2002 年版,第 89 页。

析后,得出对农业保险不应该补贴的结论。他们认为,保险公司通过向农场主出售保单收回成本,农业保险本身并不是公共产品,不该对其补贴,而应对农业保险的研究活动进行补贴。但米什拉(Mishra,1996)则不同意塞厄瓦拉和瓦尔德斯的观点,认为在特定地区中,农场主的风险管理费用可能与保险费不一致,如果不能因地制宜地制定差别费率,政府不提供保费补贴,农场主投保可能就不划算。国外诸多学者的研究角度大都不同,但有一个基本的共识:那就是农业保险是一种政策性和商业性兼有的特殊形式的保险。

虽然研究的角度各有不同,但都认同农业保险具有正外部性。李军(1996)认为,农业保险有明显的社会效益,农业保险对于分散风险,促进农业资源的合理分配,促进农产品总量的增加和质量的提高有显著作用,因此对于保障农业的再生产和扩大再生产有重要意义。同时,现阶段的农业保险正是存在着社会效益高而自身效益低的情况。庹国柱等人也赞同农业保险所带来的最终效益是外在的,是属于全社会的。冯文丽、林宝清(2003)提出,农业保险是一种具有正外部性的准公共产品,它的正外部性表现在农民对农业保险的"消费"(或需求)与保险公司对农业保险的"生产"(或供给)两方面,农民购买农业保险与保险公司提供农业保险,保证农业生产顺利进行,可使全体社会成员享受农业稳定、农产品价格低廉的好处。以上种种关于农业保险属性及外部性的讨论,最终引出了农业保险应属于政策性保险的结论。

作为兼有政策性和商业性的农业保险,它有别于一般的商业保险。一般商业保险毫无疑问属于私人物品,只有缴费才能享受保障,保费和保额计算清楚,成本和收益上的外部性较小,几乎可以忽略,[①]它强调的是对价原则。对于农业保险产品,特别是多重风险或一切险保险产品,虽然也要通过交费获得保障,但并不完全具有私人产品性质,存在较多的"搭便车"现象,农业保险的正外部性十分明显。与一般私人物品相比较,农业保险产品具有经营上的规模性、取得方式上的非集中性、收益上的外在性等公共产品的特点,在很大程度上更接近公共物品;同时,农业保险产品又具有在一定范围和时间内效用的可分割性、在其消费过程中的排他性等私人产品的特点,应属于"准公共物品"。

我们认为,首先,农业保险参与农业生产、防灾、销售等各个环节的风险管理和灾后的经济补偿管理,具有较强的社会管理功能,不乏公共品的特征,而且更多地倾向于公共物品特性。其次,农业保险具有有限的排他性,农民不购买保险就不可能获得灾害损失后的经济补偿。[②] 而保险公司提供农业保险,保证农业生产顺利进行,可使全体社会成员享受农业稳定、农产品价格低廉的好处,这又说明,农业保险是一种具有正外部性的准公共物品,最终的受益者是保险标的的最终消费者,全社会共同享有。其正外部性体现在农民对农业保险的消费和保险公司对农业保险的供给两方面,是农业保险需求不足、供给有限的直接

---

①　从整个社会角度来看,一般的商业保险对保障人民人身财产安全和社会稳定有一定的积极作用,但从个人角度看,它对社会的外部性较小。

②　这也是国外农业保险实践比较常用的做法,使得自愿性农业保险演变成为变相的强制性保险。

原因。

综上所述,我们仍将农业保险的属性界定为准公共物品。[①]

11.2 现实背景下我国农业保险的立法规范

作为一种农业发展和保护的农业保险,对相关法律的依赖程度是相当强的。国内外实践也表明,农业保险的发展是以法律法规的完善为基础的。从国外农业保险立法的背景和农业保险制度变迁,乃至农业经济发展的历史视角进行考察,农业保险制度的历史沿革作为一种强制性的制度变迁,其立法的意义远超出一般的商业规范性法律制度。因此,各国在举办农业保险时,均会制定《农业保险法》及其实施细则,确定其基本法律依据,以保证农业保险体系的顺利建立和业务的协调运作。美国、加拿大、日本、菲律宾等国家的农业保险法是世界各国农业保险立法较为典型的代表,无疑对于我国当前的农业保险立法具有较强的借鉴意义。[②]

---

① 根据产权是否具有独占性,消费是否具有排他性,收益是否有外溢性等特征,社会产品通常被划分为三种类型:公共产品、私人产品和准公共产品。产权不易独占、共同消费、收益共享的产品属于公共产品,它只能由政府来提供;产权可以独占、单独消费,成本与收益内敛的产品,属于私人产品,完全由市场主体提供;其特性介于私人产品与公共产品之间的产品则为准公共产品。准公共产品一方面有巨大的经济效益吸引市场投资,但另一方面效益的广泛外溢又阻碍着市场的投资,从而需要政府和市场共同向社会提供。

② 参见庹国柱、李军、王国军:"美、加、日农业保险立法的比较与借鉴",《法学杂志》2000 年第 6 期,第 43 页。

我国农业保险近三十年来的实践证明,发展模式固然重要,但更重要的是为我国农业保险的发展创造良好的外部环境。[①]多年以来,我国对这项涉及农业基础地位的政策性农业保险业务,尚无一套完整的法律、法规予以扶持。因此,国家应加强农业保险的立法,以法律的形式保障农业保险的发展,确保农业生产者的利益,用法律的形式明确政府在开展农业保险时所应具有的职能和应发挥的作用,避免政府支持农业保险的随意性和不可持续性,并以此提高农民的保险意识。由此,我国应当尽快促成《农业保险法》出台,[②]构筑我国农业保险的法律体系,这也是推动我国农业保险制度不断完善的唯一有效途径。当然,由于我国目前尚不具备马上出台《农业保险法》的前提条件,但《农业保险条例》的颁布实施已进入倒计时。无论是《农业保险法》,还是《农业保险条例》,在制定过程中,都必须考虑我国农业保险的特殊定位及其属性,符合相关要求,遵循若干基本原则和基本内容。结合我国实际情况,笔者建议建立以政府政策性保险为主导、以农民合作(互助)保险为主体、以商业性农业保险为补充的农业保险法律制度,涵盖农业保险的立法目的和立法原则、农业保险的界定及其经营范围、经营主体的组织形式、农业保险经营模式的选择、政策扶持(包括财政补贴方式、标准和规模,税收

[①]　参见孟春主编:《中国农业保险试点模式研究》,中国财政经济出版社 2006 年版,第 145 页。

[②]　早在 2005 年,中国保监会、财政部、农业部等相关部委已筹备成立《农业保险条例》(目前已更名为《政策性农业保险条例》)起草小组。我国农业保险立法初步奠定了我国《条例》先行,《农业保险法》适时出台的格局。

优惠、信贷支持等)、再保险安排、农业保险的监管等具体内容。

11.2.1 农业保险的界定及其经营范围

我们有必要对农业保险进行界定:农业保险,是指对农业种植业、养殖业在生产过程中遭受特定自然灾害、事故造成的损失提供经济补偿的保险活动,即我们通常意义上所讲的狭义农业保险,又称种、养两业保险。

由于农业保险风险过大、成本过高,商业性保险公司人力财力有限,无力经营或不能持续经营,只能通过社会的公共部门——政府来提供或支持保险供给。根据 2002 年 12 月 28 日修改后的《中华人民共和国农业法》(以下简称《农业法》)第 46 条规定:"国家逐步建立和完善政策性农业保险制度。鼓励和扶持农民和农业生产经营组织建立为农业生产经营活动服务的互助合作保险组织,鼓励商业性保险公司开展农业保险业务。农业保险实行自愿原则。任何组织和个人不得强制农民和农业生产经营组织参加农业保险。农业保险可由政府直接经营,也可由商业性保险公司代办经营。"由此,农业保险可以分为政策性农业保险和商业性农业保险。政策性农业保险是指国家给予财政、税收、信贷等政策扶持的农业保险,这是准公共物品的根本供给模式;商业性农业保险是指国家不给予财政补贴,由保险公司按照商业化原则经营的农业保险,这也是准公共物品的市场供给和非营利组织的自愿供给两种模式的具体表现。政策性保险可以在一定程度上补救农业保险的不充分状况,不以营利为目的,借助于税收杠杆的财政积累来补贴农业保险,为农业生产提供保险保障,而这些必然要求国家农业保险立法的完备,有必要进一步确立农业保险的政策性法定保险的主导地位。同时,各地应根据目前试点的进展情况,因地制宜,可以将农业保险从商业保险中分离出来,成立专门经营农业保险业务的政策性保险公司;①其他商业性经营主体亦可从事农业保险业务。

11.2.2 立法目的和立法原则

基于农业是我国国民经济的基础,农民收入普遍较低,农村发展相对落后,以及加入 WTO 后小农户生产经营面临更大风险的现实国情,我国农业保险的立法目的则无疑是为了规范农业保险经营活动,保护农业保险活动当事人的合法权益,加强对农业保险事业的监督管理,促进保险事业的健康发展;提高农业抵御灾害事故的能力,完善农业支持保护体系,维护农村经济发展和社会稳定,推进社会主义新农村建设,推动农村发展和农业生产的稳定,为农民经济收入的持续增长提供保障;同时,还可以将农业保险作为支农性收入再分配重要手段。

从国外的实践看,各国举办农业保险的政策目标主要有两类:一类主要是推进农村社会保障(社会福利)制度的建设,同时兼顾农业发展;另一类主要是促进农业稳定发展。一般来说,发

---

① 试点进展情况良好,上海、安徽、吉林等地已率先将农业保险从商业保险中分离出来,成立专门经营农业保险业务的政策性保险公司。四川省人保 2009 年农业保险业务保费收入已超过 10 亿元,成为仅次于该公司车险的第二大险种,也很有可能成为下一个将农业保险从商业保险中分离出来成立专门经营农业保险业务的政策性保险公司的地区。重庆市政府也有一些相似的想法。

达国家的农业保险属于前一种,发展中国家的农业保险属于后一种。例如,菲律宾立法目标的选择就与自身的农业和农村发展水平匹配,也同国家的财力相一致。在农业保险范围内,在实施农村家庭养老保险和医疗保险的基础上,对于关系国民经济的重要农产品,如水稻、小麦、棉花、果树、蔬菜等采用自愿保险的方式。但要规定,保险都享受政府补贴和再保险支持。如日本的农业保险以强制保险为主,自愿保险为辅,而且立法规定,凡对国计民生有重要意义的稻、麦等粮食作物,春蚕茧及牛、马、猪等牲畜列为法定保险范围,实行强制保险;对果树、园艺作物、旱田作物、家禽等,实行自愿保险。[①]

　　构建农业保险体系应立足我国国情,不宜照搬国外立法,对农业保险立法必须依据调控政策的目标和要求,同时要从我国现实国情出发。鉴于《中华人民共和国保险法》(以下简称《保险法》)是一部商业保险法,仅适用于商业保险领域。作为政策性扶持的农业保险,在组织原则、运作体系、操作流程等方面,均无法从现行的《保险法》中获得足够的法律支持。在当前农业保险法律制度缺位的情况下,农业保险套用商业保险的法律法规,不可避免会出现不适用的情况。农业保险立法就是要解决实际经营过程中没有法律规定,以及套用商业保险法律、法规出现的不适用问题。

　　《保险法》贯彻了下述立法原则:诚实信用原则、自愿原则、

---

　　① 参见施晓琳:"我国农业保险立法原则及组织体系构建",《财经理论与实践》2000 年第 4 期,第 19 页。

保险业务专营原则、本国投保原则、公平竞争原则和等价有偿原则。对于规范目前国内商业保险活动来说,这些原则的适用性是毋庸置疑的。根据农业保险的性质和我国多年的实践,李军(1996)[1]认为,我国农业保险立法工作应借鉴上述原则中适合农业保险的部分:如诚实信用原则、保险业务专营原则和本国投保原则。而对等价有偿原则、公平竞争原则和自愿原则则应持慎重态度,因为这些原则对于农险不完全适用,有的甚至完全不适用。农险立法还应着重体现下述原则:总体报偿原则、公共选择原则和国家扶持原则,同时给出了相关原则的解释。高伟(2006)更是总结了六个原则:试点原则、相关政策逐步出台原则、借鉴国外农业保险立法经验原则、总体报偿原则、公共强制原则、政府扶持原则。[2] 孟春等(2006)对农业保险立法的指导原则进行了归纳:坚持循序渐进的原则,坚持基本保障的原则,坚持政策扶持、引导与市场化运作相结合的原则,统一政策下的多种模式并存的原则等。随后提出,在农业保险的立法上,除应该遵循一般保险的立法原则外,还应着重体现六个原则:坚持试点的原则,坚持相关政策逐步出台的原则,坚持借鉴国外农业保险立法经验的原则,总体补偿原则,公共强制原则,以及政府扶持原则等。[3]

---

① 李军:"农业保险的性质、立法原则及发展思路",《中国农村经济》1996年第1期,第21页。

② 参见高伟:"关于农业保险立法的建议",《河南金融管理干部学院学报》2006年第4期,第31页。

③ 参见孟春主编:《中国农业保险试点模式研究》,中国财政经济出版社2006年版,第165页。

　　就现实情况来看,农业保险立法的现实立法依据只能是《保险法》《农业法》等相关法律法规。此外,考虑到立法的规范性和概括性,《农业保险法》或《条例》的规定不可能面面俱到,以上诸位学者的论述都有一定的道理,但立法中亦只能作简要概括和归纳,体现原则性;在农业保险实务中,则可以具体细化,甚至相关原则可以出现在保险条款中。因此,我们可以予以总结,从事农业保险活动必须遵守相关法律(如《保险法》《农业法》《合同法》《公司法》等)、行政法规及部门规章,同时应遵循自愿原则。此外,从事政策性农业保险活动还应当遵循风险共担和不营利原则,并实行政府引导、市场运作,进一步扩大政策性农业保险试点。

11.2.3　经营主体的组织形式、组织体系和业务范围

　　农业保险经营主体的组织形式、组织体系、业务范围,主要包括对于政策性农业保险公司、从事政策性农业保险的商业保险公司、外资保险企业、互助性农业保险的资质规定;政策性农业保险的再保险机构及其管理;农业保险代理人和勘验人资格、执业规定等。因而,一般意义上讲,经营农业保险业务,必须是依照法律、行政法规设立的保险公司、互助合作保险组织等保险机构,其他单位和个人不得经营农业保险业务,国家应鼓励(商业性)保险公司和互助合作保险组织经营农业保险业务。这些保险机构统称为农业保险经营组织(以下简称“农险组织”)。

　　商业行为要求追求利润最大化,而政策性农业保险经营不可能只要求追求利润。保险公司是企业,必须考虑自身的效益,

由于农业保险的"三高三低"特性,几乎没有一家保险公司能靠自身的力量开办这类业务,所以保险"投保越多、费用越低、保障越足"的"大数法则"就难以正常发挥。国内外农业保险实践证明,利益诱导机制对自愿保险是必要的,政府须在农业保险中有所作为。如果违背经济规律,忽视甚至损害投保农民和保险机构的直接利益,立法就不可能得到真正贯彻,农业保险也难以持续发展。

由于农业自然灾害发生的频率高、范围广,造成的损失大,同时,农业经营是在广阔的地域进行的,因而农业(特别是农作物)保险的费用大,损失率高,费率也很高,而且农业保险的终端消费者又是收入较低的农民。从经济学的角度来看,纯商业性的农业保险,除风险损失率较低的雹灾、火灾等单项风险的保险外,农业保险的供给和需求都是极其有限的,以致出现了农业保险供需双冷的尴尬局面。因此,农业保险要获得成功,就必须借助政府的力量,利用利益诱导机制,使保险人愿意和至少能够维持经营,在政府的政策资金投入支持下,逐步达到自我积累、自我发展,也使被保险人能够承担和接受自己所分担的价格份额。

11.2.4 农业保险经营模式的选择

关于农业保险经营模式的问题,学界和业界众多学者对此进行了探讨(刘京生,2000;庹国柱、王国军,2002;谢家智、林涌,2004 等)。要扭转当前我国农业保险发展滞后的窘境,当务之急是要构建一个获得政府大力支持、充分调动所有农业保险经营主体积极性的农业保险经营新模式。考虑到农村和农业经济发展不平衡及农业风险差异性大的特点,总体说来,积极探索农业保险运行的新模式,要在综合平衡城乡发展方略的指引下,以现有农业保险试点为基础,寻求农业保险发展与农业产业化进程相结合的路子,应在连续七年中央"涉农"一号文件和《国务院关于保险业发展改革若干意见》等的指引下,尤其是要以 2007 年中央一号文件中明确提出的农业保险发展思路作为今后农业保险发展的大政方针——"建立农业风险防范机制。要加强自然灾害和重大动植物病虫害预测预报和预警应急体系建设,提高农业防灾减灾能力。积极发展农业保险,按照政府引导、政策支持、市场运作、农民自愿的原则,建立完善农业保险体系。扩大农业政策性保险试点范围,各级财政对农户参加农业保险给予保费补贴,完善农业巨灾风险转移分摊机制,探索建立中央、地方财政支持的农业再保险体系。鼓励龙头企业、中介组织帮助农户参加农业保险。"[①]2008 年中央一号文件则更明确提出要"认真总结各地开展政策性农业保险试点的经验和做法,稳步扩大试点范围,科学确定补贴品种"[②],进一步肯定了农业保险的"政策性"定位。2008 年由于自然环境的变化,农业保险发展一度受到很大挑战,但在各级政府的支持下依然获得了较快发展,试点工作获得了较好成效。

---

①　新华社 2007 年 1 月 29 日授权全文播发的题为《中共中央国务院关于积极发展现代农业扎实推进社会主义新农村建设的若干意见》的 2007 年中央一号文件。

②　新华社 2008 年 1 月 29 日授权全文播发的题为《中共中央国务院关于切实加强农业基础建设进一步促进农业发展农民增收的若干意见》的 2008 年中央一号文件。

因此,今后很长一段时期内,我国农业保险经营模式应以"政府引导、政策支持、市场运作、农民自愿"为原则,"多给予、少获取",不断开发新的农业保险产品和各项保险服务,促进农业保险产品创新及其服务创新,并有必要对农险经营技术进行创新。有学者提出我国应当采用"三阶段推进"的战略推进农业保险经营模式的构建(李雪霜,2006);有的学者则提出区域农业保险发展战略(谢家智,2005);有的学者认为财政支持型是我国农业保险的必然选择,提出了其制度构想,同时认为相互制是合作制保险的高级形式(刘京生,2000)。随着保险业的快速发展,国家应当动用部分保险资金投资农业保险,建立起保险公司和农业经营者互担风险的机制,并积极筹建农业再保险保障体系,切实减轻农业投入不足问题,逐步扩大农业保险的基础设施投入,进一步扩大农业政策性保险试点范围。我国在今后很长一段时期内,应以农业保险试点为基础,因地制宜构建多层次体系、多主体经营的农业保险模式,由政策性农业保险公司、农业相互保险公司、商业保险公司、外资保险公司共同经营农业保险业务,推动中央补贴与地方补贴相结合的良性互动,使得农业保险成为社会主义新农村建设的重要保障。

11.2.5 农业保险的政策支持

(一)关于补贴问题

从国外实践和立法来看,农业保险的补贴主要分为两个方面:一是由政府提供一定比例保费补贴;二是由政府对农业保经营者提供业务费用补贴,即经营费用补贴。保费补贴是直接对农民的农作物保险费率给予补贴;由于难以区分因农业保险机构经营管理不善而亏损和因政策原因而亏损的界限,采取给保险公司经营费用补贴的国家较少。这两类补贴作为农业保险的坚强后盾是不容忽视的。从我国现实情况来看,为解决农民支付能力低这一农业保险发展中的主要矛盾,强化保险公司的经营责任,应主要采用保费补贴方式为主,经营费用补贴为辅,兼顾二者的比例额度。对于保费补贴水平,可以选择按保险标的单位给予固定额度的保费补贴。如按农民参加保险的种植面积给予每亩地固定额度的保费补贴。这种方法不受保险机构保费价格水平差异和变动的影响,比较容易防止保费补贴的失控。①

据有关数字统计,就保费补贴来说,比如在日本,保费补贴比例依费率不同而不同,费率越高补贴越高,水稻补贴70%(费率超过4%),旱稻最高补贴80%(费率15%以上),小麦最高补贴80%。在美国,保费补贴比例因险种不同而有所差异,2000年平均补贴额为纯保费的53%(保费补贴额平均每英亩6.6美元)。其中巨灾保险补贴全部保费,多种风险农作物保险、收入保险等保费补贴率为40%。就业务费用补贴来说,美国政府承担联邦农作物保险公司的各项费用以及农作物保险推广和教育费用,向承办政府农作物保险的私营保险公司提供20%至25%

---

① 参见庹国柱、朱俊生:"关于我国农业保险制度建设几个重要问题的探讨",《中国农村经济》2005年第6期,第37页。

的业务费用(包括定损费)补贴。[①] 日本政府承担共济组合联合会的全部费用和农业共济组合的部分费用。我国农业保险立法有必要借鉴美日的做法,对这两类费用进行补贴,除此以外,对法定保险项目免除一切税收,自愿项目也应免除部分税收。

此外,还应考虑拨付农险产品研发费用补贴,以及对农业再保险费进行补贴,以保证农业保险健康、持续发展。综上,我们认为,对于补贴的方式,农业保险保费补贴、经营费用补贴应由财政管理部门直接拨付给农险组织;至于再保险保费补贴,则由财政管理部门直接拨付给接受再保险分入业务的农险组织。

(二)税收优惠与财政分担

为体现国家对农业保险的支持和鼓励,减轻农业保险机构的负担,可以对农业保险险种尝试实行特别的税收优惠制度,给予农业保险足够的税收优惠支持,如对种、养两业保险业务减免营业税、所得税,政策性险种则完全免征;商业性农业保险业务免征营业税,考虑各地现实情况,降低或者取消所得税的征收;对农险组织在一定期间内适当减免所得税,以利于经营主体增加准备金积累,逐步降低保险费率,提高农民保费的支付能力;允许经营主体在税前从经营盈余中扣除一定比例的资金作为农险准备金,以增加经营主体的资金实力。此外,有必要给予农业保险适度的金融扶持政策,如:投保政策性农业保险的农户申请贷款时,金融机构应当给予一定程度的贷款利率优惠,放宽

---

① 参见尹海文、廖艳:"农业保险立法的比较研究及我国法律构建的思考",《贵州工业大学学报》(社会科学版)2006 年第 2 期,第 52 页。

期限。

对于农业保险补贴方面的财政分担,保费补贴、经营费用补贴和再保险保费补贴,应由中央和地方各级财政按照一定比例分担;[1]地方各级财政可以在规定补贴数额和补贴种类以外,根据当地财政状况和农业保险发展需要,因地制宜地对农险经营给予单独或额外补贴。给予单独补贴的,具体办法由地方各级财政部门根据当地经济发展水平和相关农业扶持政策等自行制定。

(三)农业巨灾风险基金的设立

建议国家设立政策性农业保险巨灾准备金,亦即学界一直以来通常所表述的"农业巨灾(专项)风险基金",它是用以应付特大灾害发生而积累的专项基金,用于发生巨灾时的大额保险赔付。我国是一个农业大国,同时也面临着巨大的自然灾害,每年都会因洪涝灾害、病虫灾害、干旱等灾害遭受巨大损失,巨灾专项风险基金是解决当前问题的一个有效措施和手段。

农业巨灾(专项)风险基金必须"财"尽其用:政策性农业保险业务以赔款为基础确定自留额,实际赔款支出在自留额以内的部分,由农业保险经营组织自行承担;实际赔款在自留额以上的部分,由农业巨灾风险基金承担。农业巨灾(专项)风险基金的具体使用和管理办法,由财政部会同中国保监会共同制定。

---

① 关于具体的比例分担,有人提出各占一半,或六四分。笔者认为,具体的比例应区分险种(包括条款、保障范围、费率等)、区域(主要包括风险因素、地方财政状况等)进行具体研究,但对中央所占比重应该有一定规制,分担比例的上限一般不能超过70%。

考虑到该基金的可持续性,基金可以用于其他相关方面:巨灾风险的预防,支持设立农业灾情研究机构,分析和研究我国农业(自然)灾害发生的规律,以便建立起农业风险预警系统,加强农业风险管理,同时为国家制定农业保险政策提供支持,为构造有效的农业保险运行机制提供科学依据。

11.2.6　农业再保险安排

从国外立法来看,美国通过联邦农作物保险公司对参与农业保险的各种私营保险公司、联营保险公司和再保险公司提供再保险支持。日本则由都、道、府、县的共济组合联合会和中央政府为市、町、村的农业共济组合提供两级再保险。但在我国,农业保险的再保险机制尚未建立,可以由中央政府建立统一政策性的全国农业再保险公司,对各分支机构或经营农业保险的商业公司提供农业再保险,目前可由中国再保险(集团)公司兼营这部分业务,使农业风险在全国范围内得以最大限度分散,以维持国家农业生产稳定。再保险可采取自愿方式,必要时也可以在一定范围内采取法定分保方式。

农业再保险对进一步分散农业可保风险是很有必要的。由于农业互助保险合作社以及目前的农业保险试点往往处于特定的狭小区域,而农业(自然)灾害风险的发生则经常是面积广泛的,灾害结果会波及众多农户。从而,仅靠农险组织的力量不能完全弥补灾害损失,有时候甚至是杯水车薪。为了解决这一矛盾,就应考虑建立农业再保险机制,将分散的各个互助保险组织,通过再保险手段将风险予以转移,充分利用再保险组织的保险基金在分保关系中的流动作用,应对各个地区的各种农业风险造成的区域性灾害后果。

国外农作物保险均有再保险机制的支持,特别是用于避免特大自然灾害对农业和农民的影响。而我国以往的农业保险恰恰是缺乏再保险的安排,使得农业风险过度集中于农业保险经营主体自身、难于分散,影响经营主体的经营效果。此外,中国再保险(集团)公司代行国家支持农业保险的职能,农险组织必须建立同其再保险业务关系。农险组织因自然灾害造成的亏损,只能通过再保险方式从中国再保险(集团)公司分摊赔款,而不能直接从国家财政得到补贴。然而,中国再保险(集团)公司作为改制后的商业性保险公司不可能对农业再保险“大包大揽”,否则有可能最终导致我国农业再保险机制的失效。因此,我们有必要考虑对农业再保险,尤其是对政策性农业保险业务的再保险,给予一定比例的财政支持,中央和地方各级财政应按照一定比例进行分摊,并视业务进展适当逐渐增加保费总额的支持比例。

11.2.7　农业保险的监管

保险业是集风险性和金融性于一体的行业,大多数国家都建立了比较严格的监管制度。我国是一个农业大国,农业保险如果出现问题,将对农业、农村经济乃至整个国民经济的发展产生极大的负面影响,因此,对农业保险加强监管显得尤为重要。

首先,应该建立专门的监管机构。目前,中国保监会负责对各类保险业务进行监管。由于农业保险和一般商业保险的经营目标、业务范围存在较大差异,监管理念和方式亦不尽相同,由同一机构来监管不是很妥当。有必要建立一个独立的农业保险监管机构[①],直接对国务院负责,专门对农业保险进行监管;或者由保监会和农业部、财政部等相关部委抽调人员,共同组建农业保险协调机构,负责与农业保险经营和发展有关的协调工作,其出台的有关政策和指令应有一定的行政强制性。基于我国农业保险的特殊性,农险监管的协调机制或许是较为有效的一种监管制度,它制约着其他监管层面,应引起足够的重视。此外,还需明确监管重心。农业保险监管机构可以借鉴法国的农业保险监管理念,将监管重心放在对保险人偿付能力的监管上,切实维护投保人利益,建立偿付能力预警指标体系,对农业保险公司的偿付能力状态和变化趋势进行动态监测。对偿付能力额度进行强制性监管,如果主要指标超出正常范围,则要求农业保险公司解释和限期改进;如果实际偿付能力额度低于法定最低偿付能力额度,根据其严重程度分别采取责令整改、责令分保、限制经营费用规模、责令拍卖不良资产、限制高级管理人员薪酬水平和消费水平、责令停止新业务以及依法接管等措施。

其次,无论对农业保险采取何种监管模式,都应对保监会、财政部和农业部等部委的职责加以规制。(1)中国保监会履行农业保险经营管理的监管职责,同时,借鉴国外发达国家农业保险应急机制处理模式,农险组织应当向保险监管机构在要求的

---

① 类似于美国农业部的风险管理局(USDA–Risk Management Agency),集中管理农业保险业务。刘京生(2000)、庹国柱和王国军(2002)等对此进行过较为详细的论述。

期限内提交月份、年度的经营报告;发生重大自然灾害或者事故的,自灾害发生之日起 3 日内提交重大灾害、事故报告;等等。(2)财政部履行财政拨款及其监管职责:及时拨付各项国家补贴;确定对农业保险的财政支持政策(三部委协商);对补贴资金的给付、使用以及资金运用依法进行检查监督,保证资金的稳定性。(3)农业部履行农业监管职责大都体现在宏观层面:提出政策性农业保险发展需求;参与拟定政策性农业保险的财政支持政策;就促进农业保险发展、财政补贴、税收信贷措施等提出具体建议;对农业生产者投保农业保险进行宣传和指导。[①]

11.3　我国农业保险立法的评论性总结及展望

　　毋庸置疑,从很多方面来看,我国农业保险立法都有其必要性。更进一步讲,目前的问题已不是必要与否,而是如何立法的问题。农业保险立法的趋势应使农业保险带有强制性或准强制性的特征。这种强制性或准强制性的强制,使农业保险逐步向"大数法则"靠拢,满足保险的一些基本前提条件,可以尽可能地扩大同质标的物的规模,尽可能在空间和时间上进行分散风险,以保证农业保险经营的稳定性。国内外农业保险实践无不证明,农业保险制度的建立离不开农业保险法律法规的完善,而且

---

　　① 参见庹国柱、朱俊生:"关于我国农业保险制度建设几个重要问题的探讨",《中国农村经济》2005 年第 6 期,第 37 页。

必须恰当地选择立法目标,立法的有效性有赖于由该法确定的利益诱导机制,应因地制宜地选择适合的组织制度,绝不能照搬国外模式。我们应通过农业保险立法,明确农业保险应由政府支持的政策性。世界各国农业保险的共性表明,凡是农业保险搞得成功的国家和地区无不得到政府一定程度的财力支持,如美国、加拿大、日本、法国、菲律宾、印度、毛里求斯等国均是如此,且大都有立法作支撑。我国的农业保险要想有所改进,应将农业险保费独立核算,国家不但对农业险免收营业税,还应给予适当的财力支持和政策扶持,即首先应在核算体制上理顺。从我国农业和农村经济发展的实际出发,科学界定农业保险的业务范围、操作办法、机构建制、资金投入、保障水平和管理规则等与农业保险法律制度建设相关的事宜,并辅之以必要的实施细则。

有关主管部门应积极推进农业保险立法工作,从我国国情出发,建立农业保险的法律法规体系,逐步解决开展农业保险的必要性同其比较利益低的矛盾,规范、调整农业保险中政府、保险人和农户三方行为主体之间的关系,制订我国农业保险机制的运作规则。可以先拟定《(政策性)农业保险条例》,推动《农业保险法》及时跟进,并辅之以必要的司法解释,支持和规范农业保险的开展,维持其正常的运行,避免农业保险业务的"大起大落"。同时,要适时推动农业保险法制建设,在《(政策性)农业保险条例》完成历史使命后,积极推动《农业保险法》尽快出台。此外,要通过宣传农业保险法律制度,把农业保险与乱摊派严格区别开来。向农民讲清保险的道理,提高农民的风险意识和参加保险的自觉性,引导农户既能认识到保险的好处,积极参加保险,又能遵纪守法,按农业保险的规章制度办事,积极支持并办好这件利国利民的好事,切实保障社会主义新农村建设的顺利推进。

11.4   本章小结

我国农业保险发展经过数年滑坡,2004年以来终于有了一定起色,但农业保险供给水平依然有限,仍远低于农村经济的发展程度。其中,农业保险法律机制的缺失是造成目前我国农业保险发展滞后的立法诱因。本章以此为背景,详细论证了我国农业保险的法律定位,进一步确立了农业保险的政策性定位。同时,就农业保险的立法目的和立法原则、界定及其经营范围、经营主体的组织形式、经营模式的选择、政策扶持、再保险安排、监管等方面加以论证,对我国农业保险法律体系构建提出了若干政策建议。

第12章 研究结论与政策建议

12.1 研究结论

（一）现代农业风险的不确定性、复杂性、系统性及其产生的广泛的伴生性，以及农业风险明显的区域性和季节性特征，使现代农业风险管理日趋复杂

农业与其他行业存在很大的不同，更趋复杂化，普遍面临自然风险、经济风险、政策风险、制度风险、技术风险等多种风险的威胁，农业风险损失非常严重，而农业自身的承灾能力较为脆弱。与传统农业相比，现代农业产业化程度不断提高，农业科技在农业生产中发挥越来越重要的作用。现代农业在发展的环境、条件，生产的内涵与外延等方面与传统农业相比都发生了很大变化。而作为融生产与生活（或消费）于一体的农户（亦有称之为农民家庭），其自身面临的风险也是多方面的，明显会多于纯消费或纯生产组织，且亦趋多元化。正如庹国柱等（2002）所指出的，农业风险是一类具有独特个性的风险，举办农业保险是为了对农业风险损失予以补偿。农业风险以及农户自身的风险增加了现代农业风险管理的复杂性。

（二）增强农业风险可保性,有效规避和减少市场失灵及农业风险的弱可保性,构建新型风险管理体系,使农业保险成为现代农业风险管理机制的核心

国内外农业保险发展实践证实,一直以来农业保险保费附加成本居高不下,至少会高于一般的商业保险成本,且农业风险的大多数属于损失频率较高的风险,导致了农业保险费率长期居高不下,同时也引发了农业风险的可保性较差。此外,由于农业风险的高度相关性,如地震、飓风、传染病等,农业风险的平均损失的方差一直很高,保险公司为了保持偿付能力需要大量的资本,使农业保险保费附加成本级数增加,甚至会使高相关度的商业保险的供给减至零。同时,由于农业保险的"三高三低"特性,农业保险市场主体经营积极性不高,并逐渐淡出市场,引致农业保险的市场失灵。因而,农业风险的低可保性弱化了农业保险应有的积极作用,构建新型农业风险管理体系,必须解决农业风险的弱可保性和农业保险的市场失灵问题,引导农业保险成为现代农业风险管理体系的核心。同时也使农业风险管理机制成为农业保险运行的基础。此外,农业保险的发展应该借鉴现行的风险管理工具(金融保险衍生产品),实施农业风险证券化,扩大农业风险的分散范围。总体来看,农业保险和农业风险管理机制的关系是辩证的。

（三）农业保险制度是农业保险运行的制度保障,目前应根据我国农业和农村经济的实际情况实施农业保险制度创新和发展创新

制度有历史的规定性,因为这一原因,对历史背景敏感是必

要的。我国具有漫长的农业经济发展历程和深厚的农业传统，农业保险发展的思想萌芽亦源远流长，农业保险制度的形成有其深刻的历史背景，其存在与发展并不是一件孤立、即兴的事情，而是一种历史的延续。一直以来，农业保险发展时断时续，并未发挥其应有的社会管理功能。农业保险从属于农业风险管理，其本身就是一种制度创新，农业保险制度变迁应有其内在固有的基本特征，今后农业保险的发展变迁也有其应有的基本思路，应适时实施制度创新。当然，制度创新需要一个相当长的过程，因为制度创新存在一定的时滞，人们能够缩短制度创新的时滞，但却难以消除。我们必须对这种时滞有清晰的认识，并对我国农业保险制度变迁和发展规律有准确的认识和把握，才能构建适合我国社会经济和农业保险发展实践的制度安排，才能有力地推动农业保险制度的创新，实现农业保险的跨越式发展；只有通过创新，才能实现农业保险的可持续发展，为社会主义新农村建设服务。创新应成为我国农业保险发展的"助推器"。当所有的制度创新都被实现之后，即当无论怎样改变现存制度都不会给创新者带来额外利益时，制度均衡就实现了。我国农业保险制度变迁和创新也必然沿着这一路径向前推进和发展，这也是我国农业保险制度创新的未来方向。

发展是当今世界各国的共同主题，各国都为发展而进行不懈的努力。基于农业保险的复杂性考虑农业保险发展的运行机理和机制框架，实施我国农业保险发展创新，而且应作为其发展创新的基础，推进我国农业保险发展创新沿着一个有效路径发展。

　　（四）目前我国应持续推进农业保险试点，实施农业保险区域化战略

　　在政府高度重视下，新一轮农业保险的试点正积极推行，中国保监会近几年始终把促进农业保险发展、为"三农"提供保险服务作为一项重点工作，积极研究建立符合我国国情的农业保险制度。目前，南起海南，北至黑龙江，东到上海，西达新疆，全国各地保监局都将本辖区内的农业保险试点当成重要任务来抓。农业保险的试点范围加速扩大，如在上海有"安信模式"，在浙江有"共保体模式"，在吉林有"安华模式"，在黑龙江有"阳光互助模式"，在四川有"安盟模式"，在新疆有"兵团模式"，在重庆有"第三条道路"等。这些探索对我国农业保险的发展都是有益的而且是必要的。以四川省为例，2004年该省就确定了省人保、省人寿、中华联合保险成都分公司、泰康人寿成都分公司共4家公司参与试点，通过与地方政府签订协议，代办农业保险。其中，财险公司在经营种养业保险的同时，可经营其他农业保险业务，并将此类业务作为调剂手段，弥补种养业保险的亏损，实现"以险养险"。寿险公司则为农民提供"低费率、低保障"的人身险产品。尤其是2007年为稳定猪肉价格，国家实施能繁母猪保险和生猪保险补贴以来，四川人保该险种的保费收入业已突破4个亿，实现了多个层次的突破。2009年四川人保的农业保险保费收入更是突破了10个亿，取得了举国瞩目的发展。显然，我国是一个农业大国，各地的经济基础、社会环境、经营对象、气候条件、农业风险状况、农业的组织化程度等都有相当的差异，农业风险区域性特征明显。例如，我们通过对成都市4区

(市)县 9 乡镇的实地调研结果,与庹国柱等(2002)的调研结果存在明显差异。这在一定程度上印证了,在我国(至少目前)没有必要,也不可能实现统一的发展模式。因此,我们认为,我国农业保险发展应以现有的农业保险试点为基础,逐步推进农业风险区划,实施区域化农业保险战略。

(五)基于农业保险运行机理,构建包含农业保险发展的风险管理机制、市场运行机制、政府诱导机制、激励约束机制和再保险机制等的农业保险运行机制

长期以来,农业保险市场之所以未能有效运行,主要原因在于缺乏科学的农业保险运行机制,而农业保险发展的机制设计又是十分困难和缓慢的系统工程。我们以经济机制设计理论为基础,以灾害经济学原理、公共选择制度理论和新制度经济学等为指导,对农业保险机制运行进行了理论分析,从农业保险运行机理的角度,指出农业保险市场必然走向政府、农户和保险公司三方行为主体互动的共融型,同时必须将农业保险市场与金融市场相融合。基于农业保险运行机理,我们以经济机制设计理论为依托,探讨了农业保险发展的机制设计,该框架应涵盖风险管理机制、市场运行机制、政府诱导机制、激励约束机制和再保险机制等,同时我们对各个机制的内容进行详细论证,并注重各个机制之间的逻辑联系。总体看来,风险管理机制是农业保险运行的基础,政府诱导机制是农业保险运行机制的主导方向,激励约束机制是对政府主导农业保险运行的规制,市场运行机制则是理想追求,再保险机制为农业保险机制运行的一道屏障。而农业保险三方行为主体互动的共融型要求农业保险机制运行

必须综合考虑各主体应有的作用,尤其要注意培育和规制政府的作用。

(六)农业保险法律机制缺失是造成目前我国农业保险发展滞后的立法诱因

我国农业保险试点难以获得政府可持续的支持,是农业保险发展始终受限的"瓶颈",其根源就在于农业保险法律法规的缺失。随着我国经济体制的转型,经营主体的经营目标发生了改变,传统的经营方式也就不可避免地制约了农业保险的发展。由于我国农业经济发展不平衡,农业生产具有区域性、层次性、季节性等特点,国家应通过专门立法对农业保险经营实施稳定的法律调整。现代经济学将市场经济条件下的经济法律看做是"游戏规则",而只有先制定了"游戏规则",才能(规范)开展"游戏比赛"。在全社会倡导建设社会主义新农村的背景下,进行农业保险法律体系构建无异于雪中送炭。我国农业保险发展经过近三十年的艰苦探索、实践,进行农业保险立法可谓是水到渠成。农业保险立法应涵盖农业保险的立法目的和立法原则、界定及其经营范围、经营主体的组织形式、经营模式的选择、政策扶持、再保险安排、监管等方面,并有相应的细则进行解释。这也是我国农业保险机制正常运行的必要前提条件。

12.2　政策建议

(一)树立农业风险意识,确立农业保险在现代农业风险管理中的核心地位,有效利用世贸规则的"绿箱政策",制度化推进

农业保险的可持续发展

农业风险的复杂性和不确定性,以及风险损失的巨大性,是长期阻碍我国农业发展的重要因素。在市场经济体制下,以及建设社会主义新农村背景下,为促进我国现代农业的发展,客观要求建立日益社会化和市场化的农业风险管理体系。西方发达国家的农业风险管理体系中,农业保险发挥了至关重要的积极作用。而我国传统的农业风险管理主要是以政府少量的、临时性的事后救济和农民分散的自我保护为主,农业风险保障程度很低。农业的高风险和低收益使我国的农业发展环境得不到改善,严重制约了农业的发展。综观世界各国,大都重视对农业的保护,WTO 框架下的农产品贸易协议将农业保险列为"绿箱政策"为各国广泛采用,农业保险的发展,不仅有利于我国农业保护与国际接轨,同时,也有利于提高农业保护,成为构建社会主义和谐社会有效补充,农村经济发展的"助推器"和社会发展的"稳定器",建设社会主义新农村的有力利器,可以增强我国农业的国际竞争能力。事实上,由于农业生产自身的弱质性和弱势性,以及生产过程的特殊性,农业保险的开展显得尤为重要和迫切。一直以来,农业保险经营的"三高三低"特性决定了国家必须对其进行政策支持,大力扶持和促进农业保险发展。而我国经济发展水平、政府财力有限,又缺乏相应法律法规的制度保证,政府支农的力度、效度始终受限。种种原因使得我国农业保险经营不断受阻,亏损严重,发展滞后。尽管这几年在全社会的共同努力下,全国农业保险试点取得了一定成效,但依然难以改变其低水平的恶性循环的被动局面。农业保险的健康、持续发展必须构建适合我国国情的农业保险体系,确立农业保险在农业风险管理体系中的核心地位,推进农业保险的制度化发展。

(二)积极推进农业保险运行机制设计,正确选择适合我国国情的农业保险运行机制

农业保险作为一种准公共物品,且更多地倾向于公共物品,具有正的外部性,决定了政府参与农业保险市场供给成为一种必要,但政府参与农业保险的方式和作用成为农业保险发展的难点和关键,政府和市场的关系成为首先要解决好的问题。诚然,具有效率优势的农业保险市场运行机制在现行市场经济条件下是我们首先应该考虑到的。但遗憾的是,该机制现阶段基本不具有可行性,这就引致了政府的参与以规避农业保险市场运行机制产生的市场失灵现象。但农业保险政府运行机制极易产生政府失灵。且我国作为发展中国家,财力还无法达到完全由政府承担经营农业风险损失的能力,农业保险政府运行机制依然在我国难以适用。因此,衍生了农业保险的政府诱导机制,该机制的关键是政府旨在为农业保险发展提供平台、创造环境、优化条件、控制风险等,吸引各种组织形式的保险人积极从事农业保险。与农业保险政府运行机制相比,政府的作用由直接变为间接,由台前走到幕后。当然,由于农业保险政府诱导机制自身运行的复杂性,技术性要求很高,必须有相应的机制对该机制运行进行合理规制。一个经济机制要解决的一个关键问题,是如何调动人们积极性的问题,农业保险运行机制概莫能外,农业保险的激励(约束)机制能够把人们的自利和互利有机地结合起来,对农业保险政府诱导机制进行有效补充、修正和完善。到

此,农业保险运行机制本应具备良好的运行基础,但我们一直强调,由于农业风险的复杂性和不确定性,以及风险损失的巨大性,使我们不得不考虑农业保险的风险屏障——即引入再保险机制。农业再保险机制成为农业保险发展的一道防线,可以在更大范围内分散农业风险,使农业风险的可保性得到增强。农业保险风险管理机制、市场运行机制、政府诱导机制、激励约束机制和再保险机制等一系列的机制构成了完整的农业保险运行机制,并以风险管理机制为基础,政府诱导机制为核心,激励约束机制和市场运行机制为补充,再保险机制为屏障。

(三)逐步完善我国农业保险相关法律法规,合理规制农业保险发展

保险是一个标准化和契约化程度很高的产品,是投保人即期以少量的、可以确定的资金支出来换取保险公司对自己未来的不确定性保险责任损失进行经济补偿的承诺。保险法规是保险制度的核心,是保险市场形成和发展的基础。国务院应尽快出台《政策性农业保险条例》,立法部门要适时制定和颁布《农业保险法》。笔者建议,《条例》和《农业保险法》的制定中,应对农业保险的经营目的、性质、经营原则、组织形式、承保范围、保险费率、保险责任,以及相关机构对农业保险的监管、组织机构与运行方式,政府的作用、农民的参与方式、初始资本金筹集数额和方式、管理费和保险费分担原则、异常灾害条件下超过总准备金积累的赔款和处理方式、税收规定、各有关部门的配合、资金运用等方面都进行规范。同时,需要特别注意以下几个方面:首先,要明确农业保险的政策性,以法律形式规范农业保险的经营

主体、参与主体、受益主体的权利和义务关系,明确规定政府的作用,避免政府支持农业保险的随意性,并以此提高农民的保险意识,建立强有力的风险保障制度。其次,应明确规定强制性保险和自愿保险的界限,各地根据当地农业发展的实际情况规定某些农业保险险种为法定保险,以强化农民的保险意识,也使得农业保险经营主体的经营风险得到分散。再次,应规范农业保险的资金运用方向、范围和数量,并通过存款比例、负债比例、流动性比例等经济指标调控其运行。

(四)农业保险经营主体应实行多元化的组织形式,调动各方参与的积极性

农业保险虽然具有政策性的性质,但并非由政府直接经营,也不一定要建立一个政府机构(如类似于美国农业风险管理局的机构),而应从市场化的思路和手段来提供政策性农业保险供给。笔者强调,我国应建立经营主体多元化的农业保险经营体系,主要形式应包括商业保险公司代办、专业性农业保险公司、农业相互保险公司、政策性农业保险公司(地方性明显,主要取决于地方财力,如上海安信等)、外资或合资保险公司(立足于引进先进技术、管理经验、高素质人才,如法国安盟成都分公司)等。具体采用哪种形式,将会根据不同地域、不同时期、不同经济发展状况来决定,即我们所谓的实施区域性农业保险战略。同时,还要考察近几年的农业保险试点情况,建立适合当地经济发展的农业保险制度模式。在现有的基础上继续深入开展农业保险框架性研究,规划、设计总体方案;积极开展主体模式多元化的试点工作,以摸索经验,检验理论,完善方案,将农业保险实

践向前推进。农业保险的试点和在全国的推广是一项庞大的工程,而且经营风险和难度很大,可循序渐进,有选择、有重点地推进农业保险的试点工作。我国现阶段开展农业保险仍然要以地方政府为依托,地方政府可以根据本地区经济发展水平、地方财力、农业生产力水平、农业生产特点、自然灾害特点及农户的保险需求,因地制宜地选择经营主体形式,开展农业保险。在农民收入水平相对较高、政府财政状况也相对较好的地区,可以考虑采取商业性保险公司与地方政府联合经营的模式;其他农业商品化程度较低、政府财政有限的地区,应该更多地强调发挥农民积极性,在自愿、互利的基础上建立农村互助合作保险社。其他形式的农业保险经营组织形式同样应享受保费补贴、减免税等优惠政策,商业性保险公司愿意经营农业保险的,国家要提供同等的经营条件。

(五)在农业保险发展实践基础上积极推动农业保险发展创新

我国农业保险发展创新既要立足于市场经济体制的基本要求,又要立足于我国的具体国情和生产力发展的现实水平,坚持发展政府诱导型的农业保险运行机制的整体思路,积极试点和探索适合我国国情的农业保险组织形式和发展模式,不断规范和完善农业保险运行机制,并通过建立健全制度和实施立法规范,加强技术和管理创新,促进我国农业保险的可持续发展。书中基于新制度经济学和发展经济学,研究和分析了我国农业风险发展创新及其路径,对我国农业保险发展创新进行理论论证。我国农业保险的发展创新可以理解为我国农业保险制度变迁的未来方向——发展创新或制度创新,机制框架下的发展创新是我国农业保险发展的基本方向。同时,我们基于这一分析框架加强对我国新型农业保险产品设计与经营创新进行研究,从农业保险发展实践上进行对我国农业保险发展创新的研究和考察,促进我国农业保险产品创新及由此带来的人才队伍的更新和升级,同时促进农业保险经营管理技术创新,重点探讨巨灾风险证券化和气象指数保险等的可行性。

(六)强化农业保险的政策支持力度,并实施有效的监督管理

现阶段农业保险发展面临的最大问题就是如何进一步扩大覆盖面,而扩大农险覆盖面的有效手段之一就是财政给予适当的补贴。国外农业保险发展实践也表明,对农业保险补贴的效用往往优于对农业生产的直接补贴,并且符合 WTO"绿箱政策"。在 2006 年年底《农业保险条例》(草案)中,将中央财政、地方财政和农民个人承担的保费比例暂定为 4∶4∶2。本书将农业保险定位为政策性保险,并不否认市场主体的参与;相反,我们在坚持政府主导型的农业保险发展方向时,还应鼓励市场主体作用的发挥,推动商业市场主体参与。因此,我们应加大政府对农业保险的支持力度,建立各级政府财政、税收、金融的政策支持体系,多渠道、多经营主体(包括引进经营农业保险业务的外资保险机构)地发展我国农业保险,政府对农业保险的扶持方式与手段应有利于我国农业保险运行机制的建立和完善:通过立法明确政府经由财政补贴(包括直接补贴和间接补贴)支持农业保险的态度,在全社会范围内筹集资金建立基金,农民、经营

者、相关工业生产者、消费者和政府按比例以不同形式承担；通过对经营农业保险的保险公司的经营费用进行补贴、减免营业税与所得税、亏损补贴等优惠办法扶持其发展，放松、放宽并积极引导农业保险组织的资金运用，同时加强对农业信贷的支持，增强其资金的增值功能；由中央财政和地方财政进行补贴，根据农村经济发展的重点、政策以及财政的支持能力，保证政策上的倾斜。另一方面，对农业保险投保人即农民给予保费补贴，增强其对农业保险的投保购买能力，以增加其农业保险需求。当然，由于农业保险的发展是多种组织形式并存，政府和市场机制共同作用，私人和政府主体共同参与，而且模式在探索阶段，制度在形成时期，法律在酝酿过程中，机制在培养阶段，市场在培植时期，各主体在磨合阶段，农业保险尚未建立起有效的风险约束机制和经营监管制度。同时，保险业是集风险性和金融性于一体的行业，农业保险更是如此。目前我国农业保险尚处于积极探索阶段，我们应加强对农业保险的监督和管理。

参 考 文 献

一、中文部分

[1]〔美〕埃米特·J.沃恩,特丽莎·M.沃恩(Emmett J. Vaughan & Therese M. Vaughan)著,张洪涛等译:《危险原理与保险》(第八版),中国人民大学出版社 2002 年版。

[2]〔挪威〕博尔奇(Karl H. Borch)著,庹国柱等译:《保险经济学》,商务印书馆 1999 年版。

[3]陈璐:"政府扶持农业保险发展的经济学分析",《江西财经大学学报》2004 年第 3 期。

[4]陈泰超:"对建立政策性农业保险制度的探讨",《金融参考》2005 年第 3 期。

[5]〔德〕D.法尼著,张庆洪、陆新等译:《保险企业管理学》(第三版),经济科学出版社 2002 年版。

[6]〔美〕D.C.诺思等著,罗仲伟译:《制度变革的经验研究》,经济科学出版社 2003 年版。

[7]〔美〕D.C.诺思:《经济史中的结构与变迁》,上海三联书店 1991 年版。

[8]杜彦坤:"我国农业政策性保险体系构建模式",《经济研究参考》2005 年第 54 期。

[9]冯文丽:"我国农业保险市场失灵与制度供给",《金融研究》2004 年第 4 期。

[10]冯文丽:《中国农业保险制度变迁研究》,中国金融出版社 2004 年版。

[11]冯文丽、林宝清:"我国农业保险短缺的经济分析",《福建论坛》(经济

社会版)2003 年第 6 期。

[12]高伟:"关于农业保险立法的建议",《河南金融管理干部学院学报》2006 年第 4 期。

[13]高彦彬:"农业保险市场失灵的经济学分析",《东北大学学报》(社会科学版)2006 年第 6 期。

[14]顾孟迪、雷鹏:《风险管理》,清华大学出版社 2005 年版。

[15]郭永利:"关于农业保险现状和体制改革的思考",《中国保险》1996 年第 3 期。

[16]郭晓航:"关于我国农业保险实施决策的选择",《保险研究》1984 年第 6 期。

[17]郭晓航主编:《农业保险》,东北财经大学出版社 1993 年版。

[18]韩兆柱、司林波:"论社会中介组织在弥补政府与市场双重失灵中的作用",《河北科技大学学报》(社会科学版)2006 年 12 月第 6 卷第 4 期。

[19]何菊芳:《公共财政与农民增收》,上海三联书店 2005 年版。

[20]胡炳志、陈之楚:《再保险学》(第二版),北京:中国金融出版社 2006 年版。

[21]黄公安:《农业保险的理论及其组织》,商务印书馆 1937 年 5 月初版。

[22]黄英君:《中国农业保险发展机制研究:经验借鉴与框架设计》,中国金融出版社 2009 年版。

[23]黄英君:《保险和保险法理论与实践问题探索》,西南财经大学出版社 2007 年版。

[24]黄英君:"我国农业保险发展的市场运行机制研究",《保险研究》2009 年第 11 期。

[25]黄英君:"我国农业保险发展的政府诱导机制研究",《农业经济问题》2010 年第 3 期。

[26]黄英君:"农业保险属性、税赋差异及供给的非均衡",《改革》2007 年第 7 期。

[27]黄英君、江先学:"中外保险制度比较研究:基于制度变迁的视角",《经济社会体制比较》2007 年第 5 期。

［28］黄英君："中国农业保险制度的变迁与创新"，《保险研究》2009 年第
　　　2 期。

［29］黄英君："我国农业风险可保性的理论分析"，《软科学》2010 年第
　　　7 期。

［30］黄英君、林俊文、邹盛银："我国农业保险需求的模型构建及理论反
　　　思"，《华东经济管理》2010 年第 6 期。

［31］黄英君、郑军："我国二元化城乡社会保障体系反思与重构:基于城乡
　　　统筹的视角分析"，《保险研究》2010 年第 4 期。

［32］黄英君："我国农业保险发展滞后的根源分析:以云南省的实地调研
　　　为例"，《云南师范大学学报》(社会科学版)2009 年第 3 期。

［33］黄英君："农业保险的性质和经营原则之立法探讨"，《中国保险管理
　　　干部学院学报》2009 年第 23 卷第 1 期。

［34］黄英君、叶鹏："我国农业保险发展变迁的制度分析"，《兰州商学院学
　　　报》2006 年第 2 期。

［35］黄英君："论建立健全我国的农业保险制度——国外农业保险模式的
　　　借鉴"，《重庆社会科学》2005 年第 12 期。

［36］黄英君："农业风险与我国农业保险制度:一个框架性设计"，《中国保
　　　险管理干部学院学报》2005 年第 3 期。

［37］琚向红、王宁："现代农业风险管理体系的构建"，《现代农业》2006 年
　　　第 11 期。

［38］柯炳生："美国农业风险管理政策及启示"，《世界农业》2001 年第
　　　1 期。

［39］〔德〕柯武刚、史漫飞著，韩朝华译:《制度经济学:社会秩序与公共政
　　　策》，商务印书馆 2000 年版。

［40］〔美〕科斯等著，刘守英等译:《财产权利与制度变迁——产权学派与
　　　新制度学派译文集》，上海三联书店、上海人民出版社 1994 年版。

［41］李军："农业保险的性质、立法原则及发展思路"，《中国农村经济》
　　　1996 年第 1 期。

［42］李琴英："我国农业保险及其风险分散机制研究——基于风险管理的
　　　角度"，《经济与管理研究》2007 年第 7 期。

[43]李艳、张涤新:"我国农业保险的社会福利与效率的平衡:政府参与型模式研究",《生产力研究》2006年第12期。

[44]刘澄、祁卫士:"构建中国政策性农业保险体系的探索",《上海农村经济》2006年第1期。

[45]刘京生:《中国农村保险制度论纲》,中国社会科学出版社2000年版。

[46]刘京生:"论区域经济与区域保险",《保险研究》2002年第6期。

[47]龙新民、江庆:"论公共产品概念的现实意义",《当代财经》2007年第1期。

[48]龙文军:《谁来拯救农业保险:农业保险行为主体互动研究》,中国农业出版社2004年版。

[49]卢现祥:《西方新制度经济学》,中国发展出版社2003年版。

[50]栾敬东、程杰:"基于产业链的农业风险管理体系建设",《农业经济问题》2007年第3期。

[51]迈克尔·毫利特、M.拉米什(Michael Howlett and M. Ramesh)著,庞诗等译:《公共政策研究:政策循环与政策子系统》,生活·读书·新知三联书店2006年版。

[52]孟春:《中国农业保险试点模式研究》,中国财政经济出版社2006年版。

[53]《农业保险》编写组:《农业保险》,中国金融出版社1992年版。

[54]潘伟杰:《制度、制度变迁与政府规制研究》,上海三联书店2005年版。

[55]皮立波、李军:"我国农村经济发展新阶段的保险需求与商业性供给分析",《中国农村经济》2003年第5期。

[56]沈蕾:"浙江省农业自然灾害损失补偿机制研究",《浙江统计》2006年第1期。

[57]盛洪主编:《现代制度经济学》(上、下卷),北京大学出版社2003年版。

[58]孙立明:"农业保险的发展实践与理论反思——世界经验的比较与启示",《经济科学》2003年第4期。

[59]孙良媛、张岳恒:"转型期农业风险的特点与风险管理",《农业经济问题》2001年第8期。

[60]孙蓉:《中国商业保险资源配置论——机制设计与政策分析》,西南财经大学出版社 2005 年版。

[61]孙蓉、黄英君:"我国农业保险的发展:回顾、现状与展望",《生态经济》2007 年第 2 期。

[62]孙蓉、杨立旺:《农业保险新论》,西南财经大学出版社 1994 年版。

[63]孙月平、刘俊、谭军:《应用福利经济学》,经济管理出版社 2004 年版。

[64]田国强:《激励、信息与经济机制》,北京大学出版社 2000 年版。

[65]唐绍祥、贾让成、丁元耀:"保险代理中的激励机制设计与分析",《系统科学与数学》2002 年第 10 期。

[66]庹国柱、丁少群:"农作物的风险分区和费率分区问题的探讨",《中国农村经济》1994 年第 8 期。

[67]庹国柱、李军:《农业保险》,中国人民大学出版社 2005 年版。

[68]庹国柱、李军、王国军:"外国农业保险立法的比较与借鉴",《中国农村经济》2001 年第 1 期。

[69]庹国柱、李军、王国军:"美、加、日农业保险立法的比较与借鉴",《法学杂志》2000 年第 6 期。

[70]庹国柱、王国军:《中国农业保险与农村保障制度研究》,首都经济贸易大学出版社 2002 年版。

[71]庹国柱、杨翠迎、丁少群:"农民的风险,谁来担? ——陕西、福建六县农村保险市场的调查",《中国保险》2001 年第 3 期。

[72]庹国柱、朱俊生:"关于我国农业保险制度建设几个重要问题的探讨",《中国农村经济》2005 年第 6 期。

[73]王保平:"我国农业保险发展路径的现实选择",《保险研究》2006 年第 9 期。

[74]王国敏:《中国农业风险保障体系建设研究》,四川大学出版社 1997 年版。

[75]王和、皮立波:"论发展我国政策性农业保险的策略",《保险研究》2004 年第 2 期。

[76]王祺:"我国农业保险面对的困境及对策研究",《农村经济》2003 年第 1 期。

[77]王世颖:"农业保险之组织与经营",《中央时事周报》第 4 卷第 49 期,1935 年 12 月 21 日。

[78]王雅莉、毕乐强:《公共规制经济学》(第 2 版),清华大学出版社 2005 年版。

[79]王延辉等:《农业保险应用研究》,新疆科技卫生出版社 1996 年版。

[80]温晓林、陆迁:"我国农业技术应用风险管理体系的构建",《陕西农业科学》2006 年第 1 期。

[81]吴扬:"从'负保护'到积极的政策性农业保险运作——当前中国农业保护政策的必然选择",《上海经济研究》2003 年第 3 期。

[82]夏婷:"克服政府失灵,实现政府与市场二者的'凸性组合'",《湖北大学学报》2004 年第 5 期。

[83]谢家智、蒲林昌:"政府诱导型农业保险发展模式研究",《保险研究》2003 年第 11 期。

[84]谢家智等:"论动植物生命保险体系的重构",《保险研究》2005 年第 1 期。

[85]谢家智、黄英君等:《中国农业保险发展的机制与模式研究》,国家社科基金一般项目(批准号:03BJW106)课题研究报告,2006 年 8 月。

[86]邢鹂:《中国种植业生产风险与政策性农业保险研究》,南京农业大学博士论文,2004 年。

[87]熊伟:"农业保险市场失灵及其克服途径的理论分析",《世界经济情况》2007 年第 6 期。

[88]许谨良:《风险管理》,中国金融出版社 1998 年版。

[89]杨松武:"新制度经济学革命:路径与方向",《经济学家》2007 年第 5 期。

[90]尹海文、廖艳:"农业保险立法的比较研究及我国法律构建的思考",《贵州工业大学学报》(社会科学版)2006 年 4 月第 2 期。

[91]俞文钊:《现代激励理论与应用》,东北财经大学出版社 2006 年版。

[92]虞锡君:"农业保险与农业产业化互动机制探析",《农业经济问题》2005 年第 8 期。

[93]〔英〕约翰·穆勒著,胡企林、朱泱译:《政治经济学原理及其在社会哲

学上的若干应用》，商务印书馆 1985 年版。

[94]约拉姆·巴泽尔（Yoram Barzel）著，钱勇、曾咏梅译：《国家理论——经济权利、法律权利与国家范围》，上海财经大学出版社 2006 年版。

[95]约瑟夫·E.斯蒂格利茨著，郭庆旺等译：《公共部门经济学》，中国人民大学出版社 2005 年版。

[96]张洪涛、郑功成：《保险学》，中国人民大学出版社 2002 年版。

[97]张曙光："论制度均衡和制度变革"，《经济研究》1992 年第 6 期。

[98]张应良、丁惠忠、官永彬："政府诱导型农村公共物品供给制度研究"，《农村经济》2007 年第 5 期。

[99]张宇婷："关于农业保险的研究综述"，《市场周刊》2006 年第 10 期。

[100]张跃华、顾海英："准公共产品、外部性与农业保险的性质"，《中国软科学》2004 年第 9 期。

[101]张跃华、顾海英、史清华："农业保险需求不足效用层面的一个解释及实证研究"，《数量经济技术经济研究》2005 年第 4 期。

[102]张跃华、何文炯、施红："市场失灵、政策性农业保险与本土化模式——基于浙江、上海、苏州农业保险试点的比较研究"，《农业经济问题》2007 年第 6 期。

[103]赵学军、吴俊丽："政府干预与中国农业保险的发展"，《中国经济史研究》2004 年第 1 期。

[104]庄垂生："论制度变迁中的制度短缺现象"，《探索》1997 年第 2 期。

[105]中国保险学会《中国保险史》编委会：《中国保险史》，中国金融出版社 1998 年版。

[106]钟甫宁、宁满秀、邢鹂：《我国政策性种植业保险制度的可行性研究》，经济管理出版社 2007 年版。

[107]周赛阳、胡海滨："市场化进程中的农业保险机制设计"，《中国保险管理干部学院学报》1998 年第 6 期。

[108]卓志：《保险经营风险防范机制研究》，西南财经大学出版社 1998 年版。

[109]卓志："对两大风险理论学派观点的评析"，《中国商业保险》2006 年第 3 期。

二、英文部分

[1]Ahsan,S. M. ,A. A. G. Ali,and N. Kurian,"Towards a Theory of Agricultural Insurance,"*American Journal of Agricultural Economics* 64, 1982.

[2]Alan P. Ker,and Barry K. Goodwin, "Nonparametric Estimation of Crop Insurance Rates Revisited,"*American Agricultural Economics* 83 (May 2000).

[3]Bharat Ramaswami,and Terry L. Roe,"Aggregation in Area Yield Crop Insurance: The Linear Additive Model,"*American Agricultural Economics* 86(2),May 2004.

[4]Brent A. Gloy, "Agricultural Finance Markets in Transition,"Proceedings of the Annual Meeting of NCT－194,Hosted by the Center for the Study of Rural America,Federal Reserve Bank of Kansas City,October 6－7,2003.

[5]Bruce A. Babcock, Chad E. Hart, and Dermot J. Hayes, "Actuarial Fairness of Crop Insurance Rates with Constant Rate Relativities," *American Agricultural Economics* 86(3)(August 2004).

[6]Bruce J. Sherrick,Peter J. Barry,Gary D. Schnitkey,Paul N. Ellinger, and Brian Wansink,"Farmers' Preferences for Crop Insurance Attributes,"*Review of Agricultural Economics* Volume 25,No.2,2002.

[7]Calum G. Turvey,Michael Hoy,and Zahirul Islam,"The Role of Ex Ante Regulations in Addressing Problems of Moral Hazard in Agricultural Insurance,"*Agricultural Finance Review* (Fall 2002),1999.

[8]Chambers,R. G. ,"Insurability and Moral Hazard in Agricultural Insurance Markets," *American Agricultural Economics*. 1989,(71): 604－616.

[9]C. Edwin Young,Monte L. Vandeveer,and Randall D. Schnepf,"Production and Price Impacts of U. S. Crop Insurance Programs,"*American Agricultural Economics* 83(Number 5,2001).

[10]David Mayers,"Organizational Forms Within the Insurance Industry: Theory and Evidence," *Handbook of Insurance*, edited by George Dionne.2002.

[11]Friedman,M.,"The Methodology of Positive Economics,"in *Essays in Positive Economics*. Chicago: The University of Chicago Press,1953.

[12]Frohlieh,Norman,and Joe A. Oppenheimer,"The Carrot and The Stick: Optimal Program Mixes for Entrepreneurial Political Leaders,"*Public Choice*.19(Fall 1974).

[13]Furubotn, Eirik G., and Svetozar Pejovich, "Property, Rights and Economic Theory: A Survey of Recent Literature,"10(December 1972) *Journal of Economic Literature*.

[14]Gardener,B., and R.Kramer,"Experience with Crop Insurance Programs in the United States,"in *Crop Insurance for Agricultural Development*,P. Hazell, C. Pomareda and A. Valdes, eds. , Baltimore: the Johns Hopkins University Press,1986.

[15]Hayami, Yujiro, and Masao Kikuchi, *Asian Village Economy at the Crossroads : An Economic Approach to Institutional Change* , Tokyo: University of Tokyo Press,and Baltimore:Johns Hopkins University Press,1981.

[16]Henri Louberg,"Development in Risk and Insurance Economics: the Past 25 Years,"*Handbook of Insurance*,Edited by Georges Dionne New York:Kluwer Academic Publishers,2000.

[17]Hurwicz,L.,"Optimality and Informational Efficiency in Resource Allocation Processes," in Arrow,Karlin,and Suppes(Eds.): *Mathematical Methods in the Social Sciences*. Stanford,CA: Stanford University Press,1960.

[18]Hurwicz,L.,"The Design of Mechanisms for Resource Allocation," *American Economic Review*,1973,63.

[19]Jan Chvosta,"The Economic Effects of Federal Peanut Policy: The

1996 Fair Act,the 2002 Farm Security Act,and the Federal Crop In-surance Program,"a dissertation submitted to the Graduate Faculty of North Carolina State University in partial fulfillment of the re-quirements for the Degree of Doctor of Philosophy,ECONOMICS, Raleigh,2002.

[20]Jean-Marc Bourgeon,and Robert G.Chambers,"Optimal Area-Yield Crop Insurance Reconsidered,"*American Agricultural Economics* 85 (3)(August 2003).

[21]Jeffery R. Williams,"A Stochastic Dominance Analysis of Tillage and Crop Insurance Practices in a Semiarid Region,"*American Agri-cultural Economics* (1988),pp.112 - 120.

[22]Jerry R. Skees, "Agricultural Insurance Programs: Challenges and Lessons Learned,"Workshop on Income Risk Management Session 4: From Risk-Pooling to Safety Nets : Insurance Systems OECD, Paris,15 - 16 May 2000.

[23]Jerry Skees,Peter Hazell,and Mario Miranda,"New Approaches to Public/Private Crop Yield Insurance,"Working Paper,to be pub-lished by the World Bank,Washington,DC,USA.

[24]John L.Deal,"The Empirical Relationship Between Federally Subsi-dized Crop Insurance and Soil Erosion,"a dissertation submitted to the Graduate Faculty of North Carolina State University in partial satisfaction of the requirements for the Degree of Doctor of Philoso-phy,Department of Economics,Raleigh,2004.

[25]Joseph W. Glauber and Keith J. Collins, "Crop Insurance,Disaster Assistance,and the Role of the Federal Government in Providing Catastrophic Risk Protection," *Agricultural Finance Review* (Fall 2002).

[26]JunJie Wu, "Crop Insurance,Acreage Decisions,and Nonpoint - Source Pollution,"*American Agricultural Economics* 81(May 1999).

[27]Keith H.Coble,Robert Dismukes,and Joseph Glauber,"Private Crop

Insurers and the Reinsurance Fund Allocation Decision," for Presentation at World Risk and Insurance Economics Conference, August 7 - 11,2005, Salt Lake City, Utah.

[28] Keith H. Coble, J. Corey Miller, Manuel Zuniga, and Richard Heifner, "The Joint Effect of Government Crop Insurance and Loan Programmers on the Demand for Futures Hedging," *European Review of Agriculural Economics*, Vol. 31, No. 3: pp. 309 - 330.

[29] Knight, T. O., and K. H. Coble, "Survey of U. S. Multiple Peril Crop Insurance Literature Since 1980," *Review of Agricultural Economics* (spring summer[19]), 1997.

[30] Knight Thomas O., and Bruce A. McCarl, "Agricultural Risk Analysis(Course Syllabus)," *Agricultural Economics* 662, Summer 1996.

[31] LaFrance J. T., Shimshack J. P., and Wu S. Y., "The Environmental Impacts of Subsidized Crop Insurance," United States Department of Agriculture Economists' Group, September 2000; California Workshop on Environmental and Resource Economics, May 2001.

[32] Linda Calvin and John Quiggin, "Adverse Selection in Crop Insurance: Actuarial and Asymmetric Information Incentives," *American Journal of Agricultural Economics*, Vol. 81, No. 4 (Nov., 1999).

[33] Luce, R. Duncan and Howard Raiffa, *Games and Decisions: Introduction and Critical Survey*, New York: John Wiley&Sons, 1957.

[34] Maskin, E., "Nash Equilibrium and Welfare Optimality," *Review of Economic Studies*, 1977, 66.

[35] Maskin, E, and Moore J., "Implementation and Renegotiation," *Review of Economic Studies*, 66, 1999.

[36] Mihir R. Bhatt, "Examining the Demand Side of Agricultural Insurance: What Do Farmers at Risk Want?" International Seminar on Emergency and Agricultural Insurance, Porto Alegre, Brazil, Jun. 29 to Jul. 2, 2005.

[37] Miller, S. E., K. H. Kahl, and P. J. Rathwell, "Revenue Insurance for

Geogia and South Carolins Peachs,"*Journal of Agricultural and Applied Economics*, 2000,32(1):123－132.

[38]Miranda Mario J,and Joseph W. Glauber,"Systemic Risk,Reinsurance,and the Failture of Crop Insurance Markets,"*American Journal of Agriculture Economics*,pp.209－212,1997(2).

[39] Myerson, R. ,"Incentive Compatibility and the Bargaining Problem,"*Econometrica*,1979,47,1999.

[40] Myerson, R. ,"Optimal Coordination Mechanisms in Generalized Principal Agent Problems," *Journal of Mathematical Economics*,1982.

[41]Monte L. Vandeveer,"Demand for Area Crop Insurance Among Litchi Producers in Northern Vietnam,"*Agricultural Economics* 26 (2001).

[42]Nelson,C. ,and E. T. Loehman,"Further Toward a Theory of Agricultural Insurance,"*American Journal of Agricultural Economics* 69, 1987.

[43]OECD,"The Impact of Crop Insurance Subsidies on Land Allocation and Production in Spain,"AGR/CA/APM(2002)16/FINAL,18－Dec－2003.

[44] Olivier Mahul,"Optimum Area Yield Crop Insurance,"*American Agricultural Economics* 81(February 1999).

[45] Olivier Mahul,"Optimum Crop Insurance Under Joint Yield and Price Risk,"*The Journal of Risk and Insurance*,2000,Vol.67,No.1.

[46] Peter Hazell,*Crop Insurance for Agricultural Development: Issues and Experience*,Johns Hopkins University Press for the International Food Policy Research Institute,1986.

[47]Richard E.Just,Linda Calvin,and John Quiggin,"Adverse Selection in Crop Insurance: Actuarial and Asymmetric Information Incentives,"*American Agricultural Economics* 81(November 1999).

[48]Robert G.Chambers,and John Quiggin,"Optimal Producer Behavior

in the Presence of Area-Yield Crop Insurance," *American Agricultural Economics* 84(2)(May 2002), pp. 320 - 334.

[49]Robert J. Hauser, Bruce J. Sherrick, Gary D. Schnitkey, "Relationships among Government Payments, Crop Insurance Payments and Crop Revenue," *European Review of Agricultural Economics*, Vol. 31, No. 3, 2002.

[50]Robert W. Klein, "Insurance Regulation in Transition," *The Journal of Risk and Insurance*, Vol. 62, No. 3, Symposium on Insurance Solvency and Finance(Sep. , 1999).

[51] Saleem Shaik, Keith H. Coble, and Thomas O. Knight, "Revenue Crop Insurance Demand,"selected paper presented at AAEA Annual Meetings, Providence, Rhode Island, July 24 - 27, 2005.

[52]Serra, T. , B. K. Goodwin, and A. M. Featherstone, "Modeling Changes in the U. S. Demand for Crop Insurance during the 1990s," *Agricultural Finance Review* (2003), 63(2).

[53]Shaik Saleem, and Joseph Atwood, "Estimating the Demand of Crop Insurance and Supply for Indemnity Payments,"selected paper of Agriculture Economics Association Meetings, pp. 1 - 12, 2000.

[54]Stacey Aiyn Olson, "Using Data Mining to Detect Anomalous Producer Behavior: An Analysis of Soybean Production and the Federal Crop Insurance Program," presented to the College of Graduate Studies Tarleton State University in partial fulfillment of the requirements for the degree of master of Science, Stephenville, Texas, May 2002.

[55]Steven W. Martin, Barry J. Barnett, and Keith H. Coble, "Developing and Pricing Precipitation Insurance," *Journal of Agricultural and Resource Economics*, July 2001, 26(1).

[56]Vincent H. Smith, and Alan E. Baquet, "The Demand for Multiple Peril Crop Insurance: Evidence from Montana Wheat Farms," *American Agricultural Economics* 78(February 1996).

[57] Vincent H. Smith and Barry K. Goodwin, "Crop Insurance, Moral Hazard, and Agricultural Chemical Use," *American Agricultural Economics* 78(May 1996).

[58] Waver R. D. and Taebo Kim, "Crop Insurance Contracting: Moral Hazard Cost through Simulation,"selected paper of American Agriculture Economics Association Annual Meeting,pp.6 - 7,2001.

[59] Wright, B. D. ,& J. D. Hewitt, "All Risk Crop Insurance: Lessons from Theory and Experience."Giannini Foundation,California Agricultural Experiment Station,Berkeley,(1990) April.

[60] Yadira Gonzalez De Lara, "Enforceability and Risk - Sharing in Financial Contracts: From the Sea Loan to the Commenda in Late Medieval Venice," *The Journal of Economic History*, Vol. 61, No. 2 (June,2001).

后　记

　　本书是笔者主持的国家社科基金青年项目"中国农业保险机制设计与发展创新研究"（批准号：07CJY064）的最终研究成果。

　　我国农业保险问题近几年已成为保险学、农业经济学等学科研究的热门话题。2007年10月，诺贝尔经济学奖授予了三位美国经济学家赫维兹、马斯金和迈尔森，以表彰他们为机制设计理论奠定基础，机制设计理论一时成为经济学界的热点。但从风险和保险理论、经济机制设计理论和制度经济学综合研究农业保险的文献并不多见，结合我国当前农业保险试点进行农业保险运行机制实证分析和经验研究文献的探讨和研究更为鲜见。

　　我硕士阶段到博士阶段五年间，先后追随导师卓志教授与孙蓉教授从事保险理论与实务、农业保险等方面的学术研究。在硕士阶段，我在导师卓志教授的推荐下参加了几个与农业保险相关的重要课题和项目（其中包括成都市政府筹建农业保险公司等）。后来，又得到时任西南农业大学经管学院副院长、副教授谢家智博士的赏识，应邀参与其主持的国家社科基金项目"中国农业保险发展机制与模式研究"（批准号：03BJW106）。西南财经大学科研处的领导和老师们给我提供了课题申请的平

台，为财大争得荣誉是对他们关爱的最好回馈。我的博士论文
是由我主持的国家社科基金青年项目"中国农业保险机制设计
与发展创新研究"（批准号：07CJY064）和四川省社科基金青年
项目"中国农业保险发展机制的框架设计——基于四川省农业
保险试点的经验研究"（SC06C009）的主要成果。在博士论文的
选题、研究过程中，我不仅得到了卓志教授的指导和帮助，我的
博士生导师孙蓉教授更是为此倾注了大量的心血，博士论文的
字里行间都蕴涵着导师的关注。同时，我还得到了保险学院博
士生指导小组的林义教授、陈滔教授、艾孙麟教授等诸位专家学
者的热心指点，各位老师提出了非常有价值的参考意见，西财图
书馆吉老师和金融研究中心资料室黄老师也为我借阅图书提供
了无私的帮助。

　　在本课题研究、调查和资料收集的过程中，中国保险监督管
理委员会政研室、产险部、财会部、四川监管局、重庆监管局、云
南监管局、河南监管局，中国人民财产保险股份有限公司总公
司、四川省分公司、云南省分公司、重庆市分公司，中华联合财产
保险公司总公司、重庆市分公司、四川省分公司，中国再保险（集
团）公司业管部、上海安信农业保险公司业务管理部、安徽国元
农业保险公司、法国安盟保险成都分公司等相关机构和个人给
予了很大支持与帮助，尤其是中国人保云南省分公司张明臣总
经理等调动基层机构作了大量的调研，并搜集了较多的调查问
卷；四川省农委、成都市农委等同志给予了大力帮助并提供了诸
多调研的便利；农业保险研究专家、首都经贸大学庹国柱教授对
本书研究给予了热情关心和专业上的指导；与中国保监会产险

部农业保险处副处长王祺博士和农业部农村经济与发展研究中心副研究员龙文军博士的多次交流,使我获得了很多有价值的一手资料;保险学院2005级硕士、2006级博士在我的学习生活中给予了友好的帮助;给西南财经大学金融学、保险学专业2002、2003级本科生和重庆大学金融学专业(二专)本科生等授课,也促使我捕捉了许多业界的新动态,教学相长,为本书的研究提供了有益的帮助。

我国保险业界、学界同仁和朋友们对我关爱有加,在他们的身上我学到了书本之外的更多知识,使我终生受益,更激励我坚定地投入到保险行业发展中去。亦兄亦友的中国保监会财会部巡视员兼副主任江先学博士、湖北保监局副局长姚庆海博士、人力资源和社会保障部王强博士、重庆市政府研究室机关党委副书记梅哲博士、中国人保财险总公司吴晓晖博士等在本书的研究过程给予了诸多支持和帮助;重庆市金融办和重庆保监局领导班子以及其相关处室的同志们对我到重庆大学工作后筹建CRCISS的工作给予了大力支持和专业性指导,并为本书研究提供了很多便利的条件和机会;中国保险学会罗忠敏会长、张文渊秘书长、郝焕婷副主编等也给予我很大的支持和帮助。最近,本人又在《中国保险报》于华总编等同仁的支持下,开设"重大君则保险论衡"专栏(每周五论坛版),希望与重庆市保险业同仁一道为重庆市保险业发展作出自己应有的贡献。

本书的出版离不开我所在工作单位重庆大学经济与工商管理学院领导班子的大力支持和帮助,特别是刘星院长、胡新平书记、纪晓丽常务副院长、杨俊副院长等,他们对保险学科发展的殷切期望使我深受感动。两年多来,他们对我生活和工作多有关照,尤其是纪院长为对我的生活和工作条件付出了极大努力,解决了我很多后顾之忧。金融系主任曹国华教授以及周孝华教授等全系同仁给予了我很多工作上的便利。我校社科处处长蔡珍红教授以及其他同仁们对本课题的完成以及项目申报提供了很大的支持和帮助。

最后,感谢我的父母和家人,他们的理解、支持与无私的奉献,支持和鼓励着我完成了硕士、博士学业,克服困难,顺利完成本书的研究。

本课题(还包括其他三个相关课题)的研究以及本书的最终完成,穷我七年之力,尽力做到完备。但限于笔者才疏学浅,本书尚有不足。今年由我主持的 2010 年度国家社会科学基金重点项目"我国农业巨灾风险管理制度创新研究"(批准号:10AGL010)获得立项,正是本书研究的拓展和延续。笔者希望能与业界和学界同仁们精诚合作,共同推动我国农业保险的可持续发展,真诚希望得到诸位读者朋友的批评指正,如有相关建议请函告于我(E-mail:Huangyj@cqu.edu.cn,新浪保险学术博客:http://blog.sina.com.cn/u/1451053165)。对诸位的建议,笔者先行致谢。

重庆大学保险与社会保障研究中心

黄英君

庚寅年中秋节嘉陵江畔初文

2010 年 11 月 3 日修正